Eine Karte so groß
wie der Kontinent

Die Form des Zeichens, die Form der Stadt

Zunächst: das Land. Die Nordsee brandet gegen einen Dünengürtel, der ihr widersteht, und rollt – grüngrau, braungrau – bis zu der Stelle, wo sie einen Durchlaß findet. Dort schlägt sie zwischen der Inselkette einen Bogen um das Land und wird zum Wattenmeer, schließlich zur Zuidersee. Nun trägt sie mit ihrem mächtigen Arm, dem IJ, das Land von der Rückseite her ab. Zwischen See und See erstreckt sich ein Ödland aus Halbinseln und Groden, dem Regiment des Wassers ausgesetzt, durch kümmerliche Deiche aus Seetang geschützt, zwischen denen man das dort wachsende Schilf und Unkraut niederbrennt, damit der Boden bebaut werden kann. Ein Gebiet mit wenigen Bauern und Fischern, ein Volk von Wassermenschen zwischen Flüssen, Schlickböden und Wasserläufen, das, durch den Anstieg des Meeresspiegels, das Absinken des Moors, durch Stürme und Wasserfluten ständig bedroht, an den Ufern der Flüsse auf hohen Wurten lebt.

So entsteht nicht nur Land, sondern auch ein bestimmter Menschenschlag, ein Volk, das sein Land weder gefunden noch erhalten, sondern selbst geschaffen hat. Mit quergelegten Torfsoden kämpfen die Bauern gegen den gierigen Sog der See, den ewigen Angriff. Überall in diesem niederen Land werfen die Bewohner Dämme gegen das von Osten herandrängende Wasser auf, bauen Häuser aus Lehm und Schilf und Holz und lassen das nun gebändigte Wasser durch die ersten Schleusen ins Meer abfließen, das immer wieder anrücken wird. Wollen sie überleben, dürfen sie nicht untätig zusehen, sie organisieren sich in Weilern und wehren sich gemeinsam gegen den fließenden, strömenden Feind. Das Land ist sumpfig und verwundbar unter einem hohen, stets wechselnden Himmel, die einzigen Berge sind die Dünen im Westen – niederländische Berge. Sie haben ein Meer vor sich und eines hinter sich, die Nordsee und die Zuidersee.

Ein Fluß schreibt sich seinen Weg durch das Land *Amestelle*. Es sind die Grafen von Holland und die Bischöfe von Utrecht, die sich dieses nasse unsichere Moorgebiet in einem abgelegenen Winkel des Niederlothringischen Reichs gegenseitig streitig machen. *Stelle*: sicherer, geschützter Ort. *Ame*: Wasser. Das Land gibt seinen Namen an den vagabundierenden Fluß ab. Dieser mäandert um die höher gelegenen Gebiete herum, tanzt und schwingt durch das Land, das nach geraden Linien verlangt, spielt sich auf als barocke, schleppende Girlande. Wo er in die Zuidersee fließt, heißt das Wasser IJ, und am IJ denkt sich der Fluß eine Stadt aus, eine Stadt am Wasser.

Das Spiel kann beginnen. Der Fluß setzt sein Zeichen wie ein Siegel in den Küstenstrich und schreibt seine Form hinein wie ein perfekter Kalligraph. Wenn man es einmal gesehen hat, kann man sich dem Bild nicht mehr entziehen: Der Grundriß von Amsterdam ist im Laufe der Jahrhunderte ein immer komplizierteres Zeichen geworden, ein chinesisches Schriftzeichen, das sich beständig erweitert, aber stets das gleiche bedeutet hat. Das Land ist das Papier, das Wasser die Tusche. Wie ein östlicher Meister hat der Fluß den ersten Strich gesetzt, mühelos, treffsicher, ein Zeichen äußerster Einfachheit. Nun ist es an den Menschen, weiterzuschreiben. Der Kalligraph, der sie alle zusammen sind, hat viel Zeit, gut achthundert Jahre, und das Zeichen, das so entsteht, ist ein geordnetes Labyrinth aus Grachten, konzentrisch, einander schneidend, ein Netz von Wasserstraßen und Verteidigungsanlagen, ein in sich geschlossener Kosmos, ein magischer Halbkreis, der der Welt seinen Stempel aufdrücken wird. Seine Achse bleibt der Fluß und das Wasser, in das er mündet und das die Stadt mit der Welt verbindet. Zwischen und an diesem Wasser gibt die Stadt sich die Form selbst, die sie heute hat. Jeder neue Strich in der Zeichnung ist Geschichte, ökonomische, politische, katasteramtliche Geschichte. Jede Bewegung des Pinsels in der Hand des Kalligraphen ist diktiert von Machtkonstellationen, Kriegen, wirtschaftlichen Veränderungen, Entdeckungen, Gewinnstreben, Verteidigung, Konsolidierung. Das Gebilde aus konzentrischen Grachten am Meer entwickelt sich zu einer der mächtigsten Hochburgen Europas, die Schiffe, die die Stadt verlassen und erst nach Jahren wiederkehren, fahren bis ans Ende der bekannten Welt und tragen den Namen und den Ruf der Stadt bis in die Tropen und das barbarische Eis der nördlichsten Meere und schreiben so mit am wachsenden Zeichen.

Denn woraus besteht eine Stadt? Aus allem, was in ihr gesagt, geträumt, zerstört, geschehen ist. Aus dem Gebauten, dem Verschwundenen, dem Geträumten, das nie verwirklicht wurde. Aus dem Lebenden und dem Toten. Aus den Holzhäusern, die abgerissen wurden oder verbrannten, den Palästen, die hier hätten stehen können, der Brücke über das IJ, die zwar gezeichnet, aber nie gebaut wurde. Aus den Häusern, die hier noch heute stehen, in denen Generationen ihre Erinnerungen zurückgelassen haben. Aber sie ist viel mehr als dies. Eine Stadt, das sind alle Worte, die dort je gesprochen wurden, ein unaufhörliches, nie endendes Mur-

meln, Flüstern, Singen und Schreien, das durch die Jahrhunderte hier ertönte und wieder verwehte. Mag es auch noch so entschwunden sein, es hat doch einmal dazugehört, auch das, was sich nie mehr rekonstruieren läßt, ist ein Teil davon, einfach deshalb, weil es einst hier, an diesem Fleck, in einer Winternacht oder an einem Sommermorgen gerufen oder ausgesprochen wurde. Die Wanderpredigt, das Urteil des Tribunals, der Schrei des Gegeißelten, das Bieten auf einer Versteigerung, die Verordnung, der Anschlag, die Kundgebung, das Pamphlet, die Bekanntgabe eines Todesfalls, das Ausrufen der Zeit, die Worte von Nonnen, Huren, Königen, Regenten, Malern, Schöffen, Henkern, Schiffern, Landsknechten, Schleusenwärtern und Baumeistern, dieses fortwährende Gespräch an den Grachten im lebenden Körper der Stadt, das alles macht sie aus. Wer will, kann es hören. Es lebt fort in Archiven, Gedichten, in Straßennamen und Sprichwörtern, im Wortschatz und Tonfall der Sprache, genauso wie die Gesichter auf den Gemälden von Hals und Rembrandt in den Gesichtern fortleben, die wir heute sehen, und wie unsere Worte und Gesichter zwischen all diesen Worten und Gesichtern verschwinden werden, erinnert und nicht erinnert, verweht, vergessen und doch noch gegenwärtig, eingeschlossen in diesem Wort, das die Stadt benennt: Amsterdam. Ein Matrose stirbt im 17. Jahrhundert auf Ambon an Skorbut und sieht noch einmal die nun für immer unerreichbare Stadt vor sich, aus der er kommt. Was er in diesem Augenblick sah, lebt fort in der Weise, wie ich den Schreierstoren betrachte, den Turm, an dem die Seeleute Abschied von ihren Frauen nahmen.
Die Stadt ist ein Buch, der Spaziergänger sein Leser. Er kann auf jeder beliebigen Seite beginnen, vor- und zurückgehen in Raum und Zeit. Das Buch hat vielleicht einen Be-

ginn, aber noch lange kein Ende. Seine Wörter – das sind Giebelsteine, Baugruben, Namen, Jahreszahlen, Bilder. Ein Haus heißt *De Pelikaan* und will etwas von fernen Reisen erzählen. Ein anderes heißt *Spitsbergen* und denkt sich eine Überwinterung aus. Eine Straße heißt *Bokkinghangen* (»Bücklingsräucherei«), und auch wenn nichts mehr zu riechen ist, erkennt man den Duft von Räucherfisch. Ein Giebelstein zeigt ein Goldenes Tor, aber die Tür darunter ist modern, so daß sich der Spaziergänger das goldene Tor, das hier einmal existiert haben muß, im Geist wieder zu errichten hat. Diese Stadt ist nicht stumm, sie reicht einem Wörter: *Melkmeisjesbruggetje* (»Milchmädchenbrücke«), *Varkenssluis* (»Schweineschleuse«), *Kalverstraat* (»Kälberstraße«), und die Vorstellungskraft läßt den Spaziergänger sehen, was die Geschichte ihm erzählt hat: daß in dieser Straße Kälber verkauft wurden, ein Stück weiter Ochsen und im letzten Teil Schafe. *Gebed zonder End* (»Gebet ohne Ende«), eine schmale Gasse, der Seitenhieb eines Amsterdamers, weil es zu viele Frauenklöster in der Innenstadt gab. Dort hörte das Beten also nie auf, und in diesem Straßennamen schwingen noch die gregorianischen Klänge mit und die hohen, klaren Frauenstimmen. *Vijgendam* (»Feigendamm«), weil die Ladung Feigen, die die Warenprüfer gerade beanstandet hatten, beim Zuschütten der Gracht Verwendung fand.

Der Spaziergänger bleibt an einer Baugrube stehen und sieht zu, wie Archäologen die Erde sieben, durchkämmen, mit behutsamen Fingern nach der Vergangenheit graben, auf der Suche nach Zeichen der Vorfahren. Er staunt, daß sie so tief unten lebten. Wird die Erde denn immer dicker? Er fragt sich, ob er die Sprache dieser anderen, früheren Amsterdamer verstanden hätte. Später sieht er die Funde in einem Museum, Schuhe, die als Schuhe erkennbar sind, er könnte hineinschlüpfen und sie tragen. Schuhe, Schalen, Hämmer, Geld. Doch die Vergangenheit – sie ist nicht nur dort unten, sondern auch oben, an den Giebeln mit ihren Darstellungen von Walfischzähnen, Indianern, Sinnbildern, Handelswaren, Sklaven, Schiffen. Jeder, so scheint es, hatte in jenen Tagen etwas mit Schiffen zu tun, jeder gehörte zum Wasser, demselben Wasser, das noch immer dunkel und geheimnisvoll in den Grachten steht und das außerhalb der Stadt um so vieles wilder und grauer war, das Wasser des Weltmeers, auf dem die Schiffe bis dicht vor die Tore der Stadt gesegelt kamen, »ein Wald aus tausend Masten«.

Auf der alten Karte von Cornelis Antoniszoon aus dem Jahr 1544 kann der Spaziergänger die Stadt mitsamt ihren Schiffen sehen. Erst wenige Grachten durchziehen die Fläche zwischen den Stadtmauern. Noch ist die große Zeit des Goldenen Jahrhunderts nicht gekommen, und doch ist das IJ bereits voll von Schiffen. An der Stelle, an der später der Hauptbahnhof liegen wird, können die kleineren Schiffe in die Stadt einlaufen, die größeren bleiben auf Reede, und es sind Dutzende. Die beiden großen Kirchen stehen sicher eingebettet zwischen den Häusern, jede auf ihrer Seite des Wassers, wie heute noch. Das breite Wasser des Damrak ging bis dorthin, wo heute der Königliche Palast steht, und teilt die Stadt in zwei Teile, die »alte Seite« und die »neue Seite«. Der Spaziergänger erkennt Gebäude, die Zeichnung der Straßen. Die Stadt hat sich für ihn bewahrt, er spaziert dort jeden Tag; wo im 17. Jahrhundert sein Haus hinkommen wird, steht jetzt noch eine rote Mühle, dort ist das grüne Land, das die Stadt umschließt, die jedesmal wieder über das Wasser der nächstfolgenden Gracht springen wird, so daß sie von Karte zu Karte größer ist. Größer, weil

Ruhm und Wohlstand mit den neuen Schiffen der Handelskompanien zunahmen. Zuerst kam die Gracht der *Heren*, die die Macht der Kaufleute festigten, und erst danach die der *Keizers* und der *Prinsen*. Und die anderen, schräger verlaufenden Grachten mit den Namen von Bäumen und Blumen, *Lelie, Eglantier, Roos* und *Laurier*, Lilie, Weinrose, Rose und Lorbeer, zwischen denen das Volk in einem Viertel lebte, das – als Verballhornung des französischen Worts *jardin*, Garten – *de Jordaan* heißt, Schiffszimmerleute, Schauerleute, Matrosen, die Männer mit den lauten Stimmen, die den Duft der großen Welt in die schmalen Straßen trugen.

Grau ist es heute, neblig. Als der Spaziergänger die Augen schließt, hört er den Wind in der Takelage all dieser Koggen, Karavellen, Fregatten, Galeonen, Brigantinen, Briggs, er riecht die Gewürze, hört die fremden Sprachen der vielen, die in seiner Stadt Zuflucht gesucht haben, portugiesische und spanische Juden, Hugenotten, flämische Calvinisten, aber auch Einzelgänger wie Descartes, der zwischen den rollenden Tonnen auf den Kais so gut meditieren konnte, oder ein Besucher wie Diderot, der sich über *»cette liberté compagne de l'indépendence qui ne s'incline que devant les lois«* wunderte, diese Freiheit, die zur Unabhängigkeit gehört und sich einzig und allein dem Gesetz beugt. Dieser Streifzug hat nie ein Ende, und der Spaziergänger liest die Bilder, die sich ihm darbieten, mit dem Auge seiner Vorstellungskraft: Avercamps Schlittschuhläufer auf den Grachten, die mittelalterlichen Prozessionen rund um das Mirakel von Amsterdam, die neuen Paläste der Sklavenhändler, und dieselben Sklavenhändler, die in den strengen, während des Bildersturms jeglichen Schmucks beraubten Kirchen, wie wir sie von den Gemälden Saenredams kennen, dröhnend ihre Psalmen singen. Aber auch jene anderen, auf Dachböden versteckten Betstätten der verfolgten Katholiken, das erhängte Mädchen, das Rembrandt gezeichnet hat, der Dichter Bredero, der im Eis einbricht und an den Folgen stirbt, der Tod Hendrikjes und die Versteigerung von Rembrandts Antiquitäten, der Aufstand der Wiedertäufer und ihre Hinrichtung, die Prachtliebe und die kalte Geldgier, die Last des Reichtums, die Jubelschreie an die Adresse eigener und fremder Könige, der Marschschritt spanischer, französischer, deutscher Besatzer, und so gelangt er in seine eigene Zeit, die Verfolgung der Juden, als die Stadt für immer verstümmelt wurde, die Stellen, an denen die Widerstandskämpfer gefoltert oder erschossen wurden, der Einmarsch der Kanadier bei der Befreiung – verdichtete, stetig vermehrte Geschichte, die von der Stadt aufgesogen und bewahrt wurde, die fortlebt in Denkmälern und kleinen, fast unsichtbaren Gedenksteinen sowie in der Erinnerung der Lebenden, die Worte der Niederlage und Schmach ebenso wie der Triumph alter und neuer Siege, eine Moralität, ein Gedenken.

Es wird Abend in der Stadt. Die Lichter in den Räumen der Grachtenhäuser machen alles kleiner, ein Wohnzimmer. Hier herrscht die leichte Melancholie von Hafenstädten, weil immer Heimweh in der Luft liegt. Der Spaziergänger, der ich bin, geht am Palast am Dam vorbei, der früher einmal, als er gebaut wurde, alles so hoch überragte. Auf mehr als dreizehntausend Pfählen steht er in dem noch immer genauso sumpfigen Boden, dem von *Amestelle* ganz zu Anfang. 1948 erlebte ich hier als Junge, wie »die alte Königin« nach fünfzigjähriger Regierungszeit auf den Thron verzichtete.

Wo heute die breiten Straßen sind und eine späte Straßenbahn fährt, lagen noch im vorigen Jahrhundert Schiffe, bis hinein ins Herz der Stadt. Ich weiß, wo damals die Börse stand und die spätere und die noch spätere, wo die Waage war und der Fischmarkt, wo die zum Tode Verurteilten gerädert wurden und das Getreide verkauft. Jetzt gehe ich die Grachten entlang, wo die Dichter gingen, die in meiner Geheimsprache schrieben und die kein Ausländer lesen kann, Hooft, Vondel, Bredero, Hoornik, Slauerhoff. Ich gehe an den Patrizierpalästen vorbei, die heute Bürohäuser sind, an den Handelshäusern des zerronnenen Imperiums, sehe an irgendeiner Fassade das geniale Zeichen der *Vereenigde Oost-Indische Compagnie*, und in den dunklen, schmalen Straßen des Jordaan-Viertels gehe ich an den Häusern der Namenlosen von damals vorbei, ohne die es dieses untergegangene Weltreich nie gegeben hätte. Nichts ist unverändert geblieben, alles ist unverändert. Es ist meine Stadt, ein Zeichen für Eingeweihte. Sie wird sich dem Fremden nie ganz erschließen, der die Sprache und die Geschichte nicht kennt, weil es gerade die Sprache und die Namen sind, die die geheimen Stimmungen, geheimen Orte, geheimen Erinnerungen bewahren. Offene Stadt, verschlossene Stadt. Eine für uns, eine für die anderen. Eine Stadt am Wasser, eine Stadt der Menschen, von Menschen und Wasser erdacht und geschrieben. Eine Stadt vieler Zeiten und eine Stadt in der Zeit. Eine Stadt, die es zweimal gibt, sichtbar und unsichtbar, aus Stein und Holz und Wasser und Glas und außerdem aus noch etwas, das sich mit Worten nicht benennen läßt.

Juni 1991

Hierro, das Ende der Welt

Diese Frage habe ich mir bisher noch nie so recht gestellt: Was ist das, Gedächtnisverlust? Von Zeit zu Zeit taucht ein Bericht auf – jemand wurde in Antwerpen von der Polizei aufgegriffen, spricht niederländisch, weiß aber nicht mehr, wer er ist. Er hat keine Papiere bei sich, weiß nicht, woher er kommt, wohin er muß, wie er heißt. Ein Fremdling auf Erden, jemand, der sprechen, essen, denken kann, aber nicht weiß, was er hier tut. »Wer bin ich?« Die Frage stellen sich viele Menschen, die doch nur einen Blick in ihren Paß zu werfen brauchen, um die Antwort zu haben: Sie sind der und der, geboren da und da, so und so alt. Aber das ist es natürlich nicht, was sie wissen wollen, die wahre Frage lautet: Was für ein Mensch bin ich? Das ist also einen Grad weniger schlimm (viele Grade weniger schlimm) als das Problem einer Person mit *wirklichem* Gedächtnisverlust. Das muß etwas sehr Eigenartiges sein. Man lebt hier auf der Erde und kommt damit den Anforderungen der Evolution nach, ist aber im Grunde ein Niemand, eine administrative Leerstelle, etwas, das noch mit einem Namen und einer Funktion gefüllt werden müßte.

Mit meinem eigenen Gedächtnis habe ich stets auf gespanntem Fuß gestanden. Ich habe keins, sage ich immer, was aber natürlich nicht stimmt. Andererseits – viel habe ich in diesem Punkt nicht zu bieten. Andere können ihre gesamte Kindheit und Jugend einschließlich aller Daten, Schulen und Vorfälle ausspucken, als wären sie ihr eigener Computer – ich kann das nicht. Manchmal frage ich mich sogar, ob es mich früher überhaupt gegeben hat. Es existieren ge-

nug Dokumente, die beweisen, daß dem so ist, doch meist scheint es so, als sei die hinter mir liegende Zeit eingestürzt. Einen Moment schaue ich mich nicht um, und schon fallen die Jahre übereinander, die Ereignisse verwirren sich, die Schulen meiner Vergangenheit verschmelzen, die falschen Lehrer irren durch die falschen Flure, und wenn ich in diesem allmählich immer undurchdringlicher werdenden Chaos etwas wiederfinden will, dann muß ich *arbeiten.* Beckett hat über Proust gesagt, gerade die Tatsache, daß dieser *kein* Gedächtnis gehabt habe, habe ihn gezwungen, alle diese Bände von *Auf der Suche nach der verlorenen Zeit* zu schreiben. Das mag eine Übertreibung sein, aber der Gedanke spricht mich an.
Wer keine Vergangenheit hat, muß sich eine schaffen, muß wie ein Grubenarbeiter in die Stollen hinabsteigen, muß Zeitungen und Modeblätter lesen, um zu sehen, was damals geschah und wie alle aussahen. Also wieder: *arbeiten.*

Wie schafft man sich ein Gedächtnis? Auf meinen Reisen ist es einfach, ich schreibe und schreibe, und weil ich weiß, ich werde das, was ich beschreibe, in Erinnerung behalten, schaue ich intensiver. Gesteigertes Schauen, so etwas Ähnliches wie Fotografieren. Auf das Reisen selbst hat das eigenartige Auswirkungen, als könnte man nie einfach nur schauen, nie einfach nur etwas sehen. Ich bin im Grunde immer dabei, zu schauen, ob da nicht irgend etwas ist, das ich *bewahren* muß, genauso wie ein Fotograf in einer beliebigen Landschaft den Ausschnitt wählt, von dem er glaubt, er werde die Landschaft »gesteigert« wiedergeben. Am Ende einer Reise habe ich auf diese Weise ein Notizbuch gefüllt, mein externes Gedächtnis: Bilder und Gedanken, Vergleiche, Beobachtungen, die ich notiert habe und somit nicht *in* mei-

nem Kopf aufzubewahren brauche: Wenn ich sie noch einmal lese, sehe ich sie wieder. Mir kann folglich keine größere Katastrophe passieren, als mein externes Gedächtnis zu verlieren. In dem Moment verflüchtigt sich meine Reise in eine, die jeder machen kann: Ich bin irgendwo gewesen, habe alles mögliche gesehen, davon einen mehr oder weniger globalen Eindruck übrigbehalten, doch die exakte Registrierung meiner Wahrnehmungen ist so tief nach innen gesickert, daß ich sie nicht mehr unbeschädigt an die Oberfläche holen kann.
Auf meiner letzten Reise habe ich mein externes Gedächtnis verloren oder, besser gesagt, jemand hat es gestohlen. Es hing in einer blauen Tasche an einem Stuhl auf einer Restaurantterrasse am Ozean. Die Sonne (das weiß ich noch) klatschte ihr grelles Mittagslicht auf das kabbelige Wasser, die Terrasse, mit einem Schilfdach, war baufällig, die Speisen waren überreichlich, der Wein billig und schwer, die Stimmung glückselig und unbesorgt. Mein Gedächtnis hing arbeitslos neben mir, verwahrt in einem kleinen ledergebundenen Büchlein der Firma Smythson aus der Bond Street, gespeichert in kleinen, nur für mich leserlichen Buchstaben, Momentaufnahmen aus Madrid, Teneriffa, der Niederschlag einer Woche des Schauens und Lesens auf der Insel Hierro, des, wie sie dort sagen, *siebenten* Eilands der Kanarischen Inseln, wild, steil, etwas unwirtlich, anders.

Wie passiert so etwas? Augen, in die ich womöglich sogar geblickt habe, sehen die blaue Tasche, und während die meinen geschlossen sind und noch immer das Sonnenlicht sehen, streift eine fremde Hand die Tasche von der Stuhllehne. Ich habe es nicht gemerkt, in dem Augenblick gab es nichts, was ich aufschreiben wollte. Die Brandung schlug an die schwarzen geschliffenen Steine am Strand, zerbrechliche Gestalten liefen zum Wasser und verschwanden darin. Deutsche in den fahlen Hippiekostümen schon wieder so lange vergangener Jahre, bläßliche Abgesandte des Großstadtproletariats, die hier ihren verfälschten Hochsommer erleben, saßen wichtigtuerisch da und rauchten Hasch, als hätten sie es erfunden, eine bleiche Stadtmaus mit fettigem Haar versuchte ihre selbstgebackene Schokoladentorte zu verkaufen, spanische Schuljungenaugen grasten die halb entkleideten Körper auf der Suche nach einem Bild ab, das zu ihrer unbestimmten Wollust passen könnte, ein maurisch aussehendes Mädchen räumte auf der Terrasse ab. Jenseits von alledem mußte Südamerika liegen, das Meer bewegte sich, ölig glänzend, wenn ich mich umdrehen würde, sähe ich die Berge, die dieses tropische Tal umschließen, grüne Terrassen, Bananenplantagen, niedrige blaue Häuser in Explosionen exotischer Blumen, die sich aufwärts windende Straße, auf der ich nachher fahren würde, so hoch hinauf, daß ich durch den permanent über der Insel liegenden Nebel käme, die Straße, die danach durch eine giftige, kahle, versteinerte Landschaft auf der anderen Seite der Insel steil wieder hinunterführen würde zum ärmlichen Hauptort, wo ich mir im Hotel eine Dienstbotenkammer besorgt hatte.

Eine Form von Glück, dies alles. Das Buch auf dem Schoß zugeklappt, das Hirn in Schlaf gewiegt vom trüben Wein der Insel und einem Glas Anis, das aussah wie ein Glas voll Mädchentränen. Die Klänge einer Gitarre, der Wind in den Palmen, das Meer, das in den Kieseln wühlte und sie sacht aneinanderklackern ließ. Es war eine glückliche Reise gewesen. Madrid in der klaren Trockenheit der Kastilischen

Hochebene, voll alter Erinnerungen. *Alter* Erinnerungen, das ist etwas anderes als Erinnerungen. 1956. Ein magerer Jemand, von dem ich heute nicht mehr weiß, was er trug, erscheint jeden Tag am Schalter der Lista de Correos (Postlagernde Sendungen), um zu fragen, ob es Post für ihn gibt. Jeden Tag wandert dieselbe Hand durch all die Nachrichten, Liebesbriefe, Verzweiflungsschreie und schreibt eine leere Gebärde in die Luft. Nada. Würden Sie dann vielleicht bei M nachschauen? Manche Leute schreiben so undeutlich. Auch nichts bei M. Vielleicht bei C? Das ist der erste Buchstabe meines Vornamens, aber vielleicht ... »No, señor, nada.« Dem mit solcher Unruhe erwarteten Brief müssen hundert Gulden beiliegen – das wäre genug bis nach Béziers, wo die Traubenernte begänne. Jetzt, gut fünfundzwanzig Jahre später, irrt dieselbe Person an denselben Schaltern entlang, hat dort aber nichts mehr zu suchen. Vergeblich bemüht sie sich, bemühe ich mich, das zu diesen lange zurückliegenden Ereignissen gehörende Gefühl heraufzubeschwören, es erneut in meinem Inneren zu verorten, doch das Innere läßt sich nichts aufhalsen, es weiß, daß in meiner Brieftasche eine Kreditkarte steckt. Die Geschichte einer verflogenen Jugend ist auch die verflogener Sorgen. Und, denke ich, als ich eine Kneipe betrete, von vergangener Naivität. Hier muß es gewesen sein, wo ich zum erstenmal Anis trank, und er war mir zu süß. »Haben Sie nicht einen weniger süßen?«
»Sí, hombre, sí!«
Anís del Mono. Anís del Clavel. Chinchón.
»Ja, aber weniger süß.« Kannte ich damals das Wort trocken noch nicht, das schönste Wort, um etwas Feuchtes wie ein alkoholisches Getränk zu bezeichnen?
»Chinchón seco.«

Der war wirklich trocken und zugleich der Gnadenstoß. Schwere Betrunkenheit, erinnere ich mich, lachende Spanier und eine Nutte, so groß wie eine keltische Göttin, die mich nach Hause bringen wollte. Geflüchtet und irgendwo auf einem Bürgersteig gelegen. Doch diese Erinnerungen spielen sich im Kopf ab, die Angst, die Betrunkenheit, das Kotzen, die Ratlosigkeit haben sich daraus verflüchtigt. Eigentlich amüsiert mich der, der ich früher hin und wieder war. Das ist wahrscheinlich der schlimmste Verrat. Das Gefühl bereitet die Erinnerungen auf, als Warnung, zum Gebrauch – doch es selbst erinnert sich an nichts.

Ich muß achtgeben, daß ich nicht zum Fetischisten meiner eigenen Überlegungen werde, doch für die Art von Seele, wie ich sie habe, sind diese Wendungen unumgänglich: Ich stehe vor dem *Heuwagen* von Hieronymus Bosch und kann mich des Gedankens nicht erwehren, daß ich hier schon einmal stand. Ich sehe jetzt deutlicher, daß das Bild in einem schlechteren Zustand ist als die anderen Bosch-Gemälde im Prado, was mich jedoch interessiert, ist das, was *passiert*. Ich würde mich jetzt gern physisch durch mein früheres Ich ersetzen, ein paar Schritte zurücktreten und mich betrachten. Aber auch dann wüßte ich nicht mehr, was ich damals dachte. In diesem Sinne bin ich also bereits gestorben. Das ist das Geheimnisvolle an diesen Bewegungen, man wird sich der Tatsache bewußt, daß man unentwegt stirbt. Ich meine das ohne den Nachhall, der zu diesem Wort gehört, sondern nur, daß derjenige, der damals dort stand und etwas, was immer es war, dachte, unwiderruflich verschwunden ist. Aber ist das Bild denn noch da? Nein, auch das ist nicht mehr da. Das Bild, das ich damals sah, gibt es nicht mehr. Hier hängt nur noch das Bild, das ich jetzt sehe. In diesem Sinne sterben auch Gegenstände in einem fort. Was für eine hinreißende Täuschung, daß derjenige, der neben mir steht, denkt, er sehe dasselbe Bild wie ich. Und nie werde ich das seine sehen.

Dies alles war Februar, und Madrid. Während ich in meinem verwirrenden und schlecht beleuchteten internen Gedächtnis umherwanderte und allen möglichen mir ähnelnden Menschen begegnete, arbeitete ich an meinem externen Gedächtnis. Ich hatte einmal, das wußte ich noch, etwas über ein Restaurant geschrieben. Dessen Name war unspanisch genug gewesen, um ihn mir zu merken: Lhardy. Jetzt würde ich es noch einmal besuchen und *aufschreiben*, was ich sah. Die Zeit würde mir diesen Streich nicht noch einmal spielen, diesmal würde ich, falls ich den alten Artikel je wiederfand, meine Notizen vergleichen können. Ich wußte noch ungefähr, in welcher Gegend das Restaurant liegen mußte, und wollte, dickköpfig wie ich war, die Adresse nicht im Telefonbuch nachschlagen. Die innere Kompaßnadel funktionierte einwandfrei, durch sämtliche Lehmschichten meiner jüngeren Vergangenheit hindurch ging ich auf das Lokal zu, als wäre es nicht schon ein Vierteljahrhundert her, seit ich zuletzt aus dieser Tür herausgetreten war. Mode, zeigte sich jetzt, kann am eigentlichen Wesen eines Ortes nicht viel verändern. Kein Zweifel, die Menschen, die dort standen, trugen ganz andere Kleider als damals, aber sie drängten sich noch genauso um das zentrale Objekt, eine Art Samowar, eine große silberne Teekanne? einen Boiler?, aus dem jeder, indem er einen kleinen Hahn aufdreht, seinen Teller mit Bouillon füllen kann. Der Gegenstand daneben ist ein dreieckiges silbernes Karussell, in dem hinter Glasscheiben kleine Sandwiches aufgeschichtet sind, die man sich ebenfalls selbst nehmen kann. Die Sprache der Speisen: Durch ihre fehlenden Krusten drükken diese weichen weißen Butterbrote aus, daß sie für reiche Leute bestimmt sind. Normale Spanier essen *bocadillos*, steinharte, feste Brötchen ohne Butter mit Hartwurst, Käse oder nichts anderem als einer frisch verriebenen Tomate. Die Leute um mich herum greifen mit vorsichtigen Fingern zu diesen belegten Hostien und saugen sie ein. Ihre ohnehin schon so strahlenden Gebisse bleiben arbeitslos. Im hinteren Teil des Geschäfts, denn ein solches ist es, man kann auch Delikatessen kaufen, gibt es einen geheimnisvollen Zugang zur oberen Etage. Dort befindet sich ein Restaurant, in dem sich, abgesehen von der Installierung elektrischen Lichts, in den letzten hundert Jahren nichts verändert haben kann. Bei meinem vorigen Besuch waren meine Liebste und ich die einzigen Gäste. Zwei aus der Eiszeit übriggebliebene Ober im Frack gespensterten um uns herum. Der Fußboden ächzte, als könnte er fühlen. Jetzt, so viele Jahre danach, ächzte der Fußboden noch immer. Die alten Ober waren ins himmlische Restaurant verschwunden, wo sie bis in alle Ewigkeit von früheren Gästen bedient werden, und die neuen Ober, nicht länger im Frack, sondern im Smoking, hatten bereits etwas Ältliches in ihrem Gang, als wäre das Alter des Ortes wie eine schleichende Krankheit in ihre Knochen gekrochen. Sonst war alles gleichgeblieben. Bis auf ein flüsterndes Liebespaar waren wir wieder die einzigen Gäste zwischen den schwarzglänzenden Ledertapeten, die noch immer so aussahen, als hätten sie ein geheimnisvolles Quantum Geständnisse, Verschwörungen, ehebrecherischer Unterhaltungen in sich aufgesogen. Einen der jungen Ober fragte ich, ob es die Toilette noch immer gebe. Die hatte seinerzeit großen Eindruck auf mich gemacht. In einem Raum von der Größe eines vatikanischen Vorzimmers stand eine mit hellblauen Ornamenten verzierte Porzellanschüssel und starrte still vor sich hin. Nein, diese Toilette gebe es nicht mehr. Wenn ich wolle, könne ich mir natürlich die neue ansehen. Aus der einen waren zwei geworden, als hätte eine Zellteilung stattgefunden, und es war, als sollte ich eines der Gesetze des Älterwerdens am eigenen Leibe erfahren: Alles schrumpft, halb ist kleiner als ganz. Der Ober fragte, ob ich mir damals auch das japanische Zimmer und das weiße Zimmer hätte ansehen dürfen. Nein, die hatte ich nicht gesehen. Er ging mir durch stille Flure voran, und einen Moment lang starrte ich wie ein Voyeur in diese leeren Zimmer, aus denen ein leiser moschusartiger Schwall von Komplotten, Geheimbünden und bezahlten Romanzen aufstieg, der nie so diskrete Charme der spanischen Bourgeoisie im neunzehnten Jahrhundert.

Wer viel gereist ist, kann seine Vergangenheit vielleicht besser lokalisieren als einer, der immer an einem Ort bleibt, denn dort finden die Veränderungen allmählich statt oder, besser gesagt, die Kosmetik der täglichen Ereignisse verhüllt die Veränderung und das Verschwinden, während man, wenn man nach so vielen Jahren irgendwohin zurückkehrt, die Zeit, ihr Verstreichen, *en flagrant délit* ertappt: Dort ist eine Bank hingekommen, jene Bar ist verschwunden, eine ganze Straße hat sich verändert, eine Grünanlage ist entfernt, doch damit hat man auch dir etwas genommen, indem man die Kulisse deiner Vergangenheit unwiderruflich verändert hat, hat man an deiner eigenen Vergangenheit gerüttelt, und das ist ein *Anschlag*: Wärest du nicht zurückgekehrt, hätte man nicht an deiner Erinnerung herumgemodelt. Jetzt ist deine Vergangenheit versehrt, nicht mehr intakt, und dadurch ist das, was du als unteilbaren, unantastbaren Teil deiner selbst betrachtet hast, ins Wanken geraten, als seiest du schon vor deiner Zeit im Begriff zu vergehen. Das klingt düster, ist es aber nicht. Oder, besser gesagt, ich bin es nicht. Am Abend all dieser Meditationen sehe ich *La Vida es Sueño* von Calderón de la Barca: Das Leben ist Traum. Nicht *ein* Traum, wie es so oft übersetzt wird, sondern *Traum* – es ist kein Vergleich, sondern eine Feststellung: Die Substanz des Lebens ist Traum, es besteht aus Traum. Und während ich dort in meiner Loge sitze und Calderóns zu einem Diamanten geschliffenes Spanisch sowie dieses eigenartige Spiel von Schein und Sein mich einkapseln, denke ich an die Verse von Jan Luyken:

Droom is 't Leeven
Anders niet,
't Glyt voorbij gelijk een Vliet
die langs steile boorden schiet,
Droevig, wie kan 't weeren

Und sie gehen mir auch wieder durch den Kopf, als ich am nächsten Tag, schneller als in irgendeinem Traum, vom trockenen, sandfarbenen spanischen Land emporgehoben werde und zwei Stunden später langsam am verschneiten Gipfel des Teide vorbei hinabsinke, mitten hinein in die Pracht und die Palmen von Teneriffa.

Ich sollte eigentlich noch am selben Tag zu meinem Endziel weiterfliegen, der Insel Hierro oder, wie die Spanier so viel schöner sagen, la Isla del Hierro. Es ist die westlichste der

Kanarischen Inseln, früher, bis ins Mittelalter hinein, glaubte man, dort höre die Welt auf, wer weiterführe, würde unweigerlich herunterfallen. Die Vorstellung, daß der westlichste Punkt dieser Insel einst buchstäblich das Ende der Welt war, finis terrae, habe ich immer sehr reizvoll gefunden. Schließlich geht es nie darum, ob etwas wirklich wahr war oder ist, sondern darum, daß es für andere wahr ist oder gewesen ist. Die Magie eines solchen Ortes besteht darin, daß hier einst Menschen gestanden haben, die dachten, dort höre *alles* auf. Solche Orte teilen mir ihr *génie de lieu* mit, es hat etwas Mediales, ich wußte, ich mußte dort einmal stehen, um dieses Gefühl zu haben, wider alle Vernunft und alles Wissen zu denken, dort, irgendwo im glitzernden Ozean, liege der Rand der Welt, das Loch, der große Schlund des Nichts.

Doch das Nichts ist störrisch und läßt sich nicht widerstandslos erobern. Vom alten Flughafen von Teneriffa aus startet ein kleines Flugzeug, und bei früheren Gelegenheiten war es mir nie gelungen, einen Platz zu ergattern. Einen Parador gab es zwar auf der Insel, doch die Straße dorthin war noch immer nicht fertig, und das Schiff aus Santa Cruz fuhr zu unmöglichen Zeiten und machte einen Umweg über eine andere Insel. Diesmal hatte ich die Reise besser vorbereitet. Um die Sache leicht zu machen, landet man im Süden von Teneriffa, muß dann mit dem Bus zum im Norden gelegenen Unglücksflughafen fahren, ein paar Stunden warten, und dann fliegt man weiter zum uneinnehmbaren Eiland. Uneinnehmbar auch diesmal, denn im Norden herrschte dichter Nebel. Eine düstere Gruppe schwarzgekleideter Frauen und Männer mit breiten Gesichtern unter großen Hüten umlagerte den Check-in-Schalter und erörterte in gedämpftem Ton die Chancen. Iberia hielt sich bedeckt. Man wisse es nicht, aber es sehe düster aus. Der Flughafen war verlassen, draußen trieben graue Wolken vorbei, die Inselbewohner saßen wie Flüchtlinge zwischen ihren mit Schnüren zugebundenen Pappkartons und warteten, bis das Schicksal spräche. Ein paar Stunden später war es soweit. Der Flug fand nicht statt, die drei Ausländer in der Reisegesellschaft konnten in einem kleinen Hotel auf dem Flughafengelände übernachten, denn die Hotels in Santa Cruz waren wegen des Karnevals alle belegt.

Wenn der *große* Traum eine Entlarvung der sogenannten Wirklichkeit ist, ein Zustand, dessen eigentliche Bedeutung nie ganz sicher ist, dann sind die *kleinen* Träume der Beweis dafür: Plötzlich stimmt gar nichts mehr, Gesetze lösen sich auf, man kann fliegen, morden und Ängste beherbergen, die man im täglichen Leben nicht aushalten würde. In dem Traum, der das Leben ist, bringt der kleine Traum alles ins Wanken, die Welt ist nicht, was sie ist, und, schlimmer noch, in mir hausen Menschen, die ich nicht kenne, mit Eigenschaften, die ich nie vermutet hätte. Was wir die Wirklichkeit nennen, ist eine Übereinkunft, um nicht vor Angst oder Fröhlichkeit umzukommen, ein Treppengeländer, an dem wir uns festhalten, ohne zu wissen, wo die Treppe nun eigentlich hinführt. An diesen Gedanken ist nichts Neues, sie stellen sich jedoch unwiderruflich ein, wenn kurzfristig an der übereingekommenen Wirklichkeit gerüttelt wird. Ich sollte jetzt in einem einsamen Gasthof an der wilden Küste von Hierro sein, statt dessen irre ich zwischen johlenden Masken, unerkennbaren menschlichen Gestalten mit Perükken, bemalten Gesichtern, Tierköpfen, angetan mit Kutten, Gewändern, unsinnigen Uniformen herum. Sie torkeln als vielköpfige, außer Rand und Band geratene Menge durch die großen Räume des Hotels Mencey, rufen dir hinter ihren Masken hervor etwas zu, strecken ihre verkleideten Arme nach dir aus und wogen wieder davon, als würden sie von einer Brandung mitgesogen. Kronen, Polkatupfen, Jabots, Dekolletés, Säbel, Zepter, giftige Farben, die Wölbung von Brüsten ohne ein dazugehöriges Gesicht, aufgemalte Tätowierungen, Verunstaltungen, Phantasiehaar und die verzerrten Töne, die in den Masken hängenbleiben – auf einmal ist die ganze Welt Unsinn geworden, die Übereinkünfte gelten nicht mehr, weil hier etwas anderes vereinbart worden ist. Freilich nicht mit dir, mit dir nicht, in dieser einen Sekunde, in der du als Nichtverkleideter dazukommst, hat man dich als denjenigen entlarvt, der nicht mitmacht, den Außenstehenden, und als wäre auch das wieder eine Maskerade, stellen sich die anderen, die ihre Gesichter zu Hause gelassen haben, um dich herum und wollen dich mitziehen, hinein in ihren Tanz, hinein in das Fest, in dem du für eine Weile nicht als der dazustehen brauchst, der du bist, der du für gewöhnlich sein mußt.

Der Flughafen Los Rodeos wurde von gewissenlosen Verrückten an einer Stelle angelegt, an der fast immer Nebel herrscht. Als wir aus dem Hotel hinaustreten, ist die Sicht klar, doch sobald wir die Stadt unter uns lassen, ziehen die ersten nächtlichen Nebelschleier auf, und in der Nähe des Flughafens wird das Taxi von einem beklemmenden grauen Gespinst umschlossen. Von dem Zimmer in dem ärmlichen, verlassenen Hotel aus sehe ich einen Teil der leeren, von orangefarbenen Lichtern beleuchteten Betonfläche, auf der seinerzeit das große Unglück passierte, und in der tödlichen, bedrückenden Stille, die dort liegt, hat man den Eindruck, als irrten Angst, Schmerz und Tod noch immer durch den Nebel. Es gibt kein Geräusch außer dem des Nebels, der in dem einen kläglichen Baum vor meinem Fenster hängengeblieben ist und in Form kalter, einsamer Tropfen herabfällt.

Am nächsten Morgen findet sich dieselbe Gruppe wie am Vortag ein. Wo die anderen geschlafen haben, mag Gott wissen. Einige der Männer sind unrasiert und kippen große Gläser spanischen Kognak hinunter. Sie sind klein, die Inselbewohner, und breit. Sie sehen eher aus wie Südamerikaner. Es ist noch immer neblig, doch in den sich bewegenden Tüchern steckt ein Hauch sonnenfarbenes Licht, und das Flugzeug startet. Es bietet Platz für nicht sehr viele Menschen und erhebt sich schwankend in die Lüfte wie ein betrunkener Motorradfahrer, doch kurz darauf fliegen wir schon am Schneegesicht des Teide vorbei und sehen die hohe Form von Hierro in der Ferne. Es ist eine steile Insel, und als wir eine halbe Stunde später über der Landebahn schweben, sehe ich, wie klein diese ist. Es wird ein fliegerisches Meisterstück: Wie ein Falke fällt die Fokker, stürzt sich hinab, heult auf, bremst und steht still, und dann ist auch wirklich alles still. Es gibt keine anderen Maschinen. Dies ist sie also, la Isla del Hierro, ein leerer Fleck Natur mitten im Ozean, ein paar Dörfer, neblige Täler, eine wilde Küste, ein erloschener Vulkan, ein paar tausend Menschen irgendwo zwischen Afrika und Südamerika. Ich blieb eine Woche, schrieb auf, was ich sah, und trug dieses externe Gedächtnis mit mir herum, bis es mir auf einer anderen Insel gestohlen wurde. Jetzt bin ich ein ganz normaler Reisender geworden, jemand, der sich nur an das erinnert, woran er sich erinnert, und das sind in erster Linie Stille und das Geräusch des Meeres, eine *Form* von Stille.

Ich hatte Quartier im Parador bezogen. Die Straße vom Flughafen dorthin führte durch eine leere, versteinerte Landschaft, schwarz. Darüber lag, sah ich, der ewige Nebel. Der Parador war abgelegen, zwanzig Kilometer vom Hauptort Valverde entfernt. Mein Zimmer bot Ausblick auf den Ozean, der, als grolle er, weil dieses Hindernis dort lag, Tag und Nacht an den steinernen Strand krachte und toste. Es ist natürlich Unsinn, das Stille zu nennen, doch ich betrachte alle nicht von Menschen oder Maschinen erzeugten Geräusche, Regen, Wind, Wasser, als Nuancen von Stille, vielleicht weil diese Geräusche auch da wären, wenn es uns nicht gäbe.

Gut, woran erinnere ich mich? Bäuerliche Mahlzeiten in kleinen, unscheinbaren Gasthöfen, Pellkartoffeln mit einer scharfen grünen oder roten Soße, Fische, deren Namen ich nicht mehr weiß, weil sie mir gestohlen wurden, große Stücke frischen Thunfisch, Brunnenkressesuppe, den orangefarbenen schweren Inselwein, der nicht exportiert wird. Ein Gespräch mit einer alten Frau, Küsterin einer verlassenen kleinen Kirche, die die Glocke für mich läutete und auf einem Feld nach Knochenstückchen suchte, um zu beweisen, daß dort ein Friedhof gewesen war. Die Wege sind manchmal schwer begehbar und steil, die Ausblicke dramatisch, die Menschen freundlich, wenn auch auf Distanz. Es waren kaum Touristen da, Strände gibt es nicht, eine Küste aus Steinen und Klippen, Landschaften mit windzerzausten Bäumen, ganze Flächen erstarrter, in sich verwundener Lava, schweigende, klumpige, prähistorische Monster, Wälder mit hohen, reglosen Nadelbäumen, in denen man stundenlang umhergehen kann, ohne jemanden zu sehen.

Im Parador treffe ich Francisco-Gabriel García Jiménez, der auf dem Flughafen arbeitet und ein kleines Buch über die Insel geschrieben hat, in das er mit großen Schnörkeln seine Unterschrift für mich setzt. Er erzählt mir, die Insel sei so arm, daß ein großer Teil der männlichen Bevölkerung in Venezuela arbeitet, sechs Flugstunden von hier. Ich fahre mit ihm auf der Insel herum, er zeigt mir die Farne, die die früheren Bewohner noch aßen, deutet auf einen Fleck hoch in den Bergen, zu dem ein achtzigjähriger Mann noch zweimal die Woche hinaufsteigt, um den letzten Leguanen Europas Tomaten zu bringen, erzählt mir, wie die Käsesuppe der Insel zubereitet wird und wie die Herrenos aus der ganzen Welt herbeiströmen, wenn alle vier Jahre die Heilige Jungfrau der Könige in einer Prozession über die Insel geführt wird.
Am letzten Tag will ich zum westlichsten Punkt, wo Ptolemäus zufolge die Welt aufhörte. Vor Greenwich lag dort der Nullmeridian, der Meridian von Orchilla. Die Landschaft ist bösartig, verlassen, höllisch, die Straße hier und da kaum befahrbar. Immer von neuem hinauf und hinab, grausam, trocken, scharf. Zwischen den Steinen wachsen unmögliche Pflanzen, und ich denke, daß nichts so sehr Ausdruck des *Willens* ist wie so eine trockene, ausgelaugte und trotzdem lebende Pflanze, die sich in einem Fels festgebissen hat und sich die nötige Nahrung zum Überleben aus der Luft holen muß. Nach Stunden komme ich am Leuchtturm an, dahinter geht die steinerne Erde noch ein Stück weiter bis zu einem großen Kreuz aus rohem Holz. Dies war also das Ende der Welt. Mit unnachahmlicher Effekthascherei hat sich ein Rabe auf dem Kreuz niedergelassen und schaut auf die Fläche des Ozeans, in dem sich die Sonne wälzt und glitzert. Der Wind zerrt an meinen Kleidern. Ich würde

gern etwas denken, aber das gelingt mir nicht, die Leere vor mir füllt mich wie eine Flasche, bis ich selbst so leer werde, daß es scheint, als würde ich aufgelöst, der Notwendigkeit enthoben, beim Schauen noch etwas zu denken, und eilig, als wäre das gefährlich, als könnte ich mich selbst in einen Raben verwandeln und mich neben dem anderen als düsterer Wächter auf diesem letzten Kreuz niederlassen, drehe ich mich um und gehe durch den Staub der Welt zur erdachten Form meines Autos.

1982

Im hohen Norden

Im Flugzeug von Oslo nach Tromsø. Zwei Welten, das Land tief unter mir, die Karte auf dem Schoß. Draußen geht die Sonne gerade unter, die Wolken, die über dem Land auf meiner Karte hängen, sind von Max Ernst gemalt, surreale, aufgeblähte Luftgebilde, Geschwader, die an uns vorbeischießen, Feuer in Grau, das Land unter uns bereits dunkel, immer unsichtbarer, eine Ahnung. Auch wenn es rätselhaft ist, von Chaos kann dennoch keine Rede sein, denn auf der Karte sind Straßen eingezeichnet, es gibt Orte, Häfen, Namen. Die dünnen grünen Linien sind Provinzgrenzen, die dickeren geben an, wo in dieser Unermeßlichkeit das eine Land anfängt und das andere aufhört, Rußland, Finnland, Norwegen. Wir, eine kleine Gruppe schreibender Reisender, sind eingeladen, eine Woche im hohen Norden zu verbringen.[1] Ob unsere Reise mit der jüngst entstandenen Aufregung um den Pol und den von Rußland erhobenen Ansprüchen zusammenhängt, weiß ich nicht, zumindest spricht niemand darüber.[2] Wir werden Bibliotheken und Museen in den fernen nördlichen Städten besichtigen, in die wir kommen, eine Universität, die Zentrale der Erdölindustrie, eine Fischverarbeitungsfabrik – ein wenig wie die Königin auf Arbeitsbesuch. Unser erstes Reiseziel, Spitzbergen, liegt so weit im arktischen Norden, daß es nicht mehr auf der Karte ist, obwohl diese so groß und detailliert ist, daß ich Mühe habe, die Namen der Orte zu finden, die sich in der kommenden Woche in Realität verwandeln werden, Tromsø, Hammerfest, Kirkenes, weit voneinander entfernte Punkte in einer Unendlichkeit von Land, Buchten, Fjor-

den, Inseln, Seen. Wer die Verführung von Karten und die Begierde, die sie auslösen, nicht kennt, wird sich meine Aufregung kaum vorstellen können – Tausende von Quadratkilometern ohne Straßen, beige, hellgrün, dazwischen immer wieder das Blau des Meeres oder eines Binnengewässers, finnische oder norwegische Namen, die Berge und Ebenen bezeichnen, oder Flüsse, an denen keine Siedlungen liegen, tatsächlich existierende geographische Orte, die ich nie zu Gesicht bekommen werde, die Verlockung des Unmöglichen. Gabmaskaide, Doaresjokrassa, Kipperfjordfjellet, eine Kantilene faktischer Unerreichbarkeit und dennoch echt, kartiert, vermessen, gezeichnet.
Die Wetterrubrik der Zeitung, die ich nicht lesen kann, zeigt Aquarelle von Wolken mit einer Sonne dahinter, später in dieser Woche wird die Temperatur in Tromsø tagsüber 2 bis 5 Grad betragen, in Longyearbyen, der Hauptstadt von Spitzbergen, 1 bis 4. Wir setzen zum Sinkflug an, von der Sonne bleibt noch ein wenig Tafelsilber, das dann aber auch verschwindet, die tiefer gelegene Wolkendecke ist fett geworden, wie ein riesiges Stück angeschimmelter Speck erstreckt sie sich bis zum Horizont, bevor wir sie in Regenschauern durchbrechen, plötzlich sind all diese Inseln auf der Karte Realität, ich sehe die Lichter und Hügel von Tromsø, eine Stunde später gehe ich durch verregnete Straßen, vorbei am gelbbraun gestrichenen Dom, an einem Lokal mit russischen Mädchen, an der steil aufragenden Eismeerkathedrale. Das Bild, das ich auf Fotos gesehen habe, grellbunte Holzhäuser an stahlblauem Wasser, wird gelöscht, plötzlich bin ich in einer flachen nördlichen Provinzstadt, die nach Meer und Ferne riecht. Von hier aus werden wir morgen nach Svalbard aufbrechen, wie die Norweger den Archipel nennen. Svalbard: Kalte Küste. Bevor es so-

weit ist, schaue ich noch in einem niedrigen rotgestrichenen Holzhaus am Wasser vorbei, dem Polarmuseet, eine harte Wirklichkeit reduziert auf Tableaux vivants, die in all ihrer Stümperhaftigkeit doch etwas von den extremen Bedingungen ausdrücken: ein erstarrter einsamer Fischer, zwischen Eisschollen rudernd; das monumentale Gerippe eines Walrosses und daneben sein unvorstellbarer Penis; Amundsen, verkleidet mit einer danteartigen Kopfbedekkung, streckt das mächtige Haupt zur Tür hinaus, die Nase wie ein Eisbrecher. Vor den Holzbalken einer nachgebauten Hütte sitzt ein Seemann in Gestalt einer Puppe und rupft eine Schneegans, sein Gewehr und die Naturholzlatten, die seine Skier sind, stehen neben ihm. Bruder Bär, beängstigend groß, Schwester Fuchs, spitz und listig, fast täuschend lebendig, Tiere, ausgestopft wie Reliquien, der melancholische Kopf eines Seehunds, Fotos von Gletschern und im Schnee eingeschlossenen Hütten, von Walfängern und Schneestürmen, alles riecht nach Gefahr und Einsamkeit, Mensch und Tier im Kampf mit den Elementen und miteinander. Und in der Hauptrolle der Tod, ich habe genug Geschichten von Polfahrten gelesen, um mir den Rest zu denken. Aufgehängte Polarfüchse, dann hinter Glas ihre zarten Schädel, überraschend klein, mit den bösartigen Zähnen. In einem anderen Schaukasten die perfide Falle, mit der ein Eisbär sich selbst erschießen kann, ich weiß, wie nah ich dieser Welt bin und wie fern zugleich. Am nächsten Abend, im Hotel in Longyearbyen, wird sich dieses Gefühl noch verstärken. Man sitzt an einem Tisch bei einem Glas Wein und weiß, daß man nur noch etwas mehr als tausend Kilometer vom Pol entfernt ist – für ein paar tausend Dollar kann man mit einem alten russischen Hubschrauber hinfliegen –, und *einen* frivolen Augenblick lang lassen sich dann all die Geschichten, die man gehört oder gelesen hat, nicht mehr mit dem Luxus und der Sicherheit in Einklang bringen, die einen umgeben. Willem Barents, die Überwinterung auf Nowaja Semlja, Amundsen, Nansen, Scott, die Geschichten von Skorbut und Hungertod, die einsamen Gräber überall auf diesem Archipel. In seinem Buch *Die Schrecken des Eises und der Finsternis* gibt Christoph Ransmayr eine grauenhafte Beschreibung der heroischen Expedition von Julius Payer und Carl Weyprecht 1872-1874, die mit ihrem Schiff *Admiral Tegetthoff* im Eis eingeschlossen wurden und ihre Boote zu Fuß über das unwegsame Packeis zurückschleppen mußten, bis sie endlich offenes Gewässer erreichten und von einem russischen Walfänger gerettet wurden. Das einzige, was heute noch schwach daran erinnert, ist die Aufforderung, nicht allein und schon gar nicht unbewaffnet in die Hügel rings um das Städtchen zu gehen, denn die hier lebenden Bären haben oft Hunger, und wenn es sein muß, fressen sie auch Menschen. Wer selbst keine Waffe hat, muß sich einen bewaffneten Begleiter suchen.

Den ersten Blick auf Spitzbergen werfe ich aus der Luft, und ich sehe, was Barents sah: spitze Berge. In einem englischen Buch (*No Man's Land* von Sir Martin Conway, 1906, Faksimile-Ausgabe Oslo, 1995) lese ich eine Schilderung jener frühen Tage. Zwei Schiffe waren am 18. Mai 1596 von der westfriesischen Insel Vlieland ausgelaufen, auf dem einen Willem Barents und Jacob van Heemskerk, auf dem anderen Jan Cornelisz. Rijp. Am 9. Juni erreichten sie »Bear Island«. Acht Mann von jedem Schiff gingen in zwei Schaluppen an Land. Sie fanden eine Unzahl von Möweneiern an der Küste, doch beim Abstieg von einem hohen Schneehügel weiter landeinwärts brachen sie sich wegen des steilen Gefälles und einer Reihe gefährlicher Felsen fast das Genick, so daß sie es vorzogen, auf dem Hintern hinunterzurutschen. Drei Tage später sahen sie einen »weißen Bären«, den sie fangen wollten, doch das Tier war so groß, daß sie es nicht wagten. Sie ruderten zum Schiff zurück und bewaffneten sich mit Musketen, Hellebarden und Beilen. Vier Glasen (zwei Stunden) lang kämpften sie mit dem Bären, der mit einem Beil im Rücken davonschwamm, schließlich aber doch erlegt wurde. Die Männer aßen von seinem Fleisch, das ihnen aber nicht bekam. Dabei hatten sie noch Glück, eine ganze Reihe Polarreisender ist nach dem Genuß von Eisbärenfleisch gestorben, vor allem die Leber kann giftig sein. Sie nannten die Insel Beeren Eylandt (heute Bjørnøya) und fuhren am 13. Juni weiter in Richtung Norden. Am nächsten Mittag erblickten sie Land – sie befanden sich wahrscheinlich noch weit auf See, auf 78° 15′ nördlicher Breite – westlich dessen, was sie den Grooten Inwyck nannten, den heutigen Isfjorden.

Am 16. Juni stoßen sie auf Packeis und fahren in östlicher Richtung weiter, bis sie auf 80° 10′ »hohes Land, völlig mit Schnee bedeckt« sehen, die Nordküste Spitzbergens. Eine Woche lang kreuzen sie vor der Insel und gehen dann vor Anker, das Land, so schildern sie es später, ist »gebrochen und besteht ausschließlich aus Bergen und spitzen Hügeln, weshalb wir es Spitzbergen nannten«. Es war ihnen nicht klar, daß sie eine neue Insel entdeckt hatten, da sie dachten, sie befänden sich auf Grönland; sie fuhren aber zum Glück unbekümmert damit fort, allem einen Namen zu geben. Man kann wegen des Eises nicht weiterfahren, kehrt um und nennt dieses Binnengewässer Keerwyck (Wendebereich); oder man findet die mächtigen Zähne eines Walrosses, tauft die Bucht Tandenbaai (Zahnbucht) und nimmt das Land dann auch gleich offiziell in Besitz, indem man einen Bericht von seinem Besuch zurückläßt. Der Rest ist Geschichte. Rijp und Barents trennen sich, Barents wird vom Eis auf Nowaja Semlja eingeschlossen, überwintert mit seiner Mannschaft in der Finsternis der eisigen Einsamkeit in einer aus Treibholz selbst gebauten großen Hütte und versucht, wie knapp drei Jahrhunderte später die Besatzung der *Admiral Tegetthoff*, im Frühjahr 1597 die offene See zu erreichen, stirbt aber am 20. Juni unterwegs an Skorbut. Die anderen gelangen nach einer grauenhaften Fahrt endlich in offenes Gewässer und werden dort von zwei russischen Schiffen geborgen. Nicht lange danach finden sie Skorbutgras, wodurch sie teilweise wieder genesen, und fahren dann in direkter Linie übers Meer zur Mündung des Petschora, wo sie am 4. August eintreffen. Einen Monat später stoßen sie bei Kola im Weißen Meer auf das Schiff von Jan Cornelisz. Rijp, von dem sie vor über einem Jahr Abschied genommen hatten. Fast dreihundert Jahre später findet Kapitän Elling Carlsen aus Hammerfest die Überreste von Barents' Hütte, 16 Meter lang, 10 Meter breit. Er sammelt verschiedene Gegenstände ein, die während dieser ganzen Zeit im Eis überdauert haben. Zusammen mit weiteren 112 Überbleibseln von einer anderen Expedition liegen sie nun im Rijksmuseum von Amsterdam.

Es ist Abend in Longyearbyen. Ich habe meinen Gang durch die schmale Stadt gemacht. Stadt ist vielleicht ein zu großes Wort, Siedlung wäre angebrachter. Auch hier gibt es ein Polarmuseum, moderne, gewagte Architektur. Alles, was ich gerade gelesen habe, wird durch die Abbildungen und Fundstücke noch dramatischer. Danach möchte ich noch einen kleinen Spaziergang am Wasser entlang machen. Ich habe das Museum hinter mir gelassen, nun hat mein Laienverstand alles mögliche zu verarbeiten. Die Straße ist zu dieser späten Stunde leer und düster, in der Ferne sind ein paar Häuser zu erkennen, das Wasser links von mir ist ein Binnengewässer, das umliegende Land rostbraun, die Hügel in der Ferne grauer Stein, im oberen Teil schneebedeckt. Spitzbergen ist größer als die Niederlande und Belgien zusammen, doch in allen Siedlungen der Inselgruppe wohnen insgesamt keine 3500 Menschen. Ich versuche mir zu vergegenwärtigen, was ich gerade gelesen habe: Im Mesozoikum, vor 250 Millionen Jahren, lag Spitzbergen dort, wo heute Spanien liegt, es driftete auf den sich verschiebenden tektonischen Platten in Richtung Norden; obwohl mir das schon sonderbar vorkommt, kann ich mich staunend weiter in Zahlen und Entfernungen verlieren, denn noch weiter zurück lag der Archipel, der heute zu 60 Prozent aus Eis besteht, sogar südlich des Äquators. Die Welt, so scheint es, hat damals in einem fort gebrodelt und ist dabei manchmal übergekocht, Bergrücken schmolzen, Felswände wurden zusammengefaltet, Gesteinsarten miteinander vermengt, flüssiges Magma strömte an die Oberfläche und erstarrte zu Granit – eine lange, wütende Märchenerzählung, in der Steine zu langen Bändern gedehnt werden, Sümpfe sich mitsamt ihrer Vegetation in eine Kohleschicht verwandeln, Dinosaurier erscheinen und wieder verschwinden und sich auf dem Boden des Kochtopfs Fossilien ablagern, die nach seiner Erkaltung von einem Leben berichten, in dem die Natur noch ohne uns auskam. Es wird neblig, die Straße, *vei 400*, führt nach Adventdalen, aber so weit werde ich nicht gehen. In der Dämmerung sehe ich ein fernes Licht und beschließe, noch bis dorthin zu spazieren; als ich näher gekommen bin, stelle ich fest, daß es ein eingezäuntes Gelände mit vielen kleinen Holzhütten ist, in denen Polarhunde wohnen und auf den Winter warten. Sie liegen an Ketten, strecken den Kopf aus der Fensteröffnung ihrer Hütte. Auf mich sind sie nicht neugierig, schauen mit diesen merkwürdig leuchtenden Augen durch mich hindurch, für sie bin ich ein Niemand, denn ich hole sie nicht für eine Fahrt zum Nordpol. Alles, was man über Tiere sagt, ist reine Interpretation, und es ist wahrscheinlich auch Unsinn, wenn ich sage, sie sind schön, doch über diesem Ort liegt eine unbenennbare Melancholie und auch eine Ablehnung, als müßte man, um ihre Aufmerksamkeit zu gewinnen, einer anderen Ordnung angehören, besser zur Landschaft passen; ich dagegen bin ein in keiner Gefahr erprobter Spaziergänger, gewogen und für zu leicht befunden.

Auch am nächsten Morgen spüre ich das, als ich über den Sjoomradet in die andere Richtung gehe, zum Industriegelände und dem kleinen Hafen im Adventfjorden, von wo aus wir einen Tag später mit dem Schiff zu einer aufgegebenen russischen Bergarbeitersiedlung namens Pyramiden fahren werden. Die modernen Nutzbauten zeichnen sich klar gegen die markante Umgebung ab, fröhliche Farben, gerade Linien, die Schiffe in der Werft totenstill im metallenen Wasser, wenig Menschen, und all das vor dem Hintergrund der stumpfen, enthaupteten Berge auf der anderen Seite, ungeschlachte Tiere mit Schnee an den Flanken. Gastanks, Fabriken, Autos. Ob es durch die Stille kommt, weiß ich nicht, jedenfalls scheint es, als wäre jedes Gebäude einzeln hingemalt, Bilder eines hyperrealistischen Malers, der die Stille als zusätzliche Dimension hinzugefügt hat. Ein

Schiff in dunkler Mennige, eine Ölpipeline, ein hoher Fabrikturm mit einem einzigen Licht – wenn hier ein Auto vorbeikommt, ist das ein Ereignis. Ich frage mich, wie es im Winter sein muß, wenn die Sonne für vier Monate verschwindet. Longyearbyen ist der einzige größere Ort, hier leben 1800 Menschen. Weiter nach Norden gibt es noch die russische Kohlengrube Barentsburg, die seit den jüngsten russischen Exerzitien am Pol mit einem gewissen Argwohn betrachtet wird. Die Siedlung liegt teilweise außerhalb der norwegischen Jurisdiktion, etwa 800 Russen wohnen hier. Ein Stück weiter nördlich kommt Ny-Ålesund mit vierzig Seelen, alles, was dann noch weiter im Norden liegt, ist unzugänglich und zumeist Sperrgebiet. Zwischen den einzelnen Siedlungen auf Spitzbergen gibt es keine Straßen, irgendwo steht noch eine automatische Wetterstation, aber dort wohnt keiner mehr, nur während des kurzen Sommers fahren Yachten an den unwirtlichen Küsten von Nordaustlandet und Kvitøya entlang. Im Januar und Februar können die Temperaturen in Longyearbyen auf mehr als 40 Grad unter Null sinken, im März ist es noch kälter – wie lebt man unter solchen Bedingungen? Es geht, lautet die Antwort, und leicht provozierend wird hinzugefügt: »Und wenn der Winter vorbei ist, tauschen wir alle unsere Partner.« Es ist eine lange Nacht, die Polarnacht, und ich begreife, daß keiner, der das nicht erlebt hat, mitreden kann. Wie mag es wohl sein, den Winter hier zu verbringen? Im November wird es um die Mittagszeit noch Tag, dann aber breitet sich die Dunkelheit allmählich immer mehr aus. Im Dunklen zur modernen Bibliothek gehen, beim Licht der Sterne oder (sofern er scheint) des Monds knapp oberhalb des Horizonts, und dort endlich alles lesen, was man schon sein ganzes Leben lang lesen wollte? Wie lange hält man das aus, wenn man freiwillig dort ist? Was machen die Einheimischen? Man gewöhnt sich daran, sagen sie, es gibt schließlich Bücher, DVDs und CDs, man kann an der Fernuniversität studieren, es gibt alle möglichen Vereine, und schließlich haben wir unseren Job – wir sterben weiß Gott nicht vor Langeweile, und wenn alles klappt, kommt jeden Tag das Flugzeug aus Tromsø mit den Zeitungen. Und manchmal sieht man das Polarlicht ...

Der nächste Morgen. Wir werden in einen Bus gesteckt. Alle sehen verkleidet aus, die Bootsfahrt nach Pyramiden und zurück wird zehn Stunden dauern, man hat uns vor eisiger Kälte auf dem Wasser gewarnt, Thermounterwäsche empfohlen, Mützen, Sonnenbrillen wegen des grellen Lichts bei den Gletschern, feste Schuhe, weil das Gelände, wo wir an Land gehen werden, teilweise unwegsam ist. Ich hatte keine Vorstellung davon, was uns erwartete, doch daß es kein ganz normaler Ausflug würde, war mir beim Anblick der Gewehre klar, die ich irgendwo herumstehen sah. Pyramiden mußte, wenn ich es richtig verstanden hatte, eine ehemalige russische Zeche sein. Aufgrund internationaler Verträge aus dem frühen 20. Jahrhundert besaß die Sowjetunion das Recht, die Rohstoffvorkommen in Pyramiden wie die im heute noch genutzten Barentsburg auszubeuten. Daran änderte sich auch nach dem Untergang der Sowjetunion nichts, bis 1996, fast von einem Tag auf den anderen, die gesamte Bevölkerung von Pyramiden wegging und die riesige Anlage dem Polarwinter überließ. Der Zweite Weltkrieg hatte sowohl die Deutschen als auch die Russen von der Nützlichkeit der Kohlevorkommen in diesem Teil der Erde überzeugt, und die neuen Ansprüche der Russen in dem Gebiet beweisen ihr unvermindertes militärisches und wirtschaftliches Interesse – schließlich könnte sich auch noch Erdöl oder Gas oder Gott weiß was unter all dem Eis befinden. Folglich gibt es immer wieder Diskussionen darüber, welche Seegrenze wo verläuft; entlang der gesamten Küste darf innerhalb einer 370 Kilometer breiten Zone jedenfalls keiner fischen, ausgenommen die Norweger selbst. Es sind also eindeutig norwegische Gewässer, die wir auf der *MS Langøysund* befahren. Abgesehen von der Kälte ist mir vor allem die Farbe Grau in Erinnerung und die maßlose Einsamkeit der Landschaft. Kaum eine Spur menschlicher Anwesenheit, ein russisches Schiff vor Anker mitten in einer Bucht, eine kleine Holzhütte an einem verlassenen steinigen Strand sind das einzige, was wir für Stunden sehen. Einsame Landschaften, gibt es das? Wahrscheinlich nicht, aber was soll man sonst von diesen grauen Steinmassen sagen, deren verwitterte graue Ausläufer ins gleichfalls graue Wasser reichen? Das Schiff folgt der Küste, durch und durch abwehrende Anhäufung von Stein ohne sichtbare Vegetation, Land, auf dem sich, wie es aussieht, nie Menschen bewegt haben, kahl und dann doch manchmal rostfarben oder ockerbraun, wo es von Moos bewachsen ist, später das gefährliche Glitzern des Nordenskjöld-Gletschers. Das Schiff will möglichst nahe heran, bis wir schließlich in einem wie Onyx polierten Wasser mit unzähligen geschliffenen kleinen Eisblöcken liegen. Die Biologen unter uns packt helle Aufregung beim Anblick der Vögel, Dreizehenmöwen, Elfenbeinmöwen, Krabbentaucher, Schneeammern und Papageientaucher, manchmal dürfen wir kurz durch ihre Ferngläser schauen, aber die Vögel sind schneller als unsere eingefrorenen Bewegungen, schließlich leben sie hier. Gegen Mittag haben wir Pyramiden erreicht und legen an einem langen Pier und einer Art hoher eiserner Eisenbahnbrücke an, über die Züge gefahren sind. Die Berge hier haben die Farbe von altem Leder. Plötzlich tragen ein paar Männer ein Gewehr auf dem Rükken. Wir gehen in lockeren Grüppchen über den matschigen Boden, als ich mich umdrehe, sehe ich, wie eine niedrige Wolke am Pier entlangsegelt, an dem unser Schiff jetzt verlassen liegt. Wir bekommen eine Stunde Zeit, und das wird eine Stunde, eingetaucht in komplette Vergangenheit, ein Pompeji ohne Leichen. Hier hat kein Vulkan gewütet, doch der Effekt ist der gleiche: Als ob eines Tages die Pest ausgebrochen wäre, so liegt alles da. Gebäude leer, Kulturpalast leer, der große, freie Platz mit dem Leninstandbild leer, das Schwimmbad leer. Fast als erstes springt mir ein kleines Holzgebäude mit einem Schild in kyrillischen Buchstaben ins Auge und darunter, auf dem Boden, die Porträts von Marx und Lenin, niemand hat sie mitgenommen. Mit einer gewissen Scheu streift man durch die Räume, Familienbilder, Arbeitspläne, umgefallene Schirmlampen, nicht von ungefähr muß ich an Ostdeutschland nach der Wende denken, sogar der Geruch erinnert daran. Irgendwo das furiose Gemälde eines Sowjetsoldaten, der mit seiner Kalaschnikow im Anschlag über die Leiche eines deutschen Soldaten springt, vor dem stahlblauen Himmel ein Panzer und ein Flugzeug. Eine vergilbte Zeitung, eine zugenagelte Tür, ich muß an den Titel eines Buches von Dimitri Verhulst denken, *De helaasheid van de dingen* (Die Vergeblichkeit der Dinge).[3] Durch die schmutzigen Scheiben sehe ich draußen das riesige Industriegelände des Bergwerks, rostige Kräne, leere Lagerhallen, Pipelines, die den fahlen Hügel hinaufklettern, sinnlos gewordene Gastanks, arbeitslose Gabelstapler, und das alles vor dem Hintergrund der Natur, die parat steht, ihr Gebiet zurückzuerobern. *Bar*, *Museum*, lese ich in roten Buchstaben auf zwei Schildern an einer gelben Backsteinmauer, doch was soll ich mir darunter vorstellen? Fast 1500 Menschen haben in dieser geschlossenen Enklave gelebt, viele Stunden mit dem Schiff vom einzigen anderen bewohnten Ort entfernt. Es gab sogar ein (norwegisches) Postamt, das Schild hängt noch neben einem englischsprachigen Plan: *farm*, *canteen*, *hospital*, *office*, *landing ground*. Was von der Inneneinrichtung übrig ist, gehört selbst schon in ein Museum, die verlassene Kantine, die unter dem Schutt des Verfalls begrabenen Stühle. Draußen eine Holzskulptur in Form eines kleinen Turms, obendrin Hammer und Sichel, und darüber wiederum stilisierte weiße und rote Flammen, so starr vor der Abraumhalde, als wären sie mit der Laubsäge ausgesägt. Vor dem Hauptgebäude steht noch ein großes, rundes Schild mit dem Namen der Betreiberfirma, Arktikugol. Es zeigt den oberen Teil eines eisblauen Globus und über zwei gekreuzten Hämmern die Zahl 79, der Breitengrad, auf dem wir uns befinden. Über dem Pol, der durch einen kleinen Kreis markiert ist, schwebt der rote Sowjetstern. Das Ganze wird gekrönt von einem riesigen Eisbären. Der Sowjetstern existiert nicht mehr, doch der Traum, den die Zeichnung versinnbildlicht, ist noch nicht ausgeträumt, irgendwo unter all diesen Eismassen hat das neue Rußland bereits seine Claims abgesteckt. Als wir zwischen unseren bewaffneten Beschützern zum Schiff zurückgehen, sehe ich den Kopf Lenins, der über die leeren Gebäude seiner verlassenen Siedlung hinweg zu den Eisbergen in der Ferne blickt. Kinn gereckt, stechender Blick, denkt dran, ich bin noch nicht weg. Vielleicht heiße ich demnächst Putin oder Gazprom oder einfach wieder Rußland, denn das, was ihr für Eis gehalten habt, ist vorgeschobenes Land, das sich bis weit ins Polarmeer erstreckt, und dieses Land gehört uns, mit allem Drum und Dran.

An den darauffolgenden Tagen reisen wir nach Hammerfest und Kirkenes, eine alte Sehnsucht. Immer habe ich auf die endlosen Straßen, die Norwegen durchziehen, gestarrt, nie gedacht, ich würde auf diese Weise dorthin kommen. Rom ist näher an Oslo als Hammerfest, erzählt mir jemand. Hammerfest, die nördlichste Stadt der Erde, am Tag unserer Ankunft ist alles grau in grau, doch eine Flamme scheint die gesamte Bucht zu erhellen. Dies ist eine Gas- und Ölhauptstadt und eine wichtige Quelle des immensen Reichtums von Norwegen. Wir erfahren in einem Crashkurs, wie das alles funktioniert, sehen die Marmorsäule, die 1854 zur Feier der Tatsache errichtet wurde, daß der Erdumfang erstmals exakt vermessen worden war, dürfen dann hinter einer Glasscheibe Männern und Frauen zuschauen, die offensichtlich aus allen Himmelsrichtungen gekommen sind, um hier am Fließband Fische für die ganze Welt zu säubern und damit das Geld zu verdienen, mit dem sie ihre Familien in anderen Teilen der Welt ernähren.

Die letzte Stadt, die wir besuchen, ist Kirkenes, wo die Straßen ihre Namen auf norwegisch und auf russisch führen. Es liegt genauso weit östlich wie Istanbul und ebenso weit von Oslo entfernt wie Oslo von Rom. Murmansk ist nah, russische Schiffe werden hier repariert, rostig und ramponiert liegen sie im vom eisigen Wind beherrschten Hafen. Später in der Bibliothek wird die Verflechtung noch deutlicher, die Hälfte des Bücherschatzes besteht aus russischen Büchern, die russische Bibliothekarin gibt eine Einführung, die ihr norwegischer Kollege ins Englische übersetzt. Vierhundert russische Frauen leben in Kirkenes, und in den immerdunklen Wintermonaten wird viel gelesen. Es gibt nur wenige Straßen, *frontier* würden Amerikaner dazu sagen, Grenzgebiet, Abenteuerland. Der Seemannsclub, Autos mit russischen Nummernschildern und, alles überragend, das hohe Denkmal, das die Norweger den sowjetischen Soldaten errichtet haben, die 1944 für die Befreiung Norwegens gekämpft hatten. Was nicht auf dem Denkmal steht, ist, daß die Sowjets nach getaner Tat nicht gleich wieder abzogen – einem Besucher vergleichbar, der von Herzen willkommen war, dann aber doch etwas zu lange blieb. Sowohl hier als auch auf Spitzbergen wurde hart gekämpft, Kirkenes erlebte mehr als dreihundert Luftangriffe, und bei ihrem Abzug steckten die Deutschen die Stadt so gründlich in Brand, daß nichts als verbrannte Erde zurückblieb.

Die Karte vom letzten Tag ist die schönste, die ich von dieser Reise noch habe. *Grense Jakobselv* steht darauf. Die Karte ist fast völlig blau, aber durch dieses Blau verläuft eine rosa Linie aus kleinen Kreuzen: auf der einen Seite russisches Gewässer, auf der anderen norwegisches. Ein ganz kleines Stück Land ist auch noch darauf zu sehen, allerdings keine Orte, nur Schraffuren, die Höhen und Tiefen angeben, Zahlen in Binnengewässern, die manchmal einen Namen tragen, weißes Land, wildes Land. Wir fahren von Kirkenes aus dorthin, auf der Route 886. Ab Bjørnstad hat die Straße keine Nummer mehr, der Fluß neben uns ist die Grenze, auf unserer Seite sind die Grenzpfähle gelb, die russischen auf der anderen Seite rot und grün. Der genaue Grenzverlauf ist dort, wo die Fahrrinne am tiefsten ist. Sumpfig ist das Land, überall niedrige Sträucher mit orangeroten Beeren, sibirischer Schnittlauch, teigfarbene Schwämme, Blumen

in Weiß und Karmesin, niedrigwüchsige Grünpflanzen, die aussehen wie Queller. An der Küste sind die Felsen schiefergrau, glattgeschliffen, voller Brüche und Kerben, die Handschrift des Meeres. Der Kalte Krieg ist Geschichte, allerdings nicht für denjenigen, der ihn miterlebt hat. Budapest '56, Berlin '53, Berlin '89, oft genug habe ich die beiden Systeme aufeinanderstoßen sehen, und hier verhält es sich nicht anders, auch wenn die Fronten nun der Vergangenheit angehören. In der Verlassenheit rechts sehe ich die russischen Baracken, in denen die Grenzsoldaten gewohnt haben, etwas weiter entfernt die hohen Wachtürme auf den Felsen. Links, auf norwegischer Seite, die Abhörstation der NATO, »die jedes Geräusch auffangen konnte«.
Es wird wohl Einbildung sein, doch noch immer liegt etwas von der Drohung jener Zeit in der Luft. Man steht an der Stelle, an der der Fluß ins Meer mündet, blickt auf die jetzt harmlosen Gebäude und auf die unsichtbare Grenze, die damals für jeden, der über sie zu flüchten versuchte, den Tod bedeutete. Nicht weit davon entfernt steht eine frühere Warnung, die 1869 erbaute Kapelle König Oscars, ein trutziger Bau aus Gneis, ein Zeichen, dazu bestimmt, den russischen Nachbarn klarzumachen, wer hier der Herr war. Als wir näher kommen, halten gerade ein paar Autos für eine Sami-Hochzeit, Frauen in Tracht, Männer in schwarzen Anzügen, die eigentlichen Bewohner dieser Region, die früher umherziehen konnten, ohne sich um Grenzen zu kümmern, Menschen des äußersten Nordens. In meinem Notizbuch finde ich später die Verhaltensregeln des Grenzgebiets, die ich am Meer von einem Schild abgeschrieben habe. Nicht-Norwegern ist es verboten, im Pasvik zu angeln, und in dem Fluß, vor dem wir jetzt stehen, dem Grense Jakob, dürfen nur Menschen angeln, die seit mindestens

einem Jahr in Norwegen leben. Befahren werden darf der Fluß nur mit Kennzeichen, die von der norwegischen Grenzkommission vergeben werden, und nie nachts. Es ist verboten, die Grenze zu überschreiten, um Kontakt zu Leuten von drüben zu suchen oder ihnen in beleidigender Weise gegenüberzutreten. Es ist auch verboten, russische Militäranlagen, Material oder Personal zu fotografieren oder etwas über die Grenze zu werfen. Jeder Versuch dazu wird bestraft, als wäre es eine vollendete Tat. Es gibt schließlich Grenzen.

2008

1 Anläßlich des Polarjahrs 2007/2008 lud das norwegische Außenministerium Cees Nooteboom und einige andere internationale Reiseschriftsteller und -journalisten ein zu einer Reise in den äußersten Norden Norwegens. Das Projekt unter dem Titel *Ultima Thule* – dem sprichwörtlichen Land am Nordrand der Welt – wurde von einem norwegischen Fernsehteam, dem Fotografen Bjarne Riesto und der Videokünstlerin Patricia Davelouis (Peru) begleitet.

2 Anspruch auf den Nordpol: Die Region rund um den Nordpol ist reich an Bodenschätzen und geostrategisch von Bedeutung. Nach der UN-Seerechtskonvention darf jeder Anrainerstaat das Nordpolarmeer innerhalb einer 200-Meilen-Zone souverän bewirtschaften, der Rest gilt als internationales Gewässer. Wiederholt hat Rußland versucht, das Nordpolarmeer für sich zu reklamieren; im August 2007 unternahm Rußland erneut eine Arktisexpedition, um wissenschaftlich Belege für seinen Anspruch zu sammeln. Im Zuge dieser Expediton rammten russische U-Boote medienwirksam eine russische Flagge in den Meeresgrund am Nordpol. Die Anrainerstaaten Dänemark, Kanada und die USA bestritten die Wirksamkeit der Aktion und die Beweiskraft des gesammelten Materials.

3 Auf deutsch 2007 unter dem Titel *Die Beschissenheit der Dinge* beim Luchterhand Verlag, München, erschienen.

Vielleicht weiß es die Taube

Die Wand mir gegenüber ist so weiß wie Papier oder so weiß wie Schnee. Es ist eine spanische Wand, ich befinde mich in den Picos de Europa. Wir haben Mai, und es schneit. Der Parador, in dem ich abgestiegen bin, liegt unterhalb einer Bergwand, doch das ist zu freundlich ausgedrückt. Drachenzähne, Gottesgebiß, Gestein mit Zacken, Kerben, Wunden. Es sind die Täler und Pässe der Könige von Asturien, die einst die Geschichte Europas veränderten und damit die der Welt. Das klingt geheimnisvoll und hört sich nach Übertreibung an, doch derjenige, der dies niederschreibt, befindet sich im Einklang mit seiner Umgebung. Die Natur zieht hier alle Register. Das Meer liegt dreißig Kilometer weiter nördlich, die Bergwand, unter der sich diese Herberge versteckt, reicht an die Dreitausendmetergrenze, die granitene Kulisse einer Bühne ohne Vorstellung, ein Halbrund grauen, zerklüfteten Gesteins, vor dem alles Unsinn wird. Der Weg hört hier auf, hinter den uneinnehmbaren Mauern leben Adler, Bären, Auerhähne. Fuente Dé heißt der Parador, in den Bergen oben entspringt der Río Deva, der sich bis zum Meer durchkämpfen muß und so die Schluchten ausgewaschen hat, durch die ich gestern gefahren bin.

Es ist natürlich nicht die Zeit, die in dieser Gegend stillgestanden hat, auch wenn man es gern glauben möchte, es sind die Berge. Was sich bewegt hat, ist die Geschichte, und was hier geatmet hat, sind die Jahreszeiten. Heiße Sommer, verbissene Winter, und dazwischen das menschliche Treiben. Nie verändert: Jäger, Hirten, Bauern, Nachfahren der Kantabrer und der Goten. Nie unterworfen von Mauren, Sarazenen, Muslimen, wie immer man sie nennen mag. Von hier aus begann die Rückeroberung Spaniens, die Reconquista. Eroberung wäre das richtigere Wort, aber in diesem »Zurück« drückt sich der mit sieben Jahrhunderten unendlich lange Weg bis zum Sieg des katholischen Königspaars bei Granada aus, der mit jenem ersten König von Asturien, Pelayo, und seinem Sieg über eine islamische Strafexpedition bei Covadonga begann. Das Tal, in dem dies geschah, ist heute ein nationales Heiligtum. Covadonga ist ein Schlüsselwort in der spanischen Geschichte.

Je mehr man liest, um so mehr Material häuft sich an, bis man merkt, daß man in einem Zimmer sitzt mit einem Puzzle, größer als das Zimmer selbst, und daß es um einen her Dutzende anderer Zimmer gibt, in denen in Schränken, Kartons und Körben noch mehr Material verwahrt wird. Und plötzlich kommt man sich wie der einsame Verrückte aus einem absurden Theaterstück vor, vor sich hin murmelnd, Papiere hin und her schiebend, auf der Suche nach dem, was noch fehlt, und dabei doch schon ertrinkend in dem, was alles vor einem liegt. Das bin ich. Mein Antipode ist der Historiker, gar nicht einmal der Geschichtsphilosoph, nein, der Fachmann, die Biene in Menschengestalt, die ihr Leben in Archiven und Klosterbibliotheken verbringt und nur alle paar Jahre mit einem bislang fehlenden Puzzleteil ans Tageslicht tritt, was das Puzzle lediglich noch größer macht.

Je detaillierter die Geschichte, um so größer die Fülle der zusammengetragenen Fakten und Motive, eine Mischung aus Chaos und Logik, Irrationalität, Stumpfsinn, Rätselhaftigkeit. Wenn es ein Auge gäbe, das sich aus der Zeit herausnehmen und wie ein magischer, allsehender Computer alle

Fäden des Knäuels entwirren kann, so müßte sich herausstellen, daß alles von Anfang an logisch verlaufen ist, einschließlich der Irrationalität. Logisch? Ja, aber nur deshalb, weil es sich so und nicht anders abgespielt hat, eine spätere Logik, die das Wahnsinnsknäuel nachträglich zum System erklärt. Von diesem Auge hat fast jeder geträumt, Hegel, Humboldt, jeder wünscht sich die letzte Klarheit, wie auch immer sie im folgenden genannt werden mag, selbst *Absicht* ist zulässig. Niemand will den üblen Sumpf der Fakten und Ungereimtheiten als seinen natürlichen Aufenthaltsort akzeptieren, denn wer wäre man dann selbst?
Westgoten sind nach Spanien vorgedrungen, sie regieren das Land von Toledo aus. Ein Blick auf ihre Gesetze, ihre Regierungsform, ihre Wahlkönige, Schriftzeichen, Kirchen, von denen einige noch völlig intakt in der spanischen Landschaft stehen, genügt, um die mit ihrem Namen irgendwie verbundene Vorstellung, es seien Barbaren, fallenzulassen. 475 brechen sie den alten *foedus*, der sie mit dem Römischen Reich verband, und bilden einen unabhängigen Staat, der dreihundert Jahre später wie Zunder niederbrennt. Wie kam es dazu? Zwist innerhalb des Königshauses, zunehmende Ohnmacht des Staates, Auslaugung durch die von den Großen des Reiches erhobenen Abgaben, ein Antisemitismus, der sich auf die Wirtschaft des Landes auswirkt. Dieser eine Sprung, den ich hier gemacht habe, umfaßt schon dreihundert Jahre. Welch Paradox, daß man vergangene Zeit so verdichten muß, weil man sonst keine Zeit hat!
Es ist Mode geworden, das, was jetzt geschieht, als Ironie zu bezeichnen. Ich wollte das eigentlich nicht, werde aber erst erzählen, was geschieht. Es klopft an der Tür, jemand bringt eine Zeitung. Zur Erinnerung: Ich sitze in einem Zimmer (umgeben von zu vielen Geschichtsbüchern, der Idiot aus

dem Theaterstück mit seinem immer größer werdenden Puzzle) in einer verlassenen Landschaft im frühen Königreich Asturien, Ausgangspunkt der Rückeroberung Spaniens von den aus Marokko gekommenen Arabern. Wir waren beim Jahr 722, bei einem – wie auch immer – *spanischen* König stehengeblieben, der der Geschichte nach = Mythos = Legende den Anstoß zu dieser Gegenbewegung gab. 1986 – 722 = 1264. Auf der Titelseite der Zeitung ein Foto des spanischen und des marokkanischen Kronprinzen. Philipp von Bourbon und Griechenland empfängt Sidi Mohammed. Leg dieses Foto auf dein Geschichtsbuch, und es entsteht ein Spiegeleffekt, den man natürlich als Ironie der Geschichte bezeichnen kann, aber auch als Teil des Puzzles, mit dem man sich herumplagen muß. Auf irgendeine Weise »gehört« dieses Foto zur Schlacht am Gualete, 711, in der die »Spanier« von den »Marokkanern« geschlagen wurden, und zu jenem ersten Gegenschlag, elf Jahre später, bei Covadonga.

Was bringt mich auf derlei Gedanken? Fast alles, angefangen bei den baskischen Wörtern auf den Schildern entlang der Straße hierher (*itxita*, geschlossen, *irterra*, Ausfahrt, *hartu ticketa*, ziehen Sie Ihre Karte) bis hin zu der mozarabischen Kirche, nach der ich im Deva-Tal gesucht habe, und den Blättern aus dem Beatus von Liébana, die ich im Kloster Santo Toribio sah. Noch immer beherrschen die Basken, wenn auch auf negative Weise, die spanische Geschichte. Auf einer Karte, die die Situation im siebten Jahrhundert zeigt, ist das Baskenland mit grauen Pünktchen markiert: Die Westgoten machten einen Bogen darum, die Vascones wurden nie von ihnen unterworfen, und Felipe González hat heute noch seine Probleme mit ihnen. Franco konnte die baskische Sprache noch verbieten, doch die heutigen

Basken lassen sich nicht abspeisen mit einer schemenhaften Form von Autonomie und ein paar symbolischen Worten entlang der *autopista*, sie nicht. Viel lieber vernichten sie den spanischen Staat, und zwar mit allen Mitteln, inklusive Mord. Der Stimmenanteil für die politische Partei, die der verlängerte Arm der ETA ist, Henrí Bakasuna, zeigt, daß fünfzehn Prozent der Basken noch immer zur Gewaltanwendung bereit sind. Da ist es auch kein Paradox mehr, daß man Mandate bei Wahlen erringt, die es dank der Demokratie gibt, und daß man dann auf ebendiese Demokratie pfeift, indem man seinen Sitz im Parlament nicht einnimmt.
Der Weg hierher. Ich bin über Santander gefahren, an der Costa Montañesa entlang, rechts das Meer, links die Berge. Dann bei Unquera auf die N 621 abgebogen, eine gelbe Straße, die entlang dem Río Deva in die Berge führt. Rechts liegt die Sierra de Cuera, und bei Panes beginnt eine Paßstraße von fünfundzwanzig Kilometern Länge. An seinem Ende liegt Lebeña, und meine Kirche. Es ist ein Durchzugsgebiet, so eines, wie die Geschichte es für Durchmärsche, Hinterhalte, wechselseitige Befruchtung, Vermischung nutzt. Ich fahre entgegen dem Flußlauf des Río Deva, den Windungen folgend, mal zwischen gefräßigem Gestein, dann wieder mit unvermittelten Ausblicken auf arkadische Täler, Bauernhöfe mit Schieferdächern, Bergland. Es herrscht kaum Verkehr, im Autoradio das Gluckern und Blubbern der Wahlen, neue Geschichte, die irgendwann einmal ebenso ungerechterweise zur ungenießbaren Suppe einer einzigen Seite eingekocht werden wird, all diese Millionen von Worten, Fakten und Gesten, Bildern und Versprechungen, die alle so lange da waren, wie die Realität braucht, um etwas zu bewirken, um dann, in jenem Später,

das nicht mehr das unsrige ist, verdichtet, verstümmelt, zusammengepreßt zu werden zu nicht mehr als einem einzigen Buch, einem Kapitel, einer Seite, einem Satz. Die Unausweichlichkeit dieses Gedankens hat etwas Garstiges. Aber was hättest du denn statt dessen gewollt? Schau lieber auf die Blumen am Straßenrand. Du kennst nicht einmal ihre ewigen Namen, die Wörter, mit denen sie benannt werden, seit hier Stimmen ertönen. Bruder Distel, Schwester Mohnblume, alles wiegt sich im sanften Bergwind.
Die Picos de Europa im Westen, im Osten die Sierra de Peña Sagra, so liegt dieser Landstrich zwischen dem alten Kantabrien und Asturien. Namen wie ein Lied. *Durchgang.* Von hier aus wurde das weite, leere Gebiet, die Meseta, zwischen Ebro und Duero zurückerobert, León ist über den Paß San Glorio erreichbar, Kastilien über den Paß Piedras Luengas. Hierher, über die entvölkerten Ebenen von den neuen Herrschern aus Afrika gejagt, flüchteten die Christen aus dem Süden. Erst später erhalten sie ihren Namen: *muztarabes, muzarabes*, im heutigen Spanisch *mozárabes.* Anachronismus, die Ereignisse gingen dem Namen voran. Christen, die im Einflußbereich des Islam lebten. Das Eigenschaftswort wird auf eine Liturgie, eine Architektur, auf Musik, auf Stil angewandt. Die Formenwelt des Mittleren Ostens ist im Zuge der Invasion aus Nordafrika nach Spanien gelangt, Hufeisenbögen, Fabeltiere aus Persien, stilisierte Pflanzen, die man im kühlen Norden nie gesehen hat, geometrische, obsessive Formen, spiegelbildliche Wiederholungen, wie Blütenstaub sind sie von fliehenden menschlichen Bienen durch diese Bergpässe getragen, aus Stein gehauen und auf Pergament gezeichnet worden, noch heute zu sehen, bewahrt.
Mir ist, als käme ich aus dem Gefängnis, als nach einer letz-

ten Kurve auf einmal das Dorf vor mir liegt, in einem Tal von großer Stille und einem archaischen Grün, das noch durch den Regen verstärkt wird, der jetzt zu fallen beginnt. Ich fahre zur Kirche. Apfelbäume in Blüte, niemand zu sehen. »Wo der schmale Paß einem Ring bewachsener Berge weicht, sieht man links, auf der anderen Seite des Flusses, die Kirche und dahinter das Dorf. Wenn der Pfarrer nicht da ist, im Dorf nach dem Schlüssel fragen.« Aber der Pfarrer ist nie da in solchen Dörfern, die Art ist ausgestorben. Manchmal kommt er einmal in der Woche oder einmal in zwei Wochen, es gibt hier zu wenig Menschen zu betreuen. Die Tür ist verschlossen. Ich gehe ins Dorf, ein paar Häuser, Gassen aus Kuhmist und weichem Matsch, Treppen aus Stein gehauen. Vor den Türen niedrige schwarze Pantinen, mit drei Füßchen darunter. Es regnet hier oft. Wie in einem Film spüre ich, wie jemand mich ansieht, und bevor sie sich zurückziehen kann, habe ich die weißhaarige kleine Frau hinter dem Türspalt ihres Hauses gesehen. Ich frage, wer den Schlüssel hat, und sie zeigt auf das nächste Haus. Unbewohnt wirkt das Dorf, nirgends ein Laut. Ich steige die rohen Steinstufen zu dem kleinen Haus hinauf und klopfe. Geschlurfe, ein alter Mann. Ich frage, ob er den Schlüssel habe, und er sagt »Ja«, aber ich solle erst reinkommen. Ob ich einen *orujo* wolle? Ob ich wisse, was ein *orujo* sei? Ja, das weiß ich, und ich weiß auch, daß kein Weg daran vorbeiführen wird. Eine Bauernversion des *marc*, des *grappa*, Schnaps, der aus den Schalen und Kernen von Weintrauben nach dem Keltern gebrannt wird. Traubenhefe sagt mein spanisches Wörterbuch dazu. Bodensatz, Hefe, das, was der Überlieferung zufolge für die Gottlosen übrigbleibt.
Wir gehen hinein. Seine Frau, gebeugt, schwarz gekleidet. Auf einem Büfett das Foto sehr toter Menschen, selbst als

sie noch lebten, waren sie bereits tot, es gibt eine Art des Fotografierens, die das kann, den Tod voraussagen. Aus dem Nichts heraus blicken sie auf den seltsamen Fremden in der Wohnstube ihrer doch auch schon so alten Kinder. Der Mann trinkt nichts, vergiftet wird der Fremde. Die Stube ist klein, sehr dunkel. Die Frau wärmt sich die Füße an einem Kohlenbecken, Regen an den Scheiben. Alles geschieht, wie es geschehen muß, wie in der Legende, hier gibt es noch keine anderen Formen. Gestern, im zehnten Jahrhundert, hat er beim Bau dieser mozarabischen Kirche geholfen, heute kommt der tausend Jahre alte Fremde, und der Gastgeber fragt, wo er herkomme. »Aus Holland.« »Der Prinz mit dem Bart«, sagt der Mann zu der Frau, und zu mir: »Ihr Prinz, der mit der Königin verheiratet ist.« Ich sehe ihn an. »Der so tapfer gegen die Deutschen gekämpft hat.« »Das ist der Mann unserer vorigen Königin. Jetzt haben wir einen anderen Prinzen.« Das wundert ihn nicht. Prinzen folgen aufeinander und bekommen andere Prinzen. »Aber der hat keinen Bart«, sage ich. »Der gegen die Deutschen gekämpft hat, hatte aber einen«, sagt er.
Es wird still in der Stube. Die Uhr benimmt sich wie eine Sanduhr und teilt eine weitere Minute aus.
Sie hätten keinen Prinzen, sie hätten einen König, sagt er. Der einzige, der seine Hände nicht mit Blut befleckt habe, sagt er. *Que no se ha manchado las manos con sangre.* Es ist unmöglich, bei dieser Zeile aus einem *chanson de geste* etwas anderes zu sehen als Hände und Blut. Hier ist ein Satz noch soviel wie die Summe aller seiner Wörter. Er selbst hat im Bürgerkrieg gekämpft. Auf der richtigen Seite. Daher sein mühsamer Gang.
Ich trinke von dem *orujo*, der wie ein Messer in mich schneidet.

Sein Bruder habe in Rußland gekämpft, in der Blauen Division. Der sei auch verwundet worden. Spanien, Gegensätze. Es wurde in ein und demselben Ton gesagt, es war kein Wertewandel in diesen Sätzen. Er. Sein Bruder. Rußland, die Republik. Verwundet. Wollen Sie noch einen *orujo*? Nein danke.
Wir gehen zur Kirche. Ich frage mich, was ich sehen würde, wenn ich dieses Gebäude nicht mit historischen Augen betrachten würde. Eine schöne ländliche kleine Kirche, alt, in einem verlassenen Winkel. Man sieht sie vom Auto aus, fügt sie zu den übrigen Herrlichkeiten und fährt weiter. Das geht jetzt nicht mehr. In meinem Auto liegt hinten ein Band der Reihe Zodiaque, *La nuit des temps*, eine Ausgabe (Nr. 47) der Abtei Sainte Marie de la Pierre-qui-Vire (Yonne). Die ganze Reihe – schon jetzt mehr als hundert Bände – ist der romanischen Kunst gewidmet, und dies ist der zweite Band, der die präromanische Kunst Spaniens behandelt. Es sind stattliche Bücher, jedes über 400 Seiten stark, voll mit phantastischen Fotos von jemandem, dem sichtlich kein Interieur zu dunkel ist. Die Detektive, die sie verfassen, gehen an keinem Stein, Ornament, Dokument vorbei, man wird gezwungen, mit Augen zu schauen, von deren Existenz man bislang keine Ahnung hatte. Der Band, den ich auf dieser Reise dabeihabe, befaßt sich ausschließlich mit der mozarabischen Kunst, die kleinen Kirchen, auf die ich früher in verborgenen Winkeln Spaniens (zum Beispiel in Berlanga de Duero) durch Zufall gestoßen bin, stehen alle darin, komplett mit Grundrissen, Detailzeichnungen, Geschichte. So auch bei dieser Kirche. Der alte Mann hat die Tür aufgeschlossen, und wir gehen hinein, gehen gegen die süßliche, abgestandene Atmosphäre an, die uns zurückzustoßen scheint. Dunkel ist es, ich habe Mühe,

Details zu erkennen, doch allmählich siegt das Gebäude, die Struktur zeichnet sich selbst im zunehmenden Licht, doch während ich so technisch wie möglich schauen will, weil ich dafür schließlich gekommen bin, merke ich, daß meine Natur mir befiehlt, in erster Linie etwas zu *fühlen.* Hier kann sich kaum etwas verändert haben, und fast zwangsläufig kommen beim Berühren dieses so materiellen *Selben*, des Steins, der Formen aus Stein, die tausend Jahre lang völlig autonom und ungestört dort gestanden haben, eher romantische Phantasien in mir auf, und das ist wesentlich einfacher als die akribischen Betrachtungen des Buchs über Einflüsse, Höhenunterschiede, Zwickel, Dachstützen, Kragsteine, Gewölbeformen. Ein heiliger Sherlock Holmes ist hier am Werk gewesen, hat gezirkelt und gemessen, ist über den Boden gekrochen, hat asturische Spuren entdeckt, westgotische Hinweise, mozarabische Täter, er hat Anonymi beim vergeblichen Spurenverwischen ertappt, hat mit geraden und krummen Pfeilen auf Skizzen die *»orientation des hauteurs croissantes des supports-colonnes«* angegeben, aber ich spreche seinen geweihten Polizeifachjargon nicht, und mein Wörterbuch weigert sich, die Bedeutungen preiszugeben. Der alte Mann sieht mich in den Seiten hin und her blättern, vom Foto wieder zum Kapitell blicken, den Grundriß abschreiten, und er sieht auch, wie ich es schließlich aufgebe und mich meiner Bewunderung hingebe, die Trapezoide, den westlichen Anbau, das griechische Kreuz, die Seitenschiffe und Apsiskapellen dem heiligen Detektiv überlasse und einfach auf die mit orientalischen Pflanzenmotiven verzierten Kapitelle starre, die eine namenlose Hand vor tausend Jahren gemeißelt hat, auf die arabischen Bögen, die sich mir eingegraben haben, seit ich sie in Isfahan, Kairuan, Córdoba gesehen habe, wie ich mich in der

Stille wiegen lasse, die zur Abwesenheit anderer Menschen gehört und die man fast nirgends mehr erlebt.
Das Buch habe ich neben mich gelegt, doch ich habe noch einen Führer. Er weiß nicht soviel wie das Buch, aber es ist schon ein Leben lang seine Kirche. Er geht mit seinem schlimmen Bein zum Altar und deutet auf die große Steinplatte, auf der der Altartisch ruht. »Los Godos«, sagt er.
Die Goten, und in seinem Mund bekommen die beiden Wörter eine andere Bedeutung, als gäbe es die fremden nördlichen Stämme noch immer, als könnten sie noch einmal von Norden her, von wo ich komme, einfallen, ihr glücklich-unglückliches Königreich gründen, bis sie wieder von den Arabern geschlagen werden.
Er deutet auf das Schmuckmotiv im Stein, ein großes Rad, umgeben von sechs kleineren. »Das haben sie hier ausgegraben«, sagt er. Die gleichen geometrischen Verzierungen habe ich draußen gesehen, in den langen Steinen, die das Dachgesims stützen, Konsolen, Kragsteine. Jetzt schaue ich auf den Stein am Altar. Das große Rad steht still, aber es sieht aus, als drehte es sich. Vom stillstehenden Mittelpunkt aus sechzehn gebogene Linien, eine fließende Swastika. Rad, ewige Bewegung, ewige Wiederkehr, die Welt ein Rad in einem Rad, sagte Nicolaus Cusanus. Was sahen die Menschen, die hier lebten, in diesem keltischen Echo? Swastika, schwingende Bewegung, fließend dieses Mal, rund und unbeweglich der Mittelpunkt, entgegen den noch nicht existierenden Zeigern der Uhr und der Welt wie bei den Karolingern oder mit quergestellten, auf Weltliches erpichten Haken hinter der Vorstellung der Zeit herjagend wie Hitler auf der Suche nach seinem dämonischen Millennium. Zeichen, Darstellungen, die ausdrückten, was sie dachten, was sie beschwören wollten. Aber was dachten

sie, an ihrem beweglichen Schnittpunkt der Denksysteme zwischen Glaube und Aberglaube, Tradition, Ketzerei, Erneuerung? Der Stein hier sagt es und sagt es nicht, ich fahre mit den Händen über die sich reimenden Rillen, als wollte ich der stillstehenden Bewegung einen Schubs geben, und mein Führer lacht. »*No se mueve*«, sagt er, »es bewegt sich nicht«, aber ist es wirklich so? Sechzehn Arme gehen vom Mittelpunkt aus, Arme, Strahlen, Bahnen, Ranken, gebogene Linien, zierliche Speichen, wie nennt man so etwas? Und auch diese Zahl ist natürlich kein Zufall, unmotivierte Verzierungen gab es nicht, alles drückte etwas aus. Sechzehn, das Vierfache von vier. Aber was will ich damit? Nichts, nur lauschen. Nicht das, was *ich* über diese Zahlen und Formen sage, ist wahr, sondern das, was sie bedeuten wollen. Rad, Kreis, Swastika, sechzehn, vier, im Chor beginnen sie auf mich einzuflüstern, esoterisches Summen, kabbalistischer Singsang, byzantinisches Gurgeln, Erbe über Erbe, mozarabisches Jubeln, koptisches Pfeifen, mesopotamisches Brummen, keltisches Murmeln, keines schließt die Anwesenheit des anderen aus in diesem sich selbst befruchtenden Jedermannsland. Jetzt bin ich nirgends mehr sicher, auch die Schwelle, die Säule, der Bogen, das Kreuz, die Akanthusblätter und die orientalischen Fabeltiere auf den Kapitellen, die geometrisch stilisierten Blüten an den hohen, schmalen Friesen kommen mit ihren vergessenen Bedeutungen angeflogen und wollen gelesen werden, wie sie einmal gelesen wurden, wiedererkannt werden, wie sie kodiert und gekannt wurden in einer Zeit, in der vier nicht ausschließlich viermal eine Einheit desselben war, sondern, und das bereits seit Anbeginn der Zeit, das Solide, das Greifbare, die Fülle, als Könige eine Vier in ihrem Namen trugen, »Herr der vier Himmelsrichtungen, der vier Meere«,

aber damit habe ich mich schon zu weit von meinem Stein entfernt, hin zu sechzehn als der Verdoppelung von acht, zu Hod, dem achten Sefir der Kabbala, dem Glanz, der Glorie, zu der Bedeutung der vier Konsonanten in dem unaussprechlichen Namen YaHWeH, Y der Mensch, H der Löwe, V der Stier, nochmals H, der Adler, und dann fliehe ich vor all diesen düsteren Deutungen über die Schwelle, die das Heilige vom Profanen trennte, und stehe wieder draußen, wo der Regen beruhigend auf Bäume rauscht, die hier nichts bedeuten, da sie von niemandem geschaffen wurden.
Und doch bleibt es merkwürdig: Etwas bedeutet etwas und zugleich nichts. Nicht für mich, wohl aber für denjenigen, der die Kirche baute, die Figuren gravierte, den Grundriß entwarf. Was uns trennt, ist Zeit, was uns verbindet, ist das steinerne Ding, an das ich mich lehne, Schutz vor dem Regen suchend, der immer der gleiche geblieben ist. Drossel, Taube, Krähe, die hätten uns verbunden, denke ich, da Tiere sich die Mühe gemacht haben zu bleiben, wie sie sind. »Das kommt daher, weil sie nicht denken können«, murmelt die Gegenstimme, und doch: Versetze die Taube, die sich dort zwischen den Zweigen des Apfelbaumes zu schaffen macht, tausend Jahre zurück. Vielleicht hört sie das Hämmern von Eisen auf Stein, wo sie diese Kirche gegen das erwartete Ende der Welt bauen, vielleicht hört sie das asturische Gemurmel der Männer, die die Steine nach einer Idee zurechthauen, die sie aus dem Kalifenreich der Omaijaden mitgebracht haben. Sie hört es oder sie hört es nicht, so wie sie mich jetzt mit dem alten Mann neben mir reden hört oder nicht. Nicht, denke ich, denn sie hat andere Sorgen, sie muß werben, sich paaren, ein Nest bauen, *Taube sein.* Grau und geflügelt würde sie damals, wie heute, mit ihrer Umgebung verschmelzen, niemand würde ihr den Verschleiß der

vergangenen tausend Jahre ansehen, sie hat ihre Sprache, ihr Verhalten, ihre Tracht, ihre Bedeutung nicht geändert, sie ist ihr eigener fortdauernder Archetyp, willkommen zwischen Tauben und Menschen, beschäftigt mit der ewigen Wiederholungsübung aller Tauben: ein taubiges Dasein. Taube, duif, pigeon, paloma, der Vogel, den es schon gab, bevor er zum Geist ernannt und für heilig erklärt wurde, wenngleich es wohl Austernfischer geben wird, die sagen, daß die Idee des Einen bereits im Anderen eingeschlossen war.

Ich, der ich kein Scholastiker bin, weiß es nicht, ich schütze mich vor dem Regen an der Kirche von Lebeña und sitze in meinem Zimmer im Gasthof Fuente Dé an einem Tisch voller Fotos, Notizen, Bücher. Ich muß hinaus, bevor es Abend wird, mit der Seilbahn die unerbittliche Bergwand hinauf. Ich darf nicht nach oben schauen, denn dann traue ich mich nicht mehr, die Drahtseile führen fast senkrecht in die Höhe, das versteinerte Buch voller Gekritzel und Durchstreichungen steht senkrecht vor meinen Augen, vor Angst kann ich nicht mehr lesen, bis ich hinter meinen geschlossenen Lidern ein weißes Glitzern sehe, einen Ruck spüre. Wir sind oben. Das Zimmer, in dem ich gerade noch geschrieben habe, ist so klein geworden, daß ich nie mehr hineinpasse. Vor mir eine weiße Fläche, Schnee. Bis in die Ferne sehe ich eine Landschaft aus Berggipfeln, durch die Wolken wie Träume ziehen. Mir ist, als hörte ich das Gestein ächzen, aber es ist nur Stille, was ich höre, so gespannt, daß sie gleich brechen wird. Ist das das Schlimmste? Nein, das Schlimmste ist das Blau, so vollkommen und der Erde entrückt, daß ich einen neuen Namen dafür ersinnen müßte.

Was kommt, ist kein Name, aber doch wieder etwas, das mich mit meinem zerschellten Zimmer da unten verbindet, mit einem Buch, das dort auf dem Tisch liegt, einer Miniatur in diesem Buch. Ein Engel mit roten Flügeln. Federn wie Schwerter. Er hebt seine ach so rote Posaune einem blauen Himmelsstreif entgegen, einer Sonne und einem Mond, die zu zwei Dritteln rot und zu einem weiß sind. Es ist der Engel von der vierten Posaune aus der Apokalypse, derselbe, den ich erst gestern im Kloster Santo Toribio, fünfzehn Kilometer von Santa María de Lebeña entfernt, gesehen habe, dem Kloster, in dem einst Beatus lebte. Doch das ist eine andere Geschichte. Der Fahrer der Seilbahn telefoniert mit der Bodenstation, andalusische Stimmen, seltsam in diesem lichten, winterlichen Norden. Ich bin der einzige Fahrgast, er gibt mir ein Zeichen, daß es losgeht. Noch einmal schaue ich zu diesem so barbarisch blauen Himmel hinauf. Kein Engel und kein Adler, aber erst, als ich unten bin, atme ich wieder ruhig.

1986

Im Orientexpreß

1 *Geschichte zweier Städte*

Angeblich reist man sehr viel, jeder sagt es, also wird es wohl stimmen. Aber, denkt man dann selbst, nicht genug für das *dulling of the senses.* Was heißt das denn schon wieder? Das heißt, daß ich es noch immer fühle, wenn ich irgendwo ankomme. Und fühlen, was heißt hier fühlen, man kann England doch nicht fühlen oder befühlen? Nein, das wäre wirklich schön: Man kommt angeflogen, sieht das erste Stück England, hebt es schnell hoch und knuddelt es. Der Papst tut das, aber das ist ein Mißverständnis, ein taktiler Irrtum. Was er gern in die Arme nehmen und küssen würde, läßt sich nicht hochheben, er muß sich bücken und die Lippen darauf drücken, und dabei erwischt er immer das falsche Stück, kalten Beton, nicht die Erde, nicht den *Boden* – von Blut und Boden. Den Boden eines Landes! Als wäre das eine Schale, in die alles mögliche hineinpaßt. Und natürlich ist das so, alles mögliche befindet sich darin. Nur einmal habe ich jemanden wirklich die Erde küssen sehen. Und zwar, weil der Flughafen – in Bamako, Mali – keine Landebahn aus Beton hatte. Es ist schon lange her, ein hochgewachsener schwarzer Mann stürzt aus dem Flugzeug und *umarmt* den Boden, ein rührender Anblick.
Ich fühle es noch immer, wenn ich irgendwo ankomme. Freilich nicht mit den Händen, sondern mit der Nase. England riecht anders. Irgendwo über dem Ärmelkanal ist die Geruchsgrenze, dort scheidet sich der subtile Unterschied. Wie sich der englische Geruch bildet, weiß ich nicht genau.

Andere Nahrung, anderes Brot, anderes Bier. Und andere Putzmittel. Wenn ich wirklich viel reisen würde, wäre der Unterschied zu subtil, als daß man ihn noch merken könnte. Seltsam, etwas, das Erinnerung und Aktualität zugleich ist. Man geht auf dem Flughafen Heathrow über schwarzes Linoleum, so glänzend geputzt, daß es wie Onyx aussieht. Daran erinnere ich mich, wenn ich nicht darauf gehe, und folglich auch, wenn ich darauf gehe, aber dann ist es kein Sich-Erinnern, und andererseits doch. Es ist eine Form von Erinnern, die *Wissen* heißt. Ich weiß, daß dort Zollbeamte sitzen, daß ich unter dem Schild EWG durchmuß. An den Mann, der an seinem Pult sitzt und in meinem Paß schnüffelt, erinnere ich mich als Funktion, nicht als Mann. Er ist mit seinem roten englischen Gesicht und der kindischen Krawatte mit dem kleinen Bild darauf eine Kategorie, eine Gattung. An *ihn*, seine Nase, seine Brille, seine großen Hände, die über meine Stempel wandern, erinnere ich mich nicht. Aber auch das kommt vor, wenn man öfter nach England reist. Ich reise also nicht genug.

Sind dies nützliche Gedanken? Das weiß ich nicht, ich habe sie eben. Ich trete aus dem Flughafengebäude, halte Ausschau nach dem Auto, das mich abholen soll, oder, besser gesagt, halte Ausschau nach der Person, die mich mit einem Auto abholen soll, sehe eine graue Wolke, klotzig wie eine Bleifabrik, und gleich darüber noch eine. Dazwischen einen kupfernen Fleck. Die Wolken sind da, weil entsprechendes Wetter herrscht, und ich bin da, weil ich die Ein-Uhr-Maschine genommen habe. Hätte sich der Flieger verspätet, hätte ich über mir ein anderes Tableau vorgefunden. Genauso verhält es sich auch mit der Person, die mich abholt. Sie hat noch etwas in einer Schmiede zu erledigen. Wir fahren die belebte Schnellstraße entlang. Seit zwanzig Jahren kennen wir uns, wir waren zusammen im Iran, auf Ithaka, in Paris. Wir sehen uns nicht oft, aber es ist eine enge Freundschaft. Sie ist älter geworden, ich bin älter geworden, das hat etwas Angenehmes. Zwei schon etwas ältere Menschen in einem ramponierten Peugeot auf dem Weg zu einer Schmiede. Was für ein merkwürdiges Wort! Es muß etwas benennen, das es fast nicht mehr gibt, und das hat dieses Wort verschlissen. Sie hält in einem Abbruchviertel und bittet mich, einen Augenblick zu warten. Dann verschwindet sie durch ein Fabriktor, eine zarte, etwas vogelhafte Gestalt, viel zu dünn angezogen, eine Engländerin, die Urdu spricht. Ich sitze im Auto und schaue hinaus.

Warum reisen Sie? Die Frage, die immer wiederkehrt. Und gerade deshalb habe ich darauf meist keine gute Antwort. Jetzt, da ich hier sitze, weiß ich es. Weil ich hier sitze, ein x-beliebiger Jemand, eine Person im Regenmantel in einem klapprigen Auto, in einem Abbruchviertel, neben einer verlassenen Fabrik mit einem roten Ziegelschornstein, aus dem kein Rauch mehr kommt. Das Irrelevante meiner Position, das Zufällige des Augenblicks, die Beliebigkeit des Ortes. Es hat etwas Filmhaftes, das ruft diese verlassene, vom bleiernen Himmel niedergedrückte Straße hervor. Die Tür des zugenagelten Hauses dort drüben geht auf, ein blutender Mann kommt heraus, bricht auf der Straße zusammen und stirbt. Ist das wahr? Nein. Aber es wäre möglich. Ich sehe es, ich bin Zeuge. Und dann fängt es an. Aber es passiert nichts. Der Film weigert sich anzufangen. Wenn nach fünf Sekunden nichts passiert ist, verlassen die Leute den Saal. Das ist nicht mehr spannend, das ist Kunst. Sechziger Jahre: die Kamera endlos auf ein stehendes Auto mit einem Mann darin halten. Das tat man, um die *Wirklichkeit* zu zeigen.

Come to the edge
we might fall
come to the edge
it's too high
and they came and he pushed them
and they flew …

Dieser Text steht auf der Fassade des zugenagelten Hauses. Meine Freundin kommt zurück, ihr Haar weht kurz auf. Sie geht nicht auf ihre Seite, sondern bleibt an meiner Tür stehen. Ich kurbele das Fenster herunter. Von wem dieser Text ist? Von Apollinaire. Ob ich mal einen Blick in die Schmiede werfen will? Der Schmied ist eine Frau, und jung, aber sonst stimmt alles: der Hammer, der Amboß, die glühenden Kohlen, die Schläge von Metall auf Metall. Es sind immer die gleichen, zu nichts führenden Gedanken, die ich denken muß – daß ich heute morgen, in Amsterdam, nicht wußte, daß ich in einem kalten, hohen Raum stehen würde, in dem eine Frau mit hochgebundenem blonden Haar feurige Stücke von einem Metallstab schlägt, um ihn in die Form zu zwingen, die sie will.
»Was wird das?«
»Eine Wiege.«

Etwas, eine Erinnerung, ein Ereignis gibt den *Ton* einer Reise an. Die Schmiede, der verräucherte Raum, die für immer verlassene Fabrikhalle daneben passen zum Ziel meiner Reise. Ich werde in London den Orientexpreß nach Venedig besteigen, von jetzt an ist es eine einzige lange Bewegung bis zu den byzantinischen Kuppeln des Markusdoms. Doch die Bewegung bekommt Schlenker, und ich bin abwechselnd Urheber und Opfer dieser Schlenker. Wir fahren

in die Stadt. Irgendwo in der Gegend von Kensington trennen wir uns. Sie geht zu einer galanten Verabredung, ich gehe flanieren. Mein Koffer bleibt im Auto und möchte nicht gestohlen werden.
In einem kleinen Antiquariat gleich hinter der National Gallery, wo es kein einziges Buch gibt, das mehr als zwei Pfund kostet, finde ich, was ich suche, *Stamboul Train* von Graham Greene und *Murder on the Orient Express* von Agatha Christie. Es sind alte Taschenbuchausgaben. Ersteres ist ein *Pan book* von 1952 und hat einst, in jenen unvorstellbaren Tagen, zwei Schilling gekostet. Der Einband ist feuerrot, aber das ist das Rot des Zuges. Die junge Frau lehnt sich aus dem geöffneten Fenster, eine Rauchfahne zieht unter dem Fenster an ihr vorbei über das Schild »Ostend – Cologne – Vienna – Belgrado – Istanbul«. Ihre schwarzbehandschuhten Hände ruhen auf dem Messingrahmen, sie schaut aus dem Umschlag heraus auf den unsichtbaren Bahnsteig. Das dunkle Haar unter der hellgrauen barettförmigen Kopfbedeckung ist lockig, das ein wenig runde rosa, leicht verschattete Gesicht darunter drückt Unschuld aus, Erwartung, möglicherweise Angst. Hinter ihr steht ein Mann ihres Alters, auch sein Kopf halb im Schatten, die andere Hälfte gelblich beleuchtet von einer Lampe im Abteil. Striche entlang dem Fenster deuten Bewegung an: Der Zug ist soeben abgefahren. »The purser took the last landing card in his hand and watched the passengers cross the grey wet quay, over a wilderness of rails and points, round the corners of abandoned trucks.«
Auf dem Umschlag des Christie-Buchs geht es um andere Dinge. Auf einer Landkarte aus schmutzig rosafarbenem Leinen liegen fünf Gegenstände. Eine Taschenuhr, die Viertel nach eins anzeigt, ohne daß man weiß, ob es Tag oder

Nacht ist. Uhren können nun einmal innerhalb von 24 Stunden Verrat üben. Daneben liegen ein benutzter, verbogener Pfeifenreiniger, ein Stück fast verkohltes Papier und zwei gerade abgebrannte Streichhölzer, das eine weiß und aus Holz, das andere blau, aus faserigem Karton. »It was five o'clock on a winter's morning in Syria. Alongside the platform at Aleppo stood the train grandly designated in railway guides as the Taurus Express.«
Mir ist, als hätte ich zwei leichte Aufputschtabletten eingenommen. Es ist Donnerstag nachmittag, mein Zug geht erst am Sonntag morgen. Da möchte ich auch gerne einmal draufstehen, auf dem Umschlag eines altmodischen Taschenbuchs. Die aschgraue Wölbung der Victoria Station wie eine Totenhalle über mir, der braunlackierte, leise summende Zug und dann, kitschig, die Zeichnung von jemandem, der mir ähnlich sieht, am liebsten auch halb im Schatten, ein etwa fünfzigjähriger Mann im Regenmantel, der neben einem dunkelroten Koffer steht. Aber es muß noch jemand auf diesem Umschlag zu sehen sein, eine Frau, die ich – das versteht sich – noch nicht kenne, die mich aber noch vor dem Ende des ersten Kapitels etwas fragen wird, »mit einer Stimme, die versuchte, eine gewisse Aufregung – oder vielleicht auch Angst – zu verbergen«. Etwas in der Richtung?
Bis Sonntag morgen wird London mein Wartezimmer sein, eines, das mir fortwährend etwas anbietet. Ich bin mit der U-Bahn zur Victoria Station gefahren. Dort gegenüber gibt es die Overton's Bar, wo ich ein paar Austern und eine Scholle essen möchte. Ich weiß, daß ich alles so wiederfinden werde, wie es war, und natürlich ist es so. »A good day to you, Sir.« Die vier Pinters stehen noch da, den kleinen Raum hinter der Bar in ihren weißen Jacken durchque-

rend und sich an den Text des Stücks haltend. An der Wand das eingerahmte Angebot, und darauf nur ein Wort: »Oysters«. Zwei Barhocker von mir entfernt sitzt eine junge Frau und liest. Sie hält das Buch, dessen Titel ich nicht erkennen kann, an die Glasscheibe, hinter der die Krabben und Krebse liegen. Auch Tiere gehen nicht mit der Mode, sie tragen noch genau das gleiche. Es ist die *Idee* von Krabbe und Krebs, die dort liegt, in der Farbe des gekochten Todes, rot in ihren unerbittlichen Panzern. Ich esse dieselben Austern, die ich dort vor acht Jahren gegessen habe (es gibt nur eine einzige Auster auf der Welt, und sie wird immer wieder von neuem verspeist), und schaue zu der Frau und der unsichtbaren Verbindung zwischen ihren Augen und den Buchstaben auf der Seite. Was passiert da nun eigentlich im einzelnen? Von wem sind diese zu Buchstaben zerfallenen Gedanken oder Beschreibungen, die die unsichtbare Strecke zurücklegen und mit Hilfe der Kamera ihrer Augen in Bilder oder Wissen oder Gemütsregungen übertragen werden, die in irgendeiner Gehirnfunktion etwas bewirken, das mir verborgen bleibt? Landet es auch in ihren kleinen, ziemlich dicken Fingern mit den roten spitzen Nägeln? Sie ist meine ideale Leserin, die nicht zu ihr gehörende Hand schließt sich über der Gabel, die von selbst ihren Weg zum Salat findet, der jetzt durch die Luft wandert, ohne ihren Leseparcours zu stören, und in dem vom Lesen abgesonderten Mund landet.

Am gescheitesten an anderen Menschen finde ich, daß sie die Welt nehmen, wie sie ist. *They take it for granted* – während ich nicht einmal genau weiß, was das bedeutet, kommt es mir vor, als drücke es besser aus, was ich meine. Ich fahre mit der U-Bahn zur British Library, um mir eine Ver-

gil-Ausstellung anzusehen. Analysieren Sie das ruhig, es ist nichts Abartiges daran. Vergil lebte vor langer Zeit und schrieb so gute Verse, daß wir sie auch heute noch lesen wollen. Eine Bibliothek ist ein Institut, in dem Bücher aufbewahrt werden, und in der Hauptstadt eines ehemaligen Weltreichs ist so eine Sammelstätte von Büchern sehr groß. Weil in solchen Städten Millionen von Menschen leben, die man nicht alle auf den Straßen befördern kann, gräbt man Tunnel in die Erde. Was ein Zug ist, weiß jeder. Ich bin in dieser Stadt, ich liebe Bibliotheken und Vergil und finde ein Taxi zu teuer. Warum habe ich dann trotzdem das Gefühl, unvereinbare Dinge zu vereinen, indem ich mich unter der Erde in einem rasenden Gegenstand zu einem Gebäude bewege, in dem in einem kleinen ovalen Raum, ausgespart in einem vorsintflutlich großen Saal, wo die Bücher wie ein Felsengebirge aufsteigen, eine Reihe von Manuskripten, Inkunabeln, seltenen Drucken ausgestellt sind, die alle – und zudem noch in einer Sprache, die nirgends mehr benutzt wird, um ein Brot zu bestellen – das Werk eines Mannes enthalten, der vor zweitausend Jahren gelebt hat?
Ich höre die *bêtise* meiner Frage, und trotzdem will ich mich von der Normalität nicht unterkriegen lassen. Um mir das zu bewahren, worüber ich auch in Zukunft staunen will, bedarf es einer entschiedenen Halsstarrigkeit, denn dieses Staunen ist das Salz in meiner Suppe, und die Belohnung für das Staunen sind die anderen, die mit mir zusammen an diesen paar Vitrinen vorbeiziehen, sich vorbeugen, starren, murmeln, etwas vergleichen, noch einmal zurückgehen, etwas notieren. Sie sind, wie ich, als Menschen mit keinem anderen Merkmal als ihrem Äußeren aus dem großen Haufen herausgetreten und werden hier zu Menschen mit einem gemeinsamen Merkmal, nämlich dieser konzentrier-

ten Aufmerksamkeit, zu einer Art unausgesprochener Clique, deren Mitglieder einander nicht ansehen müssen, um etwas voneinander zu wissen. Das hat, wenn ich es so sage, etwas Eitles, doch das ist die kleinere Sünde, der Hochmut der Ausnahme, die man sich mit Stille und Geblätter erkauft hat.

Jeder hat seine Eigenarten, bei mir ist es diese: Wenn ich solche Ausstellungen sehe, kommen schreiberlinghafte Neigungen in mir auf, ich muß kopieren. Eigens dafür habe ich einen Blindband bei mir, den man einem Laien am besten als »leeres« Buch beschreiben kann. Mit meinem Gekritzel in diesem Buch verfolge ich wahrscheinlich das Ziel, auf intensivere Art und Weise an dem teilzuhaben, was ich sehe, allein schon der Akt des Abschreibens beliebiger lateinischer Sätze schenkt mir ein Gefühl der Wollust. Daß die Verszeilen nicht die meinen sind, tut dem keinen Abbruch, ich brauche mir nichts zu überlegen oder zu ersinnen, diese Texte sind Tausende von Malen mit der Hand abgeschrieben worden, bevor sie zum erstenmal gedruckt wurden, meine Hand wird die eines Schreibers, eines Mönchs, eines Schülers in einer Lateinschule, und es ist nicht nur diese kollektive, hier so deutlich sichtbar werdende Vergangenheit, in der ich versinke, sondern auch meine eigene. Meine Hand wird zwanzig, dreißig, fünfunddreißig Jahre jünger, wird zu einer Knabenhand auf dem Pult des Gymnasiums Immaculatae Conceptionis, und beim Schreiben lauscht eine innere Instanz dem Metrum der Verse, die ich schreibe. Oder, besser gesagt, eigentlich ist es gar kein Lauschen, es ist das Hören des unhörbar wogenden Sprechens einer Stimme, die, als wäre sie die eines anderen, die Zeilen mit diesem Wellenschlag mitspricht, sie auf und ab gehen und treiben läßt. Es ist schwer, diesen Genuß den Kindern von

Freunden zu erklären, den wenigen, die noch Latein »lernen« und widerstrebend in das Tirocinium Latinum[1] verstrickt sind sowie in die Funktionen der Fälle, den Accusativus adverbialis und den Accusativus exclamationis und all die Dinge, die ich im Laufe der Jahre habe einstauben lassen und jetzt mit Mühe wieder hervorzuholen versuche.
Die Bücher und Manuskripte sind in Vitrinen ausgestellt wie eine ausgestorbene Tierart. Die Palatina-Handschrift aus der Vatikanischen Bibliothek (1631) ist am Beginn des 2. Gesangs der *Aeneis* aufgeschlagen: »Conticuere omnes intentique ora tenebant« – »Alle verstummten ringsum, voll Spannung blickte ihr Auge [auf Aeneas].« Durch das Geheimnisvolle des Schreibens und Lesens entsteht bei mir, zweitausend Jahre danach, das Bild, das der Dichter heraufbeschwört. Tyrer und Trojaner, Dido und Aeneas, der langhaarige Iopas mit seiner goldenen Leier. »Dieser besingt den wechselnden Mond und die Mühsal der Sonne, auch der Menschen und Tiere Entstehung, des Regens, des Blitzes, [...] weshalb die Wintersonnen so schnell in den Ozean tauchen, oder welcher Verzug die langsamen Nächte zurückhält.« Seine Zuhörer jubeln ihm zu, und die unglückliche Dido bittet ihren Gast Aeneas, ihr alles über den Verrat der Griechen, das Unglück seiner Freunde und seine siebenjährige Irrfahrt zu erzählen. Von Hand geschrieben, bewahrt, später gesetzt, gedruckt, Zeichen abgedruckter Druckerschwärze auf großen weißen Bögen, sie *zeichnen* durch das *irrsinnige* Wunder des Lesens die Geschichte, die der Held nun erzählt.
Ich bin in der Stimmung, darüber zu staunen, was Schrift ist, diese eigenartigen, an Strichen befestigten Halbkugeln, diese geöffneten und geschlossenen Kreise und Halbkreise, ein System, ein Kode, der es mir ermöglicht, gleichzeitig zu hö-

ren und zu sehen. Und auch dieses Sehen wird sichtbar gemacht: In einer italienischen Handschrift aus dem *cinquecento* sehe ich, wie Bartolomeo Sanvito die Landung der Trojaner in Afrika »sah«. Dido, gekrönt und mit einem roten Gewand angetan, vor ihrem renaissancistischen Stadttor, empfängt den knienden Aeneas. Am blaugrünen Himmel fliegen sieben Schwäne als gutes Omen, Karavellen dümpeln im Hafen, die Helden sind Rache und Unheil entronnen. Etliche Stunden verweile ich in dem geschlossenen Universum des Dichters – ein Gemälde von Ingres, auf dem der lorbeerbekränzte Vergil Kaiser Augustus vorliest, und später, in einer Handschrift aus Siena, nochmals der Dichter, diesmal in Karmesinrot und kahl zwischen merkwürdigen Felsen, braunen, grauen, roten, die nur in der Hölle zu finden sein können, wie er neben einem azurblau gekleideten Dante inmitten der Schrecknisse der Welt der Strafen einhergeht: im Hintergrund ein graues Pferd, halb Drache, mit grünen eckigen Flügeln. Und zu all diesen Bildern die Buchstaben, geschriebene, gemalte, illuminierte und bebilderte, alte und neue, manierierte und klassische, die von Bodoni mit ihrer strengen Modernität und die seines Pariser Rivalen Pierre Didot, die von Manutius und Baskerville – ich schaue und schaue, bis sie sich zu verschieben und zu tanzen beginnen wie auf einem Bauernball und Klingeln und Wärter uns hinausjagen.

November in Richmond. Vor dem Haus, in dem ich zu Besuch bin, strömt die Themse hoch und schnell vorbei, eine sich bewegende Landschaft, in der Schwäne dahinsegeln. Es stürmt, der Himmel ist weißlich, gräulich, die auferlegte Askese des Herbstes, der Tag entartet schon mittags zu jener protestantischen Jahreszeit, die an der Seele frißt. Auch der

Hamlet, den ich vor meiner Abreise im Piccadilly Theatre sehe, ist herbstlich, die Schauspieler sind alle in eine Art leuchtendes Grau gekleidet, Angehörige und Diener einer kühlen, nördlichen Glaubensgemeinschaft. Kulissen gibt es nicht, die Bühne wirkt wie eine Höhle, in der sich die beleuchteten, tödlich grauen Figuren bewegen und zum tausendsten, zehntausendsten Mal dieselben Worte sagen, die alle Hamlets, Ophelias, Clowns und Horatios aus ihren entschwundenen Mündern in die Ohren nun namenloser Zuschauer haben fließen lassen, und all die aufeinanderfolgenden Generationen haben den sich nie verändernden Worten je andere Bedeutungen gegeben.

Sonntagmorgen. Die Stadt ist so leer, als wären alle vor dem Feind geflohen. Unter der Kuppel der Victoria Station stehen die Darsteller einer internationalen Filmproduktion bereit, Leute in braunen Uniformen, an denen das vergangene Jahrhundert klebt. Sie werden von der englischen Version eines Tatarenhäuptlings angeführt – fleischiges, rotgeädertes Gesicht mit aggressivem Haaransatz; Haar, das nach allen Seiten absteht. Das Empfangskomitee des Orientexpreß. Er sieht mich nicht, seine kleinen, wäßrigen Augen gehen durch meine nicht existierende Gestalt hindurch. »Das ist wegen meines Autos«, sagt meine Freundin, »wer in so einem Auto sitzt, *kann* nicht in den Orientexpreß.« Ich steige vor seiner Nase aus, aber er sieht mich genausowenig wie Horatio Hamlets Vater. Ich bin nicht da, ich bin ein Geist, und meinen immateriellen dunkelroten Koffer schleppend, betrete ich die schwarzen Hallen. Meine Freundin hat ihr Auto geparkt und folgt mir.
»Und dann fuhr er nicht«, sagt sie frohgemut, aber mit der schrecklichen Hellsichtigkeit von Leuten, die nie einen

Scherz machen dürfen, weil er sich stets bewahrheitet. Auf dem leeren Bahnsteig steht wiederum ein Empfangskomitee, Trauer auf den Gesichtern. Der Zug ist *kaputt*, darauf läuft es hinaus. Er steht in Paris. Einen Augenblick lang vermisse ich einen Landsmann, zu dem ich »Reifenpanne« sagen könnte, doch ich bin umgeben von gutgekleideten Italienern, einer jungen Frau mit dunkelrotem Haar wie ein Wintergedicht und einem fluchenden Landadligen mit dazugehöriger Frau. »Damn it, damn it!«
Es gibt diese Ehepaare, bei denen der Mann aus Schweinefleisch besteht und die Frau aus Kalb, kein schottischer Tweed kann das verhüllen, *damn it.* Was das japanische Ehepaar denkt, vermag ich nicht zu erkennen, vielleicht ist ihm noch nicht bewußt geworden, daß auf diesen leeren Schienen ein lackierter Zug hätte stehen müssen, denn sein Nicht-Dasein ist undenkbar. Alle zusammen sind wir der schlechte Anfang eines Buches oder der Anfang eines schlechten Buches, auch das ist möglich. Eine knappe Stunde später sitze ich in einem Airbus der Air France, meine Freundin ist kichernd und winkend im Wirbelwind zurückgeblieben. Ich habe das noch nicht ganz verarbeitet, als wir uns mit diesem vollen Kino in die Lüfte erheben. Neben mir sitzt ein Herr mit der Légion d'honneur im Knopfloch. Er leidet an einem schrecklichen Tic, alle paar Sekunden verwandelt sich sein vornehmes Gesicht in das Maul eines gefräßigen Raubtiers, das nach ein paar unsichtbaren Fliegen oder anderen Insekten vor ihm schnappt.
Derselbe Feind, der London entvölkert hat, hat auch Paris erobert, und während ich auf dem »eigens reservierten Promenadendeck« der Fähre nach Boulogne hätte sitzen sollen, sehe ich von meinem Hotelzimmer aus auf die leere Place de l'Odéon. »Der Zug fährt frühestens am Dienstag«, ist mir

gesagt worden, »aber rufen Sie am Montag an, ob er wirklich fährt.« Das Leben hat mir wieder mal einen Tag geschenkt, aus der Welt von *The Times* bin ich in die Welt von *Le Monde* gefallen, Zeit und Welt, alles riecht wieder anders, und mit meinem geschenkten Tag schlendere ich an den Schaufenstern der geschlossenen Buchhandlungen vorbei, sehe, wieviel mehr die Franzosen übersetzen als die sich immer stärker verschließenden Engländer, lese englische Zeitungen, französische Zeitungen, niederländische Zeitungen und lasse das Geschenk durch meine Finger rinnen. Am Tag darauf weiß das Büro des Orientexpreß noch nichts, aber: »Wir rufen Sie an.« Das Mädchen – oder die Großmutter – hat eine glucksende, parfümierte Stimme, die auf diese Entfernung verführen kann. Ich sage, ich hoffte, daß sie anriefe. Sie hofft es ebenfalls.
Ich besuche meinen Freund und Übersetzer Philippe Noble, und wir essen wie zwei Herren vom Ministerium in der Auberge des Saints Pères. Er erzählt mir, daß er an der Sorbonne sechzig Studenten hat, die Niederländisch »machen«, es besteht also noch Hoffnung. Mit der Metro fahren wir zum Musée Balzac in eine Ausstellung der Zeichnungen, die Luis Marsans für eine Luxusausgabe von Prousts *A la recherche du temps perdu* gemacht hat, und wir sehen uns seine nervösen Darstellungen der Marquise de Villeparisis, der Herzogin de Guermantes, von Odette und Swann, Françoise und Madame Verdurin an, all jener Märchengestalten, die einem nach der Lektüre des Buches für immer im Kopf herumspuken, und dies auf eine Weise, daß man eigentlich nicht möchte, daß jemand ihnen eine gezeichnete Gestalt verleiht. Der Baron de Charlus sieht hier aus wie ein billiger Flaneur, Albertine ist mir viel zu dunkel, die »blühenden Mädchen« ein hausbackenes Grüppchen, dem

jegliche Sinnlichkeit fehlt, doch der Marquis de Saint-Loup ist großartig, verkommen und verdorben, und Bloch und Norpois »stimmen«, als wäre das bei Gestalten möglich, die es nie, oder nie ganz, gegeben hat.
Wir gehen an Balzacs großem Stuhl in seinem *cabinet de travail* vorbei, was irgendwie viel schlimmer klingt als Arbeitszimmer – es hat etwas von Zwangsarbeit, und das war natürlich auch so. Ich berühre ihn kurz, diesen Stuhl, und sehe mir die »Totenmaske« von Balzacs abgeschlagener Hand an, die auf dem großen aufgeschlagenen Buch neben der Kaffeekanne liegt, aus der der Dichter seine vierzig tödlichen Tassen am Tag trank.
Draußen zerrt der Wind an den ausgefransten Herbstbäumen, auf den glänzenden Pflastersteinen liegen die letzten losen Blätter, die Goldfarbe schlammverschmiert. Noble macht mich auf die kleine Hintertür aufmerksam, durch die Balzac vor seinen Gläubigern floh, auf der anderen Straßenseite stehen Blauuniformierte mit gezückten Maschinenpistolen und bewachen die türkische Botschaft, auf deren Dach eine Antenne montiert ist, so groß, daß sie das gesamte Gebäude überspannt. Ich denke an die Berichte, die durch diese Fühlhörner hereinströmen und auf so schaurige Weise im Einklang mit den zufällig auf uns gerichteten Waffen sind. An der Außenwand ein Schild. »Borne posée en 1731 pour indiquer la limite des seigneuries d'Auteuil et de Passy.« Das waren noch Zeiten, allerdings dauerten sie dann auch nicht mehr lange.

Am nächsten Morgen weckt mich Die Stimme und sagt, daß es am Abend losgeht. Es wird wahr. Ein Junge in brauner Uniform bringt mich zu meinem *wagon-lit* und zeigt auf ein Fenster mit einer rosa Schirmlampe, meiner. Dann kommt ein anderer, blond und in das gleiche Himmelblau gekleidet wie Dante in der Handschrift aus Siena. Er läßt mich in mein Kämmerchen ein, und während sich im ganzen Zug die Damen und Herren in Smoking und Abendkleidung werfen, starre ich auf die »gewöhnlichen« Züge im Gare d'Austerlitz, sehe die beiden Japaner aus London, dann die beiden mit Kalb- und Schweinefleisch gefüllten Tweedbündel und achte darauf, wie der schwarze Zeiger sich durch das weiße Feld der Bahnhofsuhr frißt. Karren mit Kisten voll Käse rollen vorbei, den ich durch die luftigen Öffnungen schimmern sehe, ich beuge mich aus dem Fenster wie das Mädchen auf dem Graham-Greene-Taschenbuch, doch hinter mir steht niemand, die junge Frau im gelbweißen Polarfuchs ist nirgends zu sehen, ich packe den Vergil aus, den ich in London gekauft habe, höre einen langgedehnten Pfeifton unter dem Bahnhofsdach verklingen und spüre dann, wie sich der Zug sanft und langsam in Bewegung setzt.

2 *Die Erscheinung des Ewigen*

Nicht nur außerhalb des Sonnensystems, nein, auch außerhalb des gesamten Universums müßte es noch etwas geben, das diesen Nicht-Satz registriert: In den unermeßlichen Sälen des Raums mit all den unbelebten Kugeln, die einst durch jenen entsetzlichen Knall in ihre Bahnen geschleudert wurden, und zwischen all diesen unfehlbar auf ihren Bahnen dahinziehenden Kugeln diese eine, die unsrige, welche um jene andere, brennende kreist, Wälder, Meere, Menschen und Städte mit sich ziehend, und zwischen diesen Städten eiserne Linien, und auf diesen Linien Züge, und die-

se Züge unterteilt in Wagen, und diese Wagen in Abteile, Coupés, *Abschnitte*, und in einem solchen abgeschnittenen Teil ein Männeken neben einer rosa Schirmlampe, allein, durch die Nacht jagend, aus der unbedeutende Bahnhöfe auftauchen, so schnell, daß man nicht einmal ihre Namen lesen kann.
Mein Abteil ist nur ein halbes Abteil, weil aber in der anderen Hälfte niemand sitzt, hat der junge Admiral in himmelblauer Uniform, der hier das Kommando führt, die Zwischentür geöffnet, so daß ich auch das Spiegelbild meines eigenen Kämmerchens betreten kann. Das gleiche grüne Plüschsofa, die gleichen Spitzendeckchen darauf, die gleichen polierten Wände, der gleiche Spiegel, der, als ich die Tür offenlasse, sich selbst reflektiert, ohne etwas zu sehen. So kann ich vorwärts und rückwärts fahren, und das tue ich abwechselnd. Mal werfe ich die zurückgelegte Entfernung weg und sehe sie in Richtung Paris davonfliegen, wo ich herkomme, mal rase ich vorwärts, den Alpen, Mailand, Venedig entgegen.
Wie mag das von draußen für Kaninchen und Wilddiebe aussehen? Eine lange, lärmend vorbeirasende Girlande aus rosa Licht, eine Spukerscheinung, die heulend angebraust kommt und eine doppelt so große Stille zurückläßt. Nur wenn ich das Licht lösche, kann ich etwas von der Außenwelt sehen, einen schwarzen, uneinnehmbaren Block. »Ladies and, uh, gentlemen«, sagt eine gallische Stimme aus der Lautsprecheranlage, »zie restaurants are now opèn.« »Und«, fügt sie hinzu, »wer jetzt nicht kommt, muß bis 11 Uhr warten, bis zum zweiten Termin.«

Eine Kindheitserinnerung: Gehen durch einen fahrenden Zug. Denn auch wenn ich hier auf Teppichen gehe, die Essenz bleibt die gleiche, dieses herrliche Nicht-mehr-ganz-Herr-seiner-Bewegungen-Sein, das Hin-und-her-Schwanken zwischen den Fenstern und den geschlossenen, glänzend polierten Türen, und immer wieder zwischen zwei Waggons dieses Hinübertreten über die beiden sich bewegenden eisernen Plattformen. Der Lärm ist dort lauter, die nächtliche Kälte beißt, etwas flitzt unter den Füßen dahin, und dann ist man wieder drinnen, der soeben noch ohrenzerreißende Lärm wird zur leisen rhythmischen Begleitung. Im Speisewagen ähnelt alles einer Anzeige. Aber wofür? Erst nach langem Nachdenken weiß ich es: für den Orientexpreß. Es gibt Dinge, die so unecht sind, daß sie wie ihre eigene Abbildung aussehen. Die *Nachtwache*, die Seufzerbrücke, der Eiffelturm. Dieser Zug ist vielleicht nicht groß genug dafür, und trotzdem habe ich das kuriose Gefühl, in ein Bild einzutreten.

Von jetzt an hat jeder eine Rolle, wir sind alle stundenweise gekauft worden, und es gilt die Vereinbarung, darüber nicht zu sprechen. Ich bekomme einen Tisch für zwei Personen, doch die Blumen sind für mich allein. Die halbe Schale eines toten Seeigels mit etwas Eßbarem darin wird mir hingestellt. Der Wagen ist nicht voll. Ich erkenne ein paar der Unglücklichen wieder, die in London mit mir auf dem leeren Bahnsteig standen, und wende mich der Speisekarte zu.

L'Emincé de Foie Gras Confit
Le Dos de Turbot aux »Cornes d'Abondance«
Le Mignon de Veau Grillé
et son Gratin de Courgettes et Tomates
Sauce Romarin
La Sélection du Maître Fromager

Le Biscuit Moelleux au »Thé Douchka«
et la Crème à »l'Orange Pekoe«
Les Mignardises

Durch den Dorfdialekt der verfeinerten Küche hindurch ist dies wie folgt zu lesen: ein paar Scheiben fette Gänseleber, ein Stück Steinbutt mit einer Art halbmondförmigem Blätterteig, ein Stück Kalbfleisch mit etwas Gemüse, Käse, ein Pudding, der entfernt nach Tee schmeckt. Danach süßer Firlefanz. »Copyright« steht darunter, doch was das in diesem Zusammenhang bedeuten soll, weiß ich nicht. Vielleicht darf man es zu Hause nicht nachkochen. Es dauert noch etwas, also habe ich Zeit, mir die anderen Mitglieder des Filmteams anzuschauen. Sie sehen wohlauf und in einem Fall sogar hübsch aus. Sie, so bin ich nun mal gepolt, hat rötliches Haar und eine Haut wie aus einem viktorianischen Roman, wenngleich sie den nicht erleben wird mit den beiden Herren in ihrer Gesellschaft, deren Äußeres man, noch während man schaut, schon vergißt. Sie stützen ihre zerfließenden Gesichtszüge mit dem harten Panzer eines Smokings, was aber nicht hilft, auch als ich es später schriftlich festzuhalten versuche, sehe ich nichts als zwei leere Smokings, mit denen sie sich immerhin ausgiebig unterhält. Sonst passiert nichts.
Wir fahren und essen, draußen fliegt die unsichtbare Welt vorbei, versteckte Dörfer, in denen die Plots von Simenon ausgeführt werden, Kaplane, Taubenzüchter, Liebhaber, Gendarmen, Postämter, *mairies*, Denkmäler für die Gefallenen von 1914-1918, ungerührt flitzen wir daran vorbei, während sich die Ober auf dem Gang gegenseitig beiseite drängen und bei der Arbeit richtig ins Schwitzen kommen. Zugbeine muß man dafür haben, denke ich, und in der

schaukelnden fahrenden Küche geht es bestimmt besonders heiß her. Wer je in einer Küche gearbeitet hat, kennt das, die Tyrannei der Minuten, die vom Militär kopierte Hierarchie – aber diese Küche ist auch noch lang, schmal, und sie fährt. In London habe ich ein Buch gekauft, *Railway journeys*, in dem das Menü abgedruckt ist, das auf der allerersten Fahrt des Orientexpreß, vor 99 Jahren, am 17. April 1883, verspeist wurde. Auf der Karte ist dieselbe Zeichnung wie auf der nun vor mir liegenden: ein Dampfzug, der die spitze Überdachung des Gare de l'Est verläßt, doch die Reisenden von damals aßen *Perles du Japon, Rôti de Bœuf* sowie nicht näher spezifizierte Fische, *Poulets du Mans au Cresson* und eine *Crème Chocolat.* Die tatsächliche Jungfernfahrt fand am 4. Oktober statt. Das Zugpersonal trug weiße Strümpfe und Schuhe mit silbernen Schnallen, und die Reisenden hatten keine kleinen Zimmer, sondern im Stil Ludwigs XIV. eingerichtete Salons. Monsieur Boyer vom *Figaro* war mit von der Partie und Mr. Opper de Blowitz von *The Times*, ein Mitglied des belgischen Kabinetts mit dem passenden Namen Olim sowie der Erste Sekretär der Türkischen Gesandtschaft in Paris, Missah Effendi. Sie sind nun allesamt weitergereist zu einem ferneren Ziel, zusammen mit dem »berühmten« elsässischen Essayisten Edmund About, dem rumänischen General Falciano und dem »aufgehenden Stern des Finanzministeriums«, Monsieur Grimpel. Der unvermeidliche Niederländer hieß natürlich Jansen.

Wie all diese Verflossenen werde ich mit einem Kühler und einer betauten Flasche Champagner versorgt. Mein Zug fährt allerdings nur bis Venedig. Bukarest und Sofia steuert er nicht mehr an, die sind von der Karte verschwunden, nicht von der echten, wohl aber von der der Möglichkeiten. Rumänien und Bulgarien gehören nicht mehr dazu, es ist schwer geworden, sich vorzustellen, daß der ganze Balkan zum europäischen Panorama gehört hat, frei zugänglich war. Wir haben diese Länder einfach abgeschrieben, wenngleich das damals genauso unvorstellbar gewesen sein muß wie für uns die Idee, daß auch der Westen Europas eines Tages nicht mehr mitspielt. Und dennoch – so ist es geschehen, für das Unvorstellbare bedarf es lediglich einer einzigen Konferenz.

Was empfinde ich nun eigentlich, indem ich hier sitze? Ich will ganz ehrlich sein: nichts Besonderes. Es ist ein etwas eigenartiges Restaurant, die Nacht fliegt am Fenster vorbei, ich höre Fetzen von Gesprächen, die mich nichts angehen, und befinde mich auch sonst an der Peripherie der Dinge. Dieses Gefühl ist noch das stärkste: daß ich in etwas Unbedeutendes geraten bin, eine Art Werbespot, eine uneigentliche Art des Reisens. So etwas ist natürlich nett, wenn man sich gerade in eine Schuhverkäuferin in Genua verliebt hat, als Reiseform dagegen zu vergessen. In einem Zug essen – okay, aber es muß ein bißchen unordentlich und düster sein, die Einsamkeit muß nagen, von Zeit zu Zeit muß ein schauerlicher Kältehauch hereinjagen, und das Menü samt Wein sollte besser auch keine 500 Francs kosten.

Die leeren Smokings haben sich erhoben, bevor der zweite Service beginnt, und ich folge dem Parfüm der Frau, die sie umkreisen, in die Bar. Hier geht es hoch her. Fünf betrunkene Amerikaner, die noch nicht wissen, daß die Tage von Scott Fitzgerald vorbei sind, lassen sie noch einmal aufleben, und warum auch nicht, wenn der Dollar bei sieben Francs steht? An der Bar lehnt Graf Bobby im Smoking mit Vatermörder, er schaut wie Jean Claude Brialy, im Begriff, eine Eroberung zu machen, eine Zigarette locker zwischen den Fingern, den Mund leicht spöttisch verzogen und

den trüben Blick strategisch auf die Jeans einer italienischen Genußsucherin gerichtet. Jeans und Smokings, die Welt ist nicht mehr, was sie mal war, doch wie viele südländische Damen aus besseren Kreisen trägt sie an Handgelenken und Fingern den überdeutlichen Ausgleich für dieses schlichte Kleidungsstück aus dem fernen Westen.
Auch die Japaner sind da. Weil sie den Heckmeck mit dem ersten und zweiten Service nicht verstanden haben, warten sie nun schon seit drei Stunden auf ihr Essen, aber ich habe in Japan auch oft Probleme gehabt. Auch er steckt im Smoking und trägt es gelassen. Sie nicht. Seit dem leeren Bahnsteig in Victoria Station weiß sie, daß man Europäern nicht trauen kann. Sie schmollt, und das paßt gut zu ihrer Schleife. Jemand hat in einer japanischen Modezeitschrift etwas in bezug auf Schleifen diktiert, und jetzt trägt sie auch eine, nicht auf dem Kopf, sondern um ihn herum, wohlgemerkt: ganz herum, groß und violett oben festgebunden, wodurch das schmollende Gesichtchen noch kleiner ist. Von Zeit zu Zeit sagt sie etwas zu ihm mit kurzen, bösen Lauten, dann steht er auf und geht brav nachsehen, kommt zurück und sagt, daß es im Speisewagen noch immer keinen Platz gibt, worauf sie wieder schmollt. Auf ihrem Schoß liegt ein kleines kreisrundes Täschchen mit goldenen Stacheln und Strahlen. Es sieht noch am ehesten aus wie eine Monstranz, dieses auf einen Ständer gehobene goldene Strahlenbündel, in das die Hostie eingefaßt ist, und sie starrt darauf, als befinde sich genau dort, in ihrem Schoß, das Zentrum des Universums.
Nuits-sous-Ravières heißt es draußen für einen Moment, aber was kümmert uns das, wir donnern einfach vorbei. Eine giftgrüne Chartreuse versetzt mich in den ersehnten Zustand des Dösens, ich bewundere kurz das komplizierte

Monogramm im Glas, starre durch selbiges auf meine Artgenossen und gehe in mein Abteil. Der himmelblaue Boy hat mir das Bett gemacht, den Waschtisch aufgeklappt und aus Liebe oder Gewinnsucht eine weitere Flasche Champagner in den Kühler gestellt. Ich trockne sie sorgfältig ab und lege sie in meinen Koffer, man kann nie wissen.

Ich wache auf, weil wir stehen. Das Gedung, Gedunggedung hat schleichend aufgehört, und auch das bezaubernde Dudekedudekedung einer Weiche ist nicht mehr zu hören. Stille, und dann eine metallische Frauenstimme, die mich, ich weiß auch nicht, warum, an den Krieg erinnert, vielleicht durch den unheilverkündenden Ton ihrer Mitteilung. Ich stehe auf, sehe Orion am plötzlich klaren Himmel, und dann den Bahnhof von Dijon. »Valence, Montélimar«, sagt die eiserne Stimme, und ich wollte, ich dürfte jetzt dorthin, weil ich *müßte.* Ich fahre zwar nach Venedig, aber nichts erfordert meine Anwesenheit dort. Nein, jemand zu sein, der am nächsten Morgen etwas Dringendes in Valence zu erledigen hat, das könnte mir gefallen. Ich höre ein Geräusch, als würde eine Sense gewetzt – falls jemand noch weiß, was das ist. In der Ferne ziehen ein paar Schemen vorbei. Wir stehen endlos lang. Ohne mich zu rühren, liege ich im Bett und warte auf den so langsamen Moment, wenn der Zug wieder anfährt. Das beginnt stets mit einem leichten Knarren, als müßte der Wagen erst noch aus den Fugen gezogen werden. Züge fahren nie ab, sie schleichen, das Gedung wird erst sehr langsam in zwei Silben ausgesprochen, die ganze Maschinerie muß wieder sprechen lernen. Dann wird ein Brummen, ein summendes Sausen daraus, bis schließlich die leise skandierte Melodie entsteht, zu der man wieder einschlummert.

Doch Morpheus will nicht mehr. Immer wieder schiebt

er mich aus seinen großen, dicken Armen, und schließlich schiebe ich den Vorhang hoch, der die Nacht darstellt, und schaue im ersten grauen Morgenstreif in eine Schweizer Landschaft. »Leuk« heißt der Ort, an dem wir vorbeifahren, dunkle Formen von Autos auf einem verlassenen Parkplatz, wartende Knechte eines echten Lebens, das in einer Stunde mit knallenden Türen, unausgeschlafenen Männern und dem über der Welt schwebenden Gedanken an *Arbeit* losbrechen wird. Vor einem umflorten Berg, der nicht mehr zur Nacht und noch nicht zum Tag gehören mag, steht ein Zug mit Panzern, die Mündungen in den leeren Himmel gerichtet, eine Grammatik von Fluch und Drohung. Gampel-Steg, Walliser Bier, Buffet de la Gare, Schemen früher Trinker an der Theke. Heller wird es, zarte Formen von Pappeln, die nebelfangenden Scheinwerfer eines Autos, schwarzer Klotz in einer Verpackung aus Nebel, ein einziger Mann darin auf dem Weg zu diesem oder jenem, *cavalier seul*.

Ich gehe auf den Gang hinaus und lese, daß dieser *sleeping car* 1929 von den Birmingham Railway and Carriage Builders in »Smethwick, Birmingham, England« gebaut worden ist. Er wurde ausgestattet von René Proze und gehörte 1929 zum Rom-Expreß, 1930 zum Berlin-Neapel-Expreß, 1931-1933 zum Simplon-Orient-Expreß, 1939-1940 zum Arlberg-Orient-Expreß, war 1940-1948 als Teil des Anatolien-Expreß in Istanbul stationiert und lief 1949-1958 im Ägäis-Taurus-Expreß mit: Auch Züge haben ein Leben. Weimar, Daladier, Stresemann, Rapallo, Atatürk, München, Hindenburg, Der Anschluß, Generäle, Spione, Intriganten – und Schienen, um das alles von Anatolien nach Boulogne zu befördern, gedung, gedung. Ulkiger Gedanke. In all den Jahren, die ich schon lebe, ist dieser Wagen wie ein Irrer kreuz und quer durch Europa gerollt, der Himmel mag wissen, was alles in ihm passiert ist. Doch das ist es ja gerade, nur der Himmel weiß es, ich kann nur raten. Romane, Filme, Liebesgeschichten, nie geschrieben, nie gelesen, trotzdem passiert. Oder nicht?

Die Niederlande müssen das Land der Unendlichkeit sein, denn dort haben die Bahnhöfe zwei Seiten. Wir sind in den großen Bahnhof von Mailand eingefahren, bis zu einem Prellbock. Dort hören die Schienen auf, und trotzdem geht die Reise in Kürze weiter nach Venedig. In Gedanken sehe ich den Gare du Nord vor mir und Victoria Station. Die Züge stehen dort rechtwinklig zu einem Bahnsteig, auf den alle anderen Bahnsteige stoßen. Die Schienen haben ein *Ende*, man kann nur rückwärts wieder hinaus. In den Niederlanden nicht, dort endet das Schienennetz am Meer und nirgendwo sonst, unsere Bahnhöfe sind nach zwei Seiten hin offen. Was das nun wieder bedeuten mag?
Es ist neun Uhr vorbei. Der blaue Bedienstete hat gesagt, er serviere das Frühstück hinter Mailand. Ich frage ihn, wie lange wir hier Aufenthalt haben, und er sagt »zwanzig Minuten«. Andere Sprache, anderes Geld, anderer Kaffee, andere Zeitungen. Pertini, Fanfani, Spadolini, Craxi. Ich eile in die Cafébar, bezahle mit zweitausend Lire, bekomme auf tausend zurück und bin sofort wieder zu Hause. *Paese Sera, Il Messagero, La Repubblica, Unità.* NATO, Streik, Krise, Terrorismus. Von meinem Platz an der Bar aus kann ich den Zug gut im Auge behalten. Die Lokomotive, die uns über die Berge gezogen hat, starrt mit einem großen blinden Auge zurück. Als ich am Speisewagen entlang zurückgehe, sehe ich Platten mit Räucherlachs wie Blätter einer fettigen abgezupften tropischen Blüte und daneben, sanft gebettet

auf kleine Berge von ziseliertem Eis, die grauschwarz erstarrten Fledermaustränen des Kaviar, und folglich esse ich mein Brot mit Marmelade und schaue auf Wagen 21 R IV 83 FS 166 5 487-7 Ghks-w. So hätte ich ihn auch genannt, denke ich. Er sieht schwer mitgenommen aus wie ein Gemälde von Tàpies und verkörpert in seiner Einfachheit die Komplikationen der Welt. Warum heißt er so? Wer kennt ihn unter diesem Namen und schickt ihn hin und her über die Grenzen? Gibt es auch eine 1 bei solchen Zahlen? Wo beginnt eine solche Reihe?
Während ich auf die Wagen und Weichen blicke, will ich wissen, welches Auge sie im Blick behält und steuert, dafür sorgt, daß vom Nordkap bis nach Sizilien alles gut läuft in diesem verschlungenen eisernen Spinnennetz. Das Erstaunlichste an der Welt ist vielleicht, daß sie irgendwie funktioniert, daß diese Wagen irgendwo hingehören und daß die Menschen, die damit befaßt sind, Häuser haben, in denen sie abends ihre Kleider ausziehen, während die Fotos ihrer Eltern und Kinder zuschauen. Jeder, der jetzt geschäftig aufrecht geht, fällt abends langsam um, jeder hat seine Höhle, für jeden steht irgendwo etwas zu essen bereit.

Es ist neblig in der Po-Ebene. Ich habe keine Lust zu lesen und sehe mir die mobilen Gemälde draußen an: eine uneigentliche Palme, einen kahlgestutzten Apfelsinenbaum, in dem die albern wirkenden Früchte wie ein Vorwurf hängen – nur: an wen? Trauerweiden entlang einem verschmutzten braunen Fluß, beschnittene Zypressen, ein Friedhof mit riesigen Grabhäusern, als wohnten prahlerische Tote darin, eine Wäscheleine mit rosafarbenen Laken, ein umgefallenes Schiff mit verrottendem Kiel, und dann fahre ich über Wasser, die weißliche, spiegelnde, umnebelte Flä-

che der Lagune. Ich drücke den Kopf an die kalte Scheibe und sehe in der Ferne die graue Andeutung von etwas, das eine Stadt sein soll und jetzt erst als Steigerung des Nichts sichtbar ist, Venedig.
Bereits in der Bahnhofshalle ist der Zug von mir abgefallen, braun und lackiert bleibt er am herbstlichen Bahnsteig zurück, ich bin wieder ein ganz normaler Reisender, jemand, der aus Verona eintrifft, eine Person mit einem Koffer, die zum Vaporetto eilt. »Über die düsteren Kanäle wölbten sich die hohen Brücken, und da war ein dunkler Geruch von Feuchtigkeit, Moos und grüner Fäulnis, und da war die Atmosphäre einer jahrhundertealten Geheimnisvergangenheit, einer Vergangenheit der Intrigen und Verbrechen; dunkle Gestalten schlichen über die Brücken, an Kaimauern entlang, in Umhänge gehüllt, maskiert; die Leiche einer weißen Frau schienen zwei *bravi* dort von einem Balkon [...] ins schweigende Wasser gleiten lassen zu wollen! Doch es waren lediglich Schemen, es waren lediglich Spukerscheinungen aus unserer eigenen Phantasie.«
Das bin nicht ich, das war Couperus[2]. Mir gegenüber sitzt kein Schemen, sondern eine Nonne. Sie hat ein weißes Gesicht, lang und schmal, und liest ein Buch über *educazione linguistica.* Das Wasser ist schwarzgrau, ölig, es glänzt keine Sonne darin. Wir fahren an geschlossenen Mauern entlang, die angegriffen sind, bewachsen mit Moos und Schimmel. Auch für mich gehen dunkle Gestalten über die Brücken. Es ist kühl auf dem Wasser, eine durchdringend feuchte Kälte, die vom Meer heraufzieht. In einem Palazzo sehe ich jemanden zwei Kerzen an einem Leuchter anzünden. Alle anderen Fenster sind hinter abgeblätterten Läden geschlossen, und jetzt schließt sich auch noch der letzte Laden – eine Frau tritt vor und macht die Bewegung, die sich

nicht anders machen läßt: Mit weit ausgebreiteten Armen geht sie auf die Läden zu, ihre Gestalt zeichnet sich gegen das schwache Licht ab, so verdunkelt sie sich selbst bis zur Unsichtbarkeit. Mein Hotel liegt gleich hinter der Piazza San Marco, von meinem Zimmer im ersten Stock sehe ich ein paar Gondolieri, die zu so später Stunde noch auf Touristen warten, ihre schwarzen Gondeln wiegen sich im Wasser. Auf dem Platz suche ich nach der Stelle, von der aus ich zum erstenmal den Campanile und San Marco gesehen habe. Das ist lange her, doch der Augenblick bleibt unvergeßlich. Die Sonne knallte auf die Piazza, auf all die runden, weiblichen Formen von Torbögen und Kuppeln, die Welt machte einen Sprung, und mir schwindelte. Hier hatten Menschen etwas getan, was unmöglich war, auf diesen paar sumpfigen Stücken Land hatten sie sich ein Gegengift ausgedacht, einen Zauber gegen alles, was häßlich war auf der Welt. Hundertmal hatte ich diese Abbildungen gesehen, und trotzdem war ich nicht darauf vorbereitet, weil es vollkommen war. Dieses Glücksgefühl ist nie vergangen, und ich erinnere mich, daß ich den Platz betrat, als wäre es nicht erlaubt, aus den engen, dunklen Gassen hinaus auf das große, ungeschützte, sonnenbeschienene Rechteck, und an seinem Ende dieses *Ding*, dieses unglaubliche Gespinst aus Stein. Oft genug bin ich danach noch in Venedig gewesen, und selbst wenn sich dieser Pfeilschuß des ersten Mals nicht wiederholt hat, erlebe ich doch nach wie vor diese Mischung aus Entzücken und Verwirrung, auch jetzt bei Nebel und angebrachten Schutzbrettern gegen die Flut. Wieviel wohl alle Augen zusammen wiegen, die diesen Platz gesehen haben?
Ich spaziere an der Riva degli Schiavoni entlang. Ginge ich nach links, müßte ich mich im Labyrinth verirren, aber ich

will nicht nach links, ich will auf dieser bereits halb verhüllten Grenze zwischen Land und Wasser entlangspazieren, bis zum Partisanendenkmal, der großen, gefallenen Gestalt einer toten Frau, die von den kleinen Wellen des Bacino di San Marco umspült wird. Grausam und traurig ist dieses Denkmal. Die Dunkelheit verdüstert den großen finsteren Körper, der sich sacht hin und her zu bewegen scheint, die Wellen und der Nebel täuschen mich, es ist, als würde ihr Haar durch die Bewegung des Wassers auseinandergefächert, als wäre jetzt Krieg und nicht damals. Sie ist so groß, weil sie bei unserer Erinnerung etwas bewirken will, eine viel zu große Frau, die erschossen wurde und dort im Meer liegt, bis sie, wie alle Denkmäler, aus einer bitteren Erinnerung an diesen einen Krieg und diesen einen Widerstand zu einem Zeichen wird, das immer für Krieg und Widerstand steht. Und dennoch – wie leicht verliert ein Krieg all sein Blut, sofern er sich nur vor hinreichend langer Zeit zugetragen hat. In dem Buch, das ich bei mir habe, *The Imperial Age of Venice, 1380-1580*, sind die Schlachten, das Blut und die Reiche zu Schraffuren, Pfeilen und hin und her springenden Grenzen auf der Karte von Italien, Nordafrika, der Türkei, Zypern sowie dessen abstrahiert, was heute der Libanon und der Staat Israel ist, die Pfeile reichten bis Tana und Trapezunt am Schwarzen Meer, bis nach Alexandria und Tripoli, und auf den Routen dieser Pfeile kehrten die Schiffe, beladen mit Kriegsbeute und Handelswaren zurück, die aus der Stadt am Wasser eine byzantinische Schatzkammer machten.

Ich nehme ein Boot zur Giudecca. Dort habe ich nichts zu suchen. Die von Palladio erbauten Kirchen stehen wie hermetische Marmorfestungen da, die Passanten gehen umher wie Geister. Man ist daheim – hinter geschlossenen Fenstern ist das erstickte Geräusch der Fernseher zu hören. Ich gehe wahllos in Straßen hinein und hinaus, will zur anderen Seite hinüber, was mir aber nicht gelingt. Die Lichter der Stadt kann ich jetzt fast nicht mehr erkennen. So dürfte die Vorhölle für mich gern aussehen, Gassen ohne Ausweg, plötzlich auftauchende Brücken, Ecken, verlassene Häuser, Geräusche, die zu nichts gehören, das Rufen eines Nebelhorns, Schritte, die sich entfernen, Passanten ohne Gesicht, die Köpfe in schwarze Tücher gehüllt, eine Stadt voller Schemen und voller Erinnerung an Schemen, Monteverdi, Proust, Wagner, Mann, Couperus, die in der allgegenwärtigen Nähe dieses schwarzen, mit Tod bestrichenen, wie ein marmorner Grabstein geschliffenen Wassers umhergeistern.

Am nächsten Tag besuche ich die Accademia. Ich bin des so weltlichen *Abendmahls* von Veronese wegen gekommen, doch das wird gerade restauriert, der Saal ist durch einen Vorhang geschlossen. Die beiden Restauratoren, ein Mann und eine Frau, sitzen nebeneinander auf einer niedrigen Bank und beschäftigen sich mit den Steinplatten unter der rosafarbenen und der grünen Person, wie ich sie der Einfachheit halber nennen will. Mit einem Stock, an dem ein weißer Ball befestigt ist, reiben sie über eine äußerst kleine Fläche. Dort wird es heller. Die Frau trägt ein Rot, das zu einer der Figuren paßt. Von Zeit zu Zeit lassen sie ihre chemischen Stöcke sinken und diskutieren über eine Farbe oder eine Richtung, mit Gesten so theatralisch wie die Veroneses. Ich weiß nicht mehr, ob es Baudelaire war, der Museen mit Bordellen verglichen hat, jedenfalls steht fest, daß es immer viel mehr Gemälde gibt, die etwas von dir wollen, als umgekehrt. Das macht die Atmosphäre in den meisten Museen so niederdrückend, all diese mit einer Absicht gemalten Quadratmeter, die so werbend dahängen und einem nichts zu sagen haben, die nur dahängen, um eine Periode zu illustrieren, Namen zu repräsentieren, Reputationen zu bestätigen. Heute jedoch, während ich enttäuscht vom verborgenen Veronese weggehe, habe ich Glück.

Irgend etwas an einem Gemälde, an dem ich schon vorbei bin, ruft mich zurück, mein Hirn ist an etwas hängengeblieben. Von dem Maler, Bonifacio de' Pitati, habe ich noch nie gehört. Das Bild heißt »Die Erscheinung des Ewigen« (*Apparizione dell' Eterno*) und sieht auch so aus. Über dem Campanile – der tatsächlich im Jahr 1902 einstürzte, doch das konnte der Jahrhunderte zuvor gestorbene Maler nicht wissen – hängt drohend eine düstere Wolke. Die Spitze ist unsichtbar, die Wolke selbst mehrschichtig, und mit weit ausgebreiteten Armen fliegt in seinem eigenen, noch düstereren und ebenfalls wolkenartigen Umhang ein Greis vorbei, umgeben von Köpfen und Teilen – der Andeutung eines Händchens, einer aufwärts fliegenden molligen Armpartie – jener reizlosen Engelart, die man *putti* nennt. Aus der Düsternis des Umhangs und des geringeren Übels, der Wolke, rettet sich eine Taube, die ein seltsam durchdringendes Licht verströmt.

Ich bin durch meine Erziehung von früher her perfekt konditioniert, diese Art von Bildern zu deuten. Dies sind der Vater und der Heilige Geist, und sie sausen, ohne Begleitung des Sohns, mit großer Geschwindigkeit über die Lagune. San Marco ist fein gepinselt, alles andere etwas verschwommen, es kostet Mühe, mir klarzumachen, daß diese so viel früher gemalte Kirche in Wirklichkeit ganz in meiner Nähe steht. Auf dem großen Platz *verkehren* mit leichten Strichen angedeutete menschliche Wesen. Einige von ihnen haben zarte, fliegenflügelartige Arme erhoben, doch massenhaften Schrecken, wie bei einer Schießerei, ruft diese Darstellung der Ewigkeit nun auch wieder nicht hervor. Einige Segel von Schiffen werden vom Taubenlicht erfaßt, doch niemand der Anwesenden auf dem Platz wird *nonym*, sie haben keine Gesichter und damit keine Namen, keine Charaktere, stellen lediglich eine Menschenmenge dar. Mit Mühe löst sich die Andeutung eines Hundes aus dem gemalten Pflaster, ein Fleck, der einen Hund verkörpert, zwischen anderen, ebenfalls materiellen Flecken, die nichts verkörpern, keine Substantive, lediglich die Nuancen von Farbe und Stein, Beiwerk. Jemand trägt eine Tonne oder ein schweres Holzbündel und geht folglich gebeugt, viele scharen sich um einen, doch warum, wird nicht klar, Handelsgegenstände hängen am Vordach einer Bude, längliche Hasen, Tücher, Lavendelbüschel, nur der Maler wußte es. Die Erscheinung schiebt ihre winzigen Schatten in Flugrichtung voraus, die Kuppeln von San Marco sind verengt, aufgebläht, sind beim Glasblasen nicht gut geraten, zu hoch und zu dünn.

Noch einmal starre ich, als könnte ich selbst dabeistehen, auf diese seltsamen Reihen menschlicher Wesen, frühere Venezianer. Sie sind aufgestellt wie an einer englischen Bushaltestelle, allerdings ohne Haltestelle, das Warten, das von ihnen verlangt wird, beginnt offenbar an einem geheimnisvollen Ort des Nichts, es ist die Stelle, die ich nachher auf diesem Platz gern wiederfinden würde, markiert durch eine Formel, die nur ich lesen könnte, so daß ich, und niemand sonst, die Ewigkeit sähe, die dort, und nur dort, vermummt als alter Mann, der einer Taube nachjagt, vorbeifliegen würde, als könnte sie Ikarus einholen.

1982

1 Die »Lehrzeit«, die man für das Erlernen der lateinischen Sprache benötigt.

2 Louis Marie Anne Couperus (1863-1923), niederländischer Schriftsteller, der neben Gedichten, Novellen, historischen Romanen auch viele Reiseerzählungen verfaßt hat.

Venezianische Vignetten

Palude del Monte, Bacino di Chioggia, Canale di Malamocco, Valle Palezza, wie herrlich wäre es, sich Venedig noch einmal zum erstenmal zu nähern, nun aber schleichend: auf das Labyrinth zufahrend durch jenes andere Labyrinth der Sümpfe, zwischen Wassertieren, im morgendlichen Frühnebel an einem Januartag wie diesem, ringsum nichts als das Geräusch der Vögel und das Plätschern der Ruder, das brakkige Wasser still und glänzend, die Vision in der Ferne noch verschleiert, die Stadt in ihr eigenes Geheimnis gehüllt. Palude della Rosa, Coa della Latte, Canale Carbonera, auf der großen Karte der Lagune wirken die Wasserwege wie fächelnde Algen, wie Pflanzen mit gewundenen, beweglichen Fangarmen, doch es sind Wasserwege im Wasser, Wege, die man kennen muß, wie ein Fisch seinen Weg kennt, Fahrrinnen im Wasser, das bei Ebbe wieder zu Land wird, nassem Land aus saugendem Schlamm, Jagdrevier des Dunklen Wasserläufers, des Rotschenkels, des Strandläufers auf ihrer ewigen Suche nach Würmern und kleinen Muscheln in deren Behausung aus Wasser und Sand. Sie waren die ersten Bewohner, und vielleicht, wenn die Stadt dereinst wie eine unendlich verlangsamte Titanic wieder im weichen Boden versinkt, auf dem sie jetzt noch zu schwimmen scheint, werden sie auch die letzten sein, als habe die Welt zwischen diesen beiden Augenblicken etwas geträumt, etwas Unmögliches, einen Traum von Palästen und Kirchen, von Macht und Geld, von Herrschaft und Niedergang, ein Paradies der Schönheit, das aus sich selbst vertrieben worden ist, weil die Erde ein so großes Wunder nicht ertragen konnte.

Die Ewigkeit können wir uns bekanntlich nicht wirklich vorstellen. Womit sie für meinen Menschenverstand noch am ehesten Ähnlichkeit hat, ist die Zahl Tausend, wahrscheinlich wegen der runden Leere dieser drei Nullen. Eine Stadt, die schon länger als tausend Jahre existiert, ist eine greifbare Form der Ewigkeit. Ich denke, das wird der Grund dafür sein, daß die meisten Menschen sich hier ein wenig fremd bewegen, verirrt zwischen all den Schichten der Vergangenheit, die in dieser Stadt gleichzeitig alle zur Gegenwart gehören. Anachronismus ist in Venedig das Wesen der Dinge selbst, in einer Kirche aus dem 13. Jahrhundert betrachtet man ein Grab aus dem 15. und einen Altar aus dem 18. Jahrhundert, was die Augen sehen, ist, was die jetzt nicht mehr existierenden Augen Millionen anderer gesehen haben, und das ist hier durchaus nicht tragisch, denn während man schaut, reden sie weiter, man befindet sich fortwährend in der Gesellschaft Lebender und Toter, man nimmt teil an einer seit Jahrhunderten geführten Konversation. Proust, Ruskin, Rilke, Byron, Pound, Goethe, McCarthy, Morand, Brodsky, Montaigne, Casanova, Goldoni, da Ponte, James, Montale, wie das Wasser in den Kanälen umfließen einen ihre Worte, und wie das Sonnenlicht die Wellen hinter den Gondeln in tausend kleine Glitzerlichter zersplittern läßt, so echot und leuchtet in all diesen Gesprächen, Briefen, Skizzen, Gedichten das Wort »Venedig« auf, immer gleich, immer anders. Nicht von ungefähr nannte Paul Morand sein Buch über diese Stadt *Venises* (»Venedige«), und eigentlich ist selbst das noch nicht genug. Nur für diese Insel müßte es eine Steigerungsstufe des Plurals geben.

Ich kam nicht auf dem Wasser, ich kam aus der Luft, von der einen Wasserstadt in die andere. Ein Mensch, der sich verhält wie ein Vogel – das kann nicht gutgehen. Dann mit einem Taxi über die Brücke, die es nie hätte geben dürfen, mit einem Fahrer, der es entsetzlich eilig hat, ein Mensch, der sich verhält wie ein Jagdhund, ich spüre, daß es nicht richtig ist, nicht hier. Doch ich habe mich gewappnet, ich bin gepanzert mit Vergangenheit. In meinem Gepäck befinden sich der Baedecker von 1906 und der Führer des Touring Club Italiano von 1954. Der Bahnhof liegt noch immer dort, wo er hingehört, ich werde mich nicht fragen, wie viele Menschen hier seit 1906 mit dem Zug angekommen sind. »Gondeln mit einem Ruderer 1-2 fr., nachts 30 c. mehr, mit zwei Ruderern das doppelte, Gepäck jedes kleinere Stück 5 c. Gondeln sind stets ausreichend vorhanden, außerdem bis gegen Mitternacht die Stadtdampfer (Koffer und Fahrräder nicht zugelassen, Handgepäck frei). Bahnhof S. Marco 25 min. Fahrpreis 10 c. Pensionen, Riva degli Schiavoni 4133, deutsch, Zimmer von 2½ fr. an. Möblierte Zimmer (auch für kurze Zeit), Frau Schmütz-Monti, Sottoportico Calle dei Preti 1263. Hotel: H. Royal Danieli, nahe dem Dogenpalast, mit Aufzug, 220 Z. von 5 fr. an mit Zentralheizung.« 1954 kostet eine Gondelfahrt von der Stazione Ferroviaria zum Albergho del centro für zwei Personen mit höchstens vier Koffern bereits 1500 Lire, danach haben sich die Beträge den astronomischen Zahlen der Raumfahrt angepaßt. Louis Couperus reiste zu Beginn unseres Jahrhunderts noch mit zehn Koffern und umgeben von einer Wolke von Gepäckträgern nach Venedig, doch der Fortschritt hat uns zu unseren eigenen Dienern gemacht, und so schleppe ich meine beiden störrischen Koffer zwischen den Beinen der Menge hindurch zum Vaporetto und zahle einen Betrag, von dem zu Rilkes und Manns Zeiten eine Familie eine Woche lang hier hätte leben können. Eine halbe Stunde später wohne ich auf einem vier Marmortreppen hohen Alpengipfel in einer Gasse, in der man seine Ellbogen besser nicht spreizt, doch aus sechs kleinen Fenstern habe ich Aussicht auf eine Kreuzung zweier Kanäle, die ich als Amsterdamer Grachten nennen würde. In dem Augenblick, da ich eines dieser Fenster öffne, fährt eine Gondel vorbei mit acht durchfrorenen japanischen Mädchen und einem Gondoliere, der O sole mio singt. Ich bin in Venedig.

Viertelstunde, halbe Stunde, Stunde, die bronzenen Stimmen der Zeit, die man in anderen Städten nicht mehr hört, hier überfallen sie einen in Gassen und auf Brücken, als wäre es die Zeit persönlich, die einen verfolgt, um mitzuteilen, welches Stück nun wieder von ihr abgeschlagen worden ist. Du hast dich im Labyrinth verirrt, suchst die Santa Maria dei Miracoli, die Ezra Pound als »jewelbox« bezeichnet hat, du weißt, daß du ganz in ihrer Nähe bist, der Name der Gasse, in der du stehst, ist nicht auf der sonst so ausführlichen Karte angegeben, eine Uhr schlägt, und dann schlägt eine andere und noch eine andere, und die spricht nicht mehr von der Zeit, sie ruft etwas vom Tod, düstere, schwarze Schläge, oder von einer Hochzeit oder einem Hochamt, und dann galoppieren die Uhren gegeneinander, als machten sie ein Wettrennen. Um zwölf Uhr mittags wird das Angelus geläutet, dessen lateinische Worte ich noch aus der Schulzeit kenne: Angelus Domini nunciavit Mariae, der Engel des Herrn hat Maria verkündigt, und gleichzeitig siehst du sie vor dir, all die Verkündigungen, die byzantinischen wie gotischen, die von Lorenzo Veneziano und den Bellinis gemalten, in der Accademia, in der Ca d'Oro, in den Kirchen: immer wieder der Flügelmann und die Jungfrau, du siehst sie so oft, daß du dich nicht mehr darüber wunderst, daß ein Mann Flügel hat, genausowenig wie du dich über die anderen Traumfiguren wunderst, gekrönte Löwen, Einhörner, durch die Luft fliegende Menschen, Greife, Drachen, sie wohnen hier, *du* bist es, der sich in das Hoheitsgebiet des Traumes, der Fabel, des Märchens verirrt hat, und wenn du klug bist, läßt du es auch zu. Du hast etwas gesucht, einen Palast, das Haus eines Dichters, aber du verläufst dich, biegst in eine Gasse ein, die an einer Mauer endet oder an einem Ufer ohne Brücke, und mit einemmal wird dir bewußt, daß es genau darum geht, daß du erst dann die Dinge siehst, die du sonst nie sehen würdest. Du bleibst stehen, und was du hörst, sind Schritte, das vergessene Geräusch, das zu einer Zeit ohne Autos gehört und hier seit Jahrhunderten ununterbrochen ertönt. Schlurfende, stürmische, eilige, träge, schlendernde Schritte, ein Orchester mit Instrumenten aus Leder, Gummi, Holz, Sandalen, Stöckelschuhe, Stiefel, Freizeittreter, doch stets das menschliche Maß, das in den Stunden des Lichts anschwillt und, wenn es dunkel wird, allmählich abnimmt, bis man nur noch Soli hört und schließlich die einsame Arie der eigenen Füße, die in der dunklen, schmalen Gasse, auf den Marmorstufen widerhallen, und dann nur noch Stille, bis die Stadt zum letztenmal etwas sagen will: daß es auch in Fabeln Mitternacht wird. Von meinen hohen Fenstern aus höre ich in der allumfassenden Stille die Marangona, die große Glocke des Campanile, die noch *ein*mal geläutet wird, umflorte, schwere, befehlende Schläge. Die Stadt am Wasser wird geschlossen, dies ist das Ende aller Geschichten, geh schlafen. Keine Bewegung mehr auf dem reglosen Wasser dort unten, keine Stimmen, keine Schritte. Der Doge schläft, Tintoretto schläft, Monteverdi schläft, Rilke schläft, Goethe schläft, die Löwen, Drachen, Basilisken, die Standbilder von Heiligen und Helden, alle schlafen sie, bis die ersten Schiffe mit Fisch und frischem Gemüse eintreffen und die Sinfonie der hunderttausend Füße von neuem beginnt.

Zinkfarbenes Licht, der Maler weiß noch nicht, was er mit diesem Tag anfangen soll, so lassen, mehr Kupfer, grünlich verfärbt, hineingeben, das Grau stärker betonen oder aber mehr Licht über alles fließen lassen. Fledermauswetter, und als es zu regnen beginnt, spannt jeder seinen Regenschirm auf, verwandelt sich in seine eigene Fledermaus. Fünf Minuten später scheint die Sonne wieder, der Wind bläst über die Riva degli Schiavoni, das Wasser ist erregt wie eine nervöse Schauspielerin, ich rieche das Meer zu meinen Füßen, denn ich habe mich auf eine kleine Holztreppe gesetzt, die ein Stück weit ins Wasser hinausragt. Hier hat Petrarca gewohnt, habe ich hinter mir gelesen, l'illustre messer Francesco Petrarca essendogli compagno nell'incantavole soggiorno l'amico Giovanni Boccaccio, und jetzt möchte ich sehen, was sie sahen, wenn sie vor dem Haus standen, die beiden Meister mit ihren beobachtenden Augen. Die Spitze am Ende des Sestiere Dorsoduro, wo jetzt zwei Atlanten die goldene Weltkugel auf dem Turm der Dogana stützen müssen, aber die gab es damals noch nicht. Punta del Sale hieß die Spitze früher wegen der vielen Salzspeicher an der Zattere. Und genau gegenüber, auf der kleinen Insel, auf der jetzt die klassizistische Gewalt der San Giorgio Maggiore steht, befand sich eine Benediktinerabtei, die, wenn die beiden jetzt neben mir stünden, auf rätselhafte Weise verschwunden wäre. Wie sollte ich ihnen das erklären, Palladio? Das Heimweh nach den reinen Linien des vorchristlichen Roms, das diese riesigen triumphalen Tempel über ihre bescheidene, wahrscheinlich präromanische, wahrscheinlich im Jahr 982 aus Backstein errichtete Abtei gebaut hatte, genauso wie das gleiche heidnische Heimweh auch die ebenso stolze Kirche Il Redentore ein paar hundert Meter weiter auf La Giudecca gebaut hatte sowie die Santa Maria della Salute gleich jenseits der Dogana am Canal Grande. Nur die San Marco würden sie, zumindest der Form nach, wiedererkennen, der Rest wäre eine Vision, etwas, das auf geheimnisvolle Weise wie eine vorstellbare Vergangenheit und gleichzeitig wie eine undenkbare Zukunft aussah. Doch dies sind schon wieder die Träume des Anachronismus, und diesmal sind es verbotene Träume, denn während ich hier sitze und über sie nachsinne, sehe ich, wie ein kleines Polizeiboot um mich herumfährt, umdreht, zurückkommt, manövriert, wie es nur die auf dem Wasser geborenen Venezianer fertigbringen. Der Carabiniere streckt den Kopf heraus und sagt, daß ich da nicht sitzen darf: Ich befinde mich auf meiner Kokosmatte vier Meter zu weit von der Küste entfernt, dies ist Zona Militar! Gehorsam erhebe ich mich, ich kann ja schlecht erklären, daß ich mich gerade mit Petrarca und Boccaccio unterhalte, und mit den Seestreitkräften der Serenissima ist nicht zu spaßen, da braucht man nur an allen Küsten dieses Meeres zu fragen!

Es geschieht unweigerlich. Man ist den ganzen Tag in der Accademia umhergewandert, hat einen Quadratkilometer bemalte Leinwand gesehen, es ist der vierte, sechste oder achte Tag, und man hat das Gefühl, daß man gegen einen mächtigen Strom von Göttern, Königen, Propheten, Märtyrern, Mönchen, Jungfrauen, Ungeheuern geschwommen ist, die ganze Zeit mit Ovid, Hesiod, dem Alten und dem Neuen Testament unterwegs gewesen ist, daß einen die Viten der Heiligen, die christliche und die heidnische Ikonographie verfolgen, das Rad der Katharina, die Pfeile des Sebastian, die geflügelten Fersen des Hermes, der Helm des Mars und sämtliche Stein-, Gold-, Porphyr-, Marmor-, Elfenbeinlöwen es auf einen abgesehen haben. Fresken, Tapisserien, Grabmale, alles ist mit Bedeutung befrachtet, verweist auf tatsächliche oder ersonnene Geschehnisse, Heerscharen von Meeresgöttern, Putten, Päpsten, Sultanen, Condottieri, Admiralen, die alle beachtet sein wollen. Sie sausen an den Decken entlang, blicken dich mit ihren gemalten, gewirkten, gezeichneten, gebildhauerten Augen an. Manchmal sieht man dieselben Heiligen mehrmals an einem Tag, in gotischer, byzantinischer, barocker oder klassischer Vermummung, denn Mythen sind mächtig, und die Helden passen sich an, ob Renaissance oder Rokoko, ist ihnen egal, sofern man nur schaut, sofern nur ihr Wesen intakt bleibt. Einst waren sie damit betraut, die Macht ihrer Herren zum Ausdruck zu bringen in einer Zeit, in der jeder wußte, was sie verkörperten, Tugend, Tod oder Morgengrauen, Krieg, Offenbarung, Freiheit, sie spielten ihre Rolle in den Allegorien, die ihnen gewidmet waren, sie erinnerten an Bekenner und Kirchenväter, Feldherren und Bankiers; jetzt ziehen andere Heerscharen an ihnen vorbei, die der Touristen, die ihre Bildsprache nicht mehr verstehen, die nicht mehr wissen, was sie bedeuten oder bedeutet haben, nur ihre Schönheit ist geblieben, das Genie des Meisters, der sie erschaffen hat, und so stehen sie da, ein Volk steinerner Gäste, winken von Kirchenfassaden, beugen sich vor aus den Trompe-l'œuils der Palazzi, die Kinder von Tiepolo und Fumiani sausen durch die Luft, und wieder wird der heilige Julian enthauptet, wieder wiegt die Madonna ihr Kind, wieder kämpft Perseus mit der Medusa, spricht Alexander mit Diogenes. Der Reisende weicht zurück vor all dieser Gewalt, will kurzzeitig nichts mehr, nur auf einer Steinbank am Ufer sitzen, zuschauen, wie ein Ohrentaucher im grünlichen Brackwasser nach Beute sucht, auf die Bewegung des Wassers blicken, sich in den Arm kneifen, um sicher zu sein, daß er selbst nicht gebildhauert oder gemalt ist. Könnte es sein, denkt er, daß es in Venedig mehr Madonnen gibt als lebende Frauen? Ob jemand weiß, wie viele gemalte, gebildhauerte, in Elfenbein geschnittene, in Silber ziselierte Venezianer es eigentlich gibt? Und angenommen, denkt er, aber das kommt nur daher, weil er so müde ist, sie erhöben sich *ein*mal alle zur gleichen Zeit, verließen ihre Rahmen, Nischen, Predellen, Sockel, Teppiche, Dachgesimse, um die Japaner, Amerikaner, Deutschen aus ihren Gondeln zu jagen, die Restaurants zu besetzen und mit ihren Schwertern und Schilden, ihren Purpurumhängen und Kronen, Dreizacken und Flügeln endlich den Lohn für zehn Jahrhunderte treuer Dienste einzufordern?

Ein Tag kleiner Dinge. Trotz Kälte und Wind auf dem Vordeck des Vaporetto sitzen, vom Regen gegeißelt, von der Anlegestelle aufs Deck springen und vom Deck auf die Anlegestelle, wünschen, man würde jeden Tag so befördert, stets das sich bewegende Element Wasser um sich herum, die Verheißung des Reisens. Einst, im Jahr 1177, hatten die mächtigen Venezianer Barbarossa gezwungen, hier in der Vorhalle der San Marco Papst Alexander den Fuß zu küssen und Seiner Heiligkeit danach draußen auf der Piazza in den Steigbügel des päpstlichen Maulesels zu helfen. Zum Dank dafür hatte der Papst dem Dogen einen Ring geschenkt, mit dem er sich jedes Jahr am Himmelfahrtstag mit dem Meer vermählen konnte: »Wir vermählen uns dir, Meer, zum Zeichen der wahren und dauernden Herrschaft.« Die See hat ihren jeweils neuen, aber immergleichen Gemahl danach vielfach betrogen, doch in einer Hinsicht ist sie treu geblieben: Immer noch liegt jeden Morgen ein Silberschatz auf den Steintischen des Fischmarkts, *orata* und *spigola, capone* und *sostiola*, und all die anderen Farben, die Sepia, die mit Tinte beschmiert ist, als hätte der Schriftsteller lange herumprobiert, die noch lebende, sich windende *anguilla*, rot von Blut durch die Kerben des Hackmessers, die Krabbe, die mit ihren acht Beinen noch immer nach dem Leben sucht, die lebenden Steine der Austern, Mies- und Herzmuscheln – jeder Mensch des Mittelalters würde sie wiedererkennen, wie er auch die Pescheria wiedererkennen würde, die hier schon mehr als tausend Jahre am Canal Grande nahe der Rialtobrücke liegt, neben der ältesten Kirche Venedigs, der San Giacometto. Ich bin unter der viel zu großen Uhr mit dem einen Zeiger und den 24 mächtigen römischen Ziffern hineingegangen, vorbei an den fünf schlanken Säulen mit ihren korinthischen Kapitellen, die schon seit dem Jahr 900 auf Fisch und Gemüse herabblicken. Wenn ich meine Reiseführer richtig verstanden habe, wurde hier drinnen alles gründlich umgebaut, doch dies ist nicht der Moment, mich mit Kunstgeschichte zu befassen. Ein alter Priester im grünen Meßgewand erteilt seinen Gemeindemitgliedern den Segen und schickt sich an, noch etwas zu sagen. Die kleine Kirche ist voll, gleicht einem Wohnzimmer, in dem die Bewohner ihre Mäntel anbehalten haben. Sie sind unter sich, sie kennen einander, es scheint, als wüßten sie, daß an diesem Ort schon seit fünfzehnhundert Jahren gebetet wird, als hätten sie selbst noch am Sterbelager der römischen Götter gestanden und hätten von draußen das eigenartige Getöse der Reformation, der Französischen Revolution, das Rasseln eines eisernen Vorhangs und das Geschrei aus dem Sportpalast gehört. Hier drinnen hatte sich währenddessen nichts geändert. Jemand, der später in Turin einen Esel umarmt hatte, soll behauptet haben, Gott sei tot, doch sie hatten sich weiter mit denselben Worten an ihn gewandt, mit denen sie das schon immer getan hatten, und jetzt schlurfte der alte Mann zum Altar des hl. Antonius, hielt eine Reliquie des Heiligen in die Höhe, ein Knöchelchen oder ein Stückchen Kutte hinter Glas, das konnte ich nicht richtig erkennen. Der Priester bittet den großen Wüstenheiligen, uns in unserer *debolezza* beizustehen. Als ich dieses Wort später sicherheitshalber nachschlage, sehe ich, daß es Schwäche bedeutet, eine nicht unangemessene Beschreibung. Hinterher unterhalten sich die Männer noch eine Weile unter den sechs Ewigen Lichtern, in denen hinter roten Scheiben ein brennendes Ölflämmchen glüht. Der Priester geht, gehüllt in eine viel zu dünne Plastikjacke über der Soutane, jeder gibt jedem die Hand. Ich werfe noch schnell einen Blick auf den Beichtstuhl. Es hängt nur ein dürftiges violettes Gardinchen davor, der Beichtende hat keine Chance, sich zu verstecken, wer hier seine Sünden flüstert, kann sie genausogut ausrufen lassen. Die Mauern wispern noch Neuigkeiten über die Zunft der Ölumfüller (*travasadori d'olio*), der Getreidesiebmacher und der Lastenträger, über den Dogen, der jahrhundertelang an jedem Gründonnerstag hierherkam, um den Heiligen zu ehren, doch ich bin jetzt mit dem größten aller venezianischen Maler in der Scuola di San Giorgio degli Schiavoni verabredet: Vittore Carpaccio. In der Accademia hat er einen eigenen Saal, wo man in seinem Universum gefangen wird, wenn er an allen vier Wänden die Legende der hl. Ursula erzählt, ein Gemäldezyklus, über den man ein Buch schreiben müßte. Hier in der Scuola ist die Pracht nicht geringer, doch heute bin ich in diesen kleinen intimen Raum zurückgekehrt, um ein einziges Gemälde zu sehen, die Vision des größten Heiligen unter den Schriftstellern und des größten Schriftstellers unter den Heiligen: Augustinus von Hippo. Vielleicht, weil auf diesem Bild das Arbeitszimmer eines Schriftstellers abgebildet ist, in das ich am liebsten sofort einziehen würde. Gut, die Mitra auf dem Altar, den Stab, die Christusfigur mit Kreuz und Fahne darf ich mir nicht anmaßen, doch das perfekte Licht, die aufgeschlagenen Bücher, die Partitur, die Muschel, dem Anschein nach ein Mitglied aus der Familie der Cypraeidae, die prachtvoll gebundenen Mappen an der linken Wand, die möglicherweise Manuskripte bergen, der drehbare Bücherständer, der die Neugier erregende Brief, der irgendwo mitten auf dem Fußboden liegt, und das flauschige weiße Hündchen mit den vorgestreckten Vorderbeinen, der hochgereckten Nase und den beiden kirschschwarzen klaren Augen, nein, wer hier nicht schreiben kann, braucht es gar nicht erst irgendwo sonst zu versuchen. Der Heilige selbst ist im geheimnisvollsten aller Momente ertappt worden, dem der Inspiration. Er hat die Feder erhoben, Licht strömt herein, er hört, wie die Wörter sich formieren, und weiß schon fast, wie er sie niederschreiben wird; eine Sekunde später, wenn Carpaccio weg ist, taucht er seine Feder in die Tinte des Tintenfischs und schreibt den Satz, der jetzt in allen Bibliotheken der Welt in einem seiner Bücher bewahrt ist.

Ende. Ein letzter Tag, der in einem anderen Jahr wieder ein erster sein wird, denn zwischen Venedig und Venedig darf viel vergessen werden. Jetzt will ich die Toten aufsuchen. An den Fondamenta Nuove nehme ich das Vaporetto, das zur Toteninsel San Michele und dann weiter nach Murano fährt. In einer wunderbaren Novelle von Alejo Carpentier, *Barockkonzert*, kommt eine Szene vor, in der Händel und Vivaldi, der rote Priester, nach einer wilden karnevalesken Nacht voller Musik und Wein mit ein paar Leuten auf der Toteninsel frühstücken. Sie essen und trinken, »indes der Venezianer, an einer Scheibe in Essig, Thymian und rotem Pfeffer gebeiztem Wildschweinschinken kauend, ein paar Schritte ging und plötzlich stehenblieb vor einem Grab in der Nähe, das er schon seit einiger Zeit betrachtet hatte, weil darauf ein in dieser Gegend ungewöhnlicher Name prangte. ›Igor Strawinsky‹, sagte er buchstabierend. ›Stimmt‹, sagte der Deutsche, seinerseits buchstabierend. ›Er wollte in diesem Friedhof ruhen.‹ – ›Ein guter Musiker‹, sagte Antonio, ›aber manchmal sehr altmodisch in seinen Vorhaben. Er inspirierte sich an den altgewohnten Themen: Apollo, Orpheus, Persephone – wie lang noch?‹ – ›Ich kenne seinen *Oedipus Rex*‹, sagte der Deutsche. ›Manche behaupten, daß er am Schluß des ersten Aktes – *Gloria, gloria, gloria Oedipus uxor!* – an meine Musik anklingt.‹ – ›Aber . . . wie konnte er auf die seltsame Idee verfallen, eine weltliche Kantate auf einen lateinischen Text zu schreiben?‹ sagte Antonio. ›Auch sein ‚Canticum Sacrum' haben sie in San Marco gespielt‹, sagte Georg Friedrich. ›Darin kommen Melismen in einem mittelalterlichen Stil vor, den wir längst hinter uns gelassen haben.‹ – ›Das kommt daher, daß diese sogenannten avantgardistischen Musiker sich unglaublich anstrengen zu erfahren, was die Musiker der Vergangenheit machten, manchmal versuchen sie sogar, ihre Stile zu erneuern. Darin sind wir weit moderner. Mir ist es scheißegal, wie die Opern, die Konzerte vor hundert Jahren waren. Ich mache meine Musik nach bestem Können und Vermö-

gen und punktum.‹ – ›Ich denke wie du‹, sagte der Deutsche, ›obwohl man auch nicht vergessen sollte, daß . . .‹ ›Hören Sie doch auf mit dem blöden Zeug‹, sagte Filomeno und nahm einen ersten Schluck aus einer frisch entkorkten Flasche. Und die vier streckten wieder die Hände in die Körbe des Ospedale della Pietà, die wie mythologische Füllhörner sich nicht leeren wollten. Als aber die Stunde der Quittenkonfitüre und des Nonnenzwiebacks schlug, verflogen die letzten Morgenwolken, und die Sonne schien prall auf die Grabsteine, die weiß unter dem Dunkelgrün der Zypressen leuchteten. Als sei er durch das viele Licht größer geworden, war der russische Name deutlich zu lesen, der ihnen so nahe war.«
Die Öffnungszeit ist fast vorbei, als ich am Friedhof ankomme. Ich gehe am Pförtner vorbei, erhalte eine Landkarte des Todes mit den Wohnungen von Strawinsky, Diaghilew, Ezra Pound und dem frisch dazugetippten Joseph Brodsky. Ein ungelegener Moment, alle schlafen, und ich lege fast so etwas wie Eile an den Tag. Ich gehe an den Kindergräbern vorbei, Marmorgebäuden für Seelen, die nur einen einzigen Tag gelebt haben, und Jungenporträts, in deren Augen man noch den unsichtbaren Fußball sieht, über die Trennungslinie zwischen den Militari del Mare und jenen de la Terra, als ob diese Unterschiede dort, wo sie jetzt sind, noch zählten, und gelange so in den evangelischen Teil, stumpfe Säulen, bemooste Pyramiden, die dem 19. Jahrhundert eigene Grammatik des Todes, Palmen, Zypressen, die meisten Gräber sind bereits selbst gestorben, die Inschriften unlesbar, Dänen, Deutsche, Konsuln, Adel, und zwischen alldem die beiden Grabplatten von Olga Rudge und Ezra Pound in einer niedrigen herzförmigen Einfriedung aus Pflanzen, und nicht weit davon ein kleiner Hügel

aus fast sandfarbener Erde mit ein paar Sträußen verwelkter, vermoderter Blumen und ein dünnes, schlichtes Kiefernkreuz mit Kieselsteinen auf den Armen, Joseph Brodsky. Im Reparto Greco hinter der Mauer liegen zwischen russischen Prinzen und griechischen Dichtern Igor und Vera Strawinsky. Händel und Vivaldi sind gerade gegangen, doch ihre Blumen haben sie hiergelassen, auf jedes der beiden Gräber eine rosa Rose und eine blaue Iris gekreuzt hingelegt. Ich überlege, wie viele Jahre es her ist, seit ich Vera Strawinsky in New York fragte, ob Strawinsky am Ende seines Lebens, als er bereits über neunzig war, die häufigen Reisen nach Venedig nicht anstrengend fand, woraufhin sie mit diesem strahlenden russischen Akzent rief: Ach, you don't understand! Strawinsky, he LOFTE the FLYINK!!

Eine mechanische Stimme aus dem Totenreich schallt über die Insel, ein Herold, so polyglott wie der Papst. Auf deutsch, englisch, russisch, japanisch werden wir gebeten, die Toten nun ruhen zu lassen, die Tore werden geschlossen. Lauft, *ragazzi*, lauft, rufen die Totengräber, die mit ihren geübten Ohren das Vaporetto bereits gehört haben, und so laufen wir alle zur Anlegestelle, als wäre einer mit einer Sense hinter uns her. Als wir auf dem offenen Wasser sind, sehe ich auf der einen Seite Murano, auf der anderen Venedig. Die orangefarbenen Lichter, die die Fahrrinne markieren, sind angegangen, wie Schemen schwimmen die beiden Inseln, die große und die kleine, auf dem dunklen Wasser, und dann kommt plötzlich der kupferne Schlag des Sonnenuntergangs hinter einer schwarzen Wolke hervor, der die Stadt vor mir zehn Sekunden lang in eine apokalyptische Glut taucht, als hätte dieser Traum da unten nun lange genug gedauert.

1998

Pariser Tage II

Dunkle, dumpfe Schläge reißen mich aus einem ohnehin nicht besonders fröhlichen Traum. Eine Totenglocke läutet, aber ich weiß noch nicht, ob sie zu dem Traum oder zum Tag gehört – in diesem Niemandsland stehen keine Grenzwächter. In meinem Bett im dunklen Zimmer stelle ich mir vor, daß irgendwo draußen eine Sanduhr steht, so groß wie eine Kathedrale. Das bronzene, sich stets wiederholende Geräusch ist das Fallen ungeheuer großer bronzener Sandkörner, eines nach dem anderen. Mit jedem Schlag brechen sie ein kleines Stück von der Zeit ab, und nur Narren glauben, davon gäbe es noch genug.
Das Läuten dauert sehr lange, es erfüllt die Straßen, die Plätze, die Häuser, die Flure, die Zimmer. Es kommt von der Notre-Dame, in deren Nähe ich wohne, und es ruft auf zum Gedenken der Toten. Wir haben den ersten November, zum erstenmal ist es kalt, der Wind rennt im Regenmantel durch die Straßen. In der Kirche ist es voll, das Kirchenvolk, diese austauschbare, immer gleiche Menge wie vor zwei-, fünf- und siebenhundert Jahren, füllt den Raum unter den hohen Bögen, singt, betet und gedenkt der Entschwundenen. Der Kardinal besteigt die Kanzel. Er ist gerade aus Rom zurückgekommen und grüßt das Volk im Namen des Papstes. Uralte Bräuche sind hier im Schwange, ich habe das Gefühl, eine Zeitreise zu machen, aber so ist es nun mal, wenn solche Gebäude noch stehen, und schon gar, wenn man sie betritt.

Am Tage des Todes haben die Lebenden etwas Wuselndes an sich. Ein anderes Wort dafür fällt mir nicht ein. Sie wuseln auf Plätzen und Straßen herum, machen sich, große Sträuße vergänglicher Chrysanthemen unter die noch lebenden Arme geklemmt, auf den Weg zu den Gräbern verstorbener Vorfahren. Ich selbst habe hier niemanden liegen, doch für mich ist ein Friedhof genauso reizvoll wie für andere ein Nachtclub oder ein Fußballplatz, daher nehme ich die Metro bis zur Station Père Lachaise. Wie schön Atavismen doch sind! Man baut dunkle Tunnel unter der Erde, man läßt Tausende von Zügen hindurchjagen, darüber läßt man Millionen Menschen in Steinblocks wohnen, man taucht sie in die Medien, macht eine Masse aus ihnen, und trotzdem steigen sie auf ihren menschlichen Beinen die Treppen ihrer Häuser hinunter, lassen sich mechanisch befördern, um irgendwo inmitten dieser Steinwüste den *Totenacker* zu besuchen, wo sich an diesem Tag, wie vorhin in der Kathedrale, uralte Rituale abspielen. Witwen kratzen die Gräber frei, hochbetagte Kinder vernichten das Unkraut rund um Vaters fast eingestürzten Grabstein, einsame Männer stellen weiße Blumen in einer Vichy-Plastikflasche, deren Hals sie abgeschnitten haben, auf das Grab ihrer entschwundenen Geliebten, es wird gemurmelt, gehackt, geweint und der Toten gedacht. Der Friedhof ist unendlich groß, ich habe eine Karte gekauft, auf der steht, wer wo liegt, und habe mir eine Route zusammengestellt: Balzac, Nerval, Proust, Eluard.

Was treibt Menschen dazu, sich selbst solch schauderhafte Mordsbrocken *real estate* errichten zu lassen? Je größer das Monument, um so toter derjenige, der darin liegt. All die armen Duponts, die glaubten, sie könnten dem Tod auch nur einen Millimeter abringen, indem sie einen Wolkenkratzer aus Quadersteinen für ihre Gebeine errichten ließen, wie sind sie doch angeschmiert! Der Samt des Betstuhls angeschimmelt, das eiserne Tor verrostet, die Plastikblumen herausgefallen, das Emailbild gesprungen, auf diese Weise wird man viermal so tot und dadurch viel toter als ein anonym Beerdigter. Der eisige Wind rüttelt an den Gittern, pfeift in den Ritzen der Gräber, bläst die Blütenblätter von den Blumen wie Konfetti.

Die Bestsellerliste des Todes wird von Balzac angeführt: Er hat vier Chrysanthemensträuße und zwei brennende Kerzen. Proust muß sich mit zwei schlichten rostfarbenen Asternsträußchen begnügen. Gérard de Nerval mit einem ganz kleinen, rührenden Sträußchen blauer Blumen. Balzac und Nerval liegen sich schräg gegenüber an einer schmalen Straße, für Proust muß man, ebenso wie für die Piaf, den Weg verlassen – ohne die Landkarte dieses Totenreichs würde man sein Grab nicht finden. Als ich davorstehe, weiß ich nicht recht, was ich denken soll. Natürlich ist es verwirrend – denn unter dem Schein einer Anwesenheit (da *steht* ein Name, da *liegt* ein Toter) bekundet ein Grab natürlich ausdrücklich jemandes Abwesenheit: Proust *ist* nicht mehr, folglich ist er auch hier nicht. Und dennoch, die konkrete schwarze marmorne *Form* dieses Grabes erzeugt für einen Moment die Illusion, man befände sich in seiner Gegenwart, in seiner *Nähe*, wohingegen er mir natürlich viel näher ist, wenn ich ihn lese. Trotzdem drängt sich das Gefühl, daß dieser schwarzglänzende Sarkophag bis zum Rand mit geballter Zeit gefüllt ist, weiter auf, wiedergefundene Zeit, die der Schriftsteller von der verlorenen Zeit zurückerobert hat, ein Paket, ein Volumen an Zeit, das er der Welt in Worten hinterlassen hat, Zeit, die für jeden existiert, der ihn liest. Sein Bruder, sein Vater, seine Mutter liegen bei ihm im Grab, und es ist unaussprechlich geheimnisvoll – zwischen den Tausenden und Abertausenden Toter, die hier liegen, sind dies die einzigen Toten, die ich *kenne*, und das auch nur, weil ihr Leben zweimal bestanden hat, einmal gelebt und einmal beschrieben. Zum erstenmal verstehe ich die tatsächliche (nicht karrieristische) Bedeutung des Ausdrucks »sich einen Namen machen«. Wenn Proust nicht geschrieben hätte, dann wären diese vier Namen Laute ohne Sinn für mich gewesen, wäre ich hier gedankenlos vorbeigegangen, hätte ich diesen Laut allenfalls für einen Moment durch meine Augen ziehen lassen. Am Grab bildet sich eine kleine Gruppe, und für kurze Zeit bleiben wir alle, herbeigewehte Fremdlinge, so stehen: eine kleine Brüderschaft in einer leicht verschmitzten Stille, Menschen, die einander nichts zu sagen haben und doch etwas voneinander wissen.

Bei der Piaf geht es anders zu. Das Grab liegt ebenfalls etwas abseits, nicht an einem Weg, was bedeutet, daß es zwischen den angrenzenden Gräbern ständig zu einem Stau kommt. Eine große Gruppe hat sich gebildet, so als stünden sie noch nach Eintrittskarten an. Was wollen die, denkt man dann – dieser Spatz wird nie wieder seinen Kummer hinausschreien –, aber als man näher kommt, sieht man, was sie wollen: schauen, starren, in der Nähe sein, berühren, auf etwas warten, wovon sie wissen, daß es nicht geschehen wird. Das Grab selbst ist eines dieser ziemlich hohen, aus Quadersteinen errichteten Dinger, die man auf allen französischen Friedhöfen findet, ein normales Grab für jemanden aus dem Volk. Darauf sind zwei von diesen Emailfotos zu sehen (wenn Fotos sterben, verwandeln sie sich in Email), auf denen sie und ihr jugendlicher Geliebter abgebildet sind, der ihr ins Totenreich nacheilte. Eine alte Frau schlägt ein paarmal mit der flachen Hand gegen den Stein, ein Mädchen trocknet seine Tränen, *was bedeuten diese Dinge*?

Das schönste Grab auf dem Père Lachaise ist das von Victor Noir. Ich hatte noch nie von ihm gehört, habe das freilich nachträglich korrigiert. Sein Sarkophag (auf dem er liegt) befindet sich wieder an einem Hauptweg, zwei Deutsche filmen hier und verursachen einen großen Stau. Ein schönes Bild: Der Tote liegt zu Boden geschmettert da, in Bronze. Infolge vieler heidnischer Berührungen glänzt seine Gestalt an drei Stellen in greller Kupferglut – an den beiden Schuhspitzen und an der sehr naturalistisch ausgeführten Beule an seiner Hose. Michel Dansel, der Verfasser des Buchs *Au Père Lachaise*, das sich jeder Liebhaber von Friedhöfen, jeder an Nekrophilie Leidende und jeder sonstige Totenkopfschwärmer unbedingt zulegen muß, spricht hier von »la proéminence de son pantalon«. Nur der große Zeh des heiligen Petrus im Petersdom glänzt genauso schön durch all die Küsse und all das Gestreichel, und der befindet sich drinnen. Tausende von Mädchenhänden und Frauenmündern müssen hier am Werk gewesen sein, bei dieser letzten Fruchtbarkeitsfigur der westlichen Welt. Der republikanische Pamphletist Pascal Grousset lebte in einer politischen Fehde mit einem Cousin Napoléons III., Prinz Pierre Bonaparte. Er schickte zwei Sekundanten zum Prinzen, der prompt einen von ihnen erschoß, den zweiundzwanzigjährigen Journalisten der *Marseillaise*, Victor Noir. Die Empörung war groß, das Volk böse, Victor Hugo kam zur Beerdigung, Noir aber war tot und liegt da nun für alle Zeiten als hingestreckte Männlichkeit in Bronze, mit totem Hut und totem Spazierstock, dahingerafft in der Blüte seiner Jahre. Manchmal wird er noch in schwülen Sommernächten von berauschten Bacchantinnen bestiegen, aber wenn man tot ist, hat man nicht mehr viel davon.

Es beginnt zu regnen, die Gräber werden gewaschen, Blumen begossen. Regenschirme öffnen sich, die Menschen gleichen schwarzen Engeln. Die Karte des Totenlands ist durchweicht, ich gehe jetzt einfach auf gut Glück einen breiten Weg entlang, der nach unten, zu einer Ecke führt, an der viele rote Blumen liegen. Dort liegt der Dichter Eluard zwischen den Gräbern kommunistischer Größen wie Duclos und Thorez. Auch die Mahnmale für die Opfer der Konzentrationslager befinden sich dort, jeder Name darauf wiegt Kilos an Leid, die Lebenden machen sich zwischen den toten Namen mit Blumen und mit Gedanken zu schaffen. Die Witwe des kommunistischen Transportministers (Frankreich *hatte* bereits einmal eine Regierung mit kommunistischer Beteiligung) jätet die Erde auf seinem Grab. Daneben liegen sechs Mitglieder des Zentralkomitees der Partei, alles Männer. Leben ihre Frauen denn noch alle oder dürfen sie hier nicht liegen? Ich gehe den kleinen Waldweg hinunter zur Mur des Fédérés, an der die letzten 147 Angehörigen der Pariser Kommune im Mai 1871 erschossen wurden. Feuerrote Blumen, feuerrote Kränze. Während ich hier im Regen entlanggehe, denke ich, daß das Gedenken Toter etwas Verzweifeltes hat. Was ist es denn nun im Grunde? Für wen sind diese Blumen? Die Lebenden, die diese Blumen niederlegen, sind die einzigen, die sie sehen – und sie wissen es auch. Trotzdem müssen sie niedergelegt werden, auf das Nichts. Ich sehe, wie ein alter Mann auf die Mauer zugeht, einen kleinen Strauß auf die Erde legt, ihn etwas zurechtrückt. Keinen einzigen dieser Toten kann er gekannt haben, warum legt er hier Blumen hin? Wegen ihres Mutes, ihres tragischen Schicksals, für sich selbst, seine Ideen? Ich denke, es ist anders; was wir auch »oben« denken mögen – in uns, tief unten in längst vergessenen Minen, leben Menschen, die glauben, daß es den Tod nicht gibt. Unsinn, ich werde leugnen, dies je geschrieben zu haben, ich glaube es selbst nicht. Und dennoch habe ich bei vielen Beerdigungen mich ähnlich sinnlos gebärdet und immer das Gefühl gehabt, etwas zu *tun*. Aber was? Trauern und gedenken, sagt der Verstand. Aber warum dann immer dieses schreckliche Gefühl des Verrats, wenn man durch das Friedhofstor hinausgeht und den Toten allein läßt in seiner Grube zwischen den anderen Toten?

Eine der liebsten Erfindungen der Franzosen ist das Kleinformat. Le petit marc, le petit cognac, le petit calva. Die Gläser sind so klein, daß man meinen könnte, sie stammen aus einem Puppenhaus. Häufig haben sie einen ganz feinen Goldrand. Sie werden mit großem Ernst so eingeschenkt, daß das Auge glaubt, der Inhalt sei höher als das Glas. Ich bin vor dem Regen in die Kneipe neben dem Friedhof geflüchtet und starre im Spiegel auf meine verregnete, aber lebende Gestalt, die dieses winzige Gläschen anhebt, mir zuprostet und es leert. Wir leben, also haben wir etwas zu feiern. Ich mag mich, wie ich da stehe, ein Bursche im nassen Regenmantel zwischen anderen lebenden Burschen in nassen Regenmänteln. Bald liegen auch wir unter den Lilien, jetzt aber stehen wir in einer französischen Kneipe, und wir stehen nicht schlecht. Darauf noch einen, heute ist Feiern angesagt, und nicht nur eine Feier für die Seelen. Und außerdem – Leben ist auch nicht so leicht. Wer *en première ligne* auf dem Père Lachaise beerdigt werden will, also sozusagen zur Straße hinaus, der muß 14 286,71 Francs bezahlen. Dafür darf man einen flachen Stein auf den Boden legen – bei allem, was man darauf errichtet, Engel, Häuser, Kreuze oder Standbilder, muß man für jeweils zehn Zentimeter Höhe draufzahlen. Zwischen 1804 und 1972 wurden über 900 000 Tote auf dem Père Lachaise beigesetzt. Wenn die sich alle aus dem Grab erheben, dann haben die Restaurants einen guten Tag. Auf dem Friedhof rauschen 12 000 Bäume, darunter Zypressen, Platanen und schwarze Nußbäume. Fasane, Wachteln und fünf seltene Enten haben sich hier ebenfalls häuslich eingerichtet, und das Ganze wird verwaltet von einem Konservator, einem Regisseur – was immer das heißen mag –, fünf Verwaltungsangestellten, zwei Polizeihauptwachtmeistern, zwei Polizeiwachtmeistern, einunddreißig Aufsehern, zwei Obertotengräbern und einundzwanzig gewöhnlichen Totengräbern. Nach dreißig Jahren ist die Ewigkeit für die meisten Toten vorbei, es sei denn, die Lebenden sind bereit, noch einmal zu zahlen. Kaum liegt man bequem, muß man schon wieder weg.

Von Niederländern bekommt man immer zu hören, das niederländische Fernsehen sei schlecht, von Franzosen bekommt man folgerichtig zu hören, das französische Fernsehen sei schlecht. Wahrscheinlich ist das ein *Gesetz*: Alle Bewohner aller Länder sind unzufrieden mit ihrem eigenen Fernsehen. Selbst schuld, sie brauchen ja nicht zu gucken. Tatsache ist aber, daß ich, der ich in den Niederlanden so gut wie nie fernsehe, hier jeden Tag wie der Pawlowsche Hund sabbernd zum Apparat eile, sobald ich die Erkennungsmelodie der Nachrichtensendung bei den Nachbarn höre. Es *ist* aber auch ein perfider elektronischer Klang, man muß ihm einfach folgen. Die Nachrichten selbst sind viel besser, knapp und wirkungsvoll. Man hat nicht nur das Gefühl, daß Gleiche zu einem sprechen und nicht brave Realschüler, sondern denkt auch, daß man mit den Leuten, die sie präsentieren, gern über die Nachrichten diskutieren würde, *weil* man das Gefühl hat, sie begreifen die Tragweite dessen, was sie da sagen, auch wirklich, keiner hat es ihnen aufgeschrieben, der gerade mal um eine Spur gebildeter ist als sie selbst. Und dabei weiß man genau, daß man dieselben Bilder im Verlaufe des Abends nicht *noch* ein- oder zweimal in einer der Nachrichtensendungen sehen wird, mit denen das niederländische Fernsehen so reich gesegnet ist. Obwohl die französischen Nachrichten eine halbe Stunde dauern, scheint es ihnen zu gelingen, darin die gesamte politische Situation des Tages zu verpacken. Französische Freunde sagen, die Opposition komme viel zuwenig zu Wort, und wenn ich auch kein besonders großes Vertrauen in die demokratischen Instinkte mancher französischer Politiker habe, so glaube ich doch, daß die Opposition nicht schlecht wegkommt. Ich habe nie mit der Stoppuhr vor dem Bildschirm gesessen, aber ich habe (wir schreiben jetzt Dezember 1977) in den vergangenen Wochen viele Kommunisten und Sozialisten gehört und gesehen, die erklärten, warum sie keine weitere Zusammenarbeit mehr wünschten. Meist waren dies außerordentlich scharfe und brillante Debatten, und auch darin zeigt sich die völlig andere Auffassung von Nachrichten als *Programm*: Der Nachrichtensprecher ist selber wer, debattiert mit, zieht einen Experten hinzu, hat, kurz gesagt, eine Nachrichtenshow: Nachrichten sind, zu Recht oder zu Unrecht, Unterhaltung. Dagegen kann man zwar sein, aber dann muß man *Le Monde* lesen oder, besser gesagt, dann muß man auch *Le Monde* lesen. Alles, was auf dem Bildschirm erscheint, ist per definitionem eine *Form* von Amüsement, auch die Information. Und wenn man von diesem Standpunkt ausgeht, kann man seine Rolle als Informant erheblich besser erfüllen.

Wenn Franzosen ihre besten Eigenschaften kombinieren – über das Essen meckern und über die Politik meckern –, dann wird es richtig gemütlich. Die Regierung hat sich an den Preis für Croissants gewagt, und jetzt wollen die Bäcker keine mehr backen. In einem solchen Moment wird das Croissant zu einer Persönlichkeit der Gegenwartsgeschichte und erscheint in den Nachrichten. Im gleichen todernsten Ton, in dem über Mitterrand und Giscard gesprochen wird, geht jetzt dieses kleine Backwerk über die Zunge und über den Bildschirm. Zunächst das Ding an sich: Wie es in schwarzer Nacht im Hause des Bäckers geboren wird. Dann der Erschaffer: tiefsinnige Gespräche mit Bäckern aus Stadt und Land. Nun ist das Croissant Mensch geworden, und man kann über sein Schicksal und seine Beziehungen sprechen, seinen Vater, den Bäcker, und all die Gläubigen, die es morgens konsumieren, weil sie den Tag sonst nicht beginnen können. Wer das Croissant auf diese Weise zur Nachricht erhebt, *weiß*, daß jeder Franzose sich davon höchstpersönlich betroffen fühlt, und auch der Premierminister weiß das und erscheint folglich selbst auf dem Bildschirm, um dem Volk seine Politik zu erklären, und auch er tut das in einem Ton, als hätte er sich für einen neuen Versailler Vertrag zu verantworten. Hier sind Politik, Alltagsleben und Wirtschaft miteinander verflochten, und im Fernsehen geht es nicht nur um Begriffe und Prinzipien, sondern auch um *Dinge*, erkennbare Gegenstände. Einige

Tage darauf geht es um Fleisch und Fisch: Die Kameras stürzen sich in die Läden, die freundlichen Gesichtszüge eines Kalbssteaks werden auf dem Bildschirm sichtbar, das *Ding* ist Bild geworden. Warum auch müssen *Menschen* das Fernsehen ständig monopolisieren? Es gibt viel mehr Dinge als Menschen. Wer das zeigt, erhöht die Sichtbarkeit von allem, auch der Politik.

Eines der größten Vergnügen besteht darin, sich nachmittags gegen vier *Le Monde* zu kaufen. Das Format ist perfekt für volle Straßencafés und Metros: so klein, daß man seinem Nachbarn damit nicht ins Gesicht fährt. Und dann das Datum – immer das des nächsten Tages, was einen ganz besonderen Reiz hat –, ringsum lebt alles noch im Gestern, man selbst ist bereits auf Flügeln vorausgeflogen, in die Zukunft hinein. Oft sehe ich erst unter der Rubrik Ausland nach, aber nein, wieder nichts, nicht ein Wort über die Niederlande auf all diesen kleinbedruckten Seiten. Von Zeit zu Zeit ruft unsere archaische Mutter wieder einmal einen Herrn mit einem zusammengescrabbelten Namen zu sich in den Palast, damit er ein Kabinett bilde, und dann stehen wir wieder drin, aber es scheint nicht zu klappen mit diesem Kabinett, irgendwas Schreckliches muß da vor sich gehen, im Hohen Norden.

Kindliche Gemüter kommen aus dem Staunen nicht heraus. Und so ein Gemüt habe ich. Diesmal gilt das Staunen nochmals der Tatsache, daß sich manche uralten Lebensformen inmitten der dreisten Gewalt des Neuen so lange behaupten, daß Leute aus ihren Löchern hervorkommen und kilometerweit durch den Abend fahren, um irgendwo in einem Raum einen Mann zu sehen, der singt. Er singt Lieder, er singt allein, er singt über sich selbst, und die Leute kommen und hören zu, wie vor dreitausend Jahren um ein Feuer geschart, wie dreitausend Kilometer weiter auf einem afrikanischen Markt. Nicht kleinzukriegen, steht da einfach und singt, mit der eigenen Stimme, vor Menschen, die zwischen Maschinen leben, in Türmen wohnen, Computer füttern, durch die Luft fliegen, sich einen Krebs anrauchen. Zwei Stunden sitze ich auf einem unbequemen roten Plüschstuhl im Bobino und lausche den melancholischen, vibrierenden Lauten Serge Reggianis, Sarkasmus, Selbstironie eines über fünfzigjährigen Mannes, pathetisch und voll bitterer Dehnlaute, ein Herr, der etwas zu erzählen hat und das singend tut. Wunderbar.

Poesie in der Zeitung. Ein Bericht in der *France Soir*: »Es war so kurz, so unwahrscheinlich und so kurz wie ein Traum ...« Und das auf der ersten Seite. Nein, es geht nicht um eine unmögliche Liebe zwischen zwei Filmstars, sondern einfach um Kommunisten und Sozialisten. »Ein paar Minuten (!) lang konnte das politische Paris gestern am späten Nachmittag glauben, die Union der Linken ließe sich wiederherstellen. Vertreter beider Parteien hatten sich heimlich getroffen. Das dauerte eine Viertelstunde, danach ›trat alles wieder in Unordnung‹ (tout rentra dans le désordre). Das Treffen war gescheitert, der Krieg begann von neuem zu wüten (la guerre faisait rage à nouveau).«
Der Bericht darunter handelt von fünf Homosexuellen, die in den Pariser Gemeinderat wollen, ihr Gesicht aber erst drei Wochen vor den Wahlen »der Öffentlichkeit zeigen möchten«. Wenn das alle Kandidaten bei allen Wahlen in allen Ländern täten, dann bliebe der Welt viel Elend erspart.

Wo man sich auch in Paris bewegt, überall hört man das leise Klicken von Fotoapparaten, das Surren von Kameras. Wenn man all diese kleinen, leisen Geräusche gleichzeitig hören könnte, dann wäre es, als würde man den ganzen Tag von Salutschüssen begleitet. Fotografieren heißt bewahren. Es impliziert natürlich noch hundert andere Dinge, aber für die meisten Menschen bedeutet es einfach: bewahren. Sie bewahren sich selbst und sie bewahren sich gegenseitig. Fünf Nonnen aus Minneapolis bewahren sich vor der Sacré Cœur. Zwei alte englische Damen aus den Vororten des Todes bewahren sich vor dem Standbild Guy de Maupassants. Der Vater bewahrt sich für die Mutter (an der Seine), die Kinder für die Eltern (vor dem Louvre), der Freund für den Freund (auf den Champs-Élysées). Da stehen sie, auf der Brücke am Wasser, im Park, auf dem Gehweg, vor dem Sockel eines scheußlichen Denkmals, und lassen diesen lebendigen Augenblick von der Kamera schlukken. Später, in Dublin, Göteborg, Memphis oder Delft, kommt er wieder heraus. Ein in der Zeit tatsächlich geschehener Augenblick, nie mehr ungeschehen zu machen, eine totenstille, gemeißelte Sekunde, Wahrheit und Wirklichkeit. Aber warum? »Eine Erinnerung«, sagen sie dann, doch damit können merkwürdige Dinge passieren: Die Zeit, was immer das ist, vergeht, *sie* sind verschwunden, stehen aber noch immer vor diesem Denkmal oder auf dieser Brücke: Ihr Augenblick ist noch immer gültig, es ist noch immer diese eine wahre, wirkliche Sekunde, doch sie sind nicht mehr da, um sie wiederzuerkennen, und für denjenigen, der zehn Jahre, fünfzig Jahre später dieses Foto in der Hand hält, ist es bereits etwas anderes geworden, bewahrte Zeit anderer Menschen, Unbekannter. Und dann, durch die merkwürdige chemische Verbindung zwischen Vergänglichkeit und Bewahrsucht, ist etwas ganz anderes entstanden. Derjenige, der sich hatte bewahren wollen, ist im Gegenteil viel nachdrücklicher verschwunden. Auf dem Flohmarkt findet man ein Foto, und an der Mode, der Verfärbung, der veränderten Technik erkennt man, es wurde vor so langer Zeit gemacht, daß die darauf abgebildeten Menschen nicht mehr leben können.

Hätten sie sich nicht fotografieren lassen, hätte niemand mehr an sie gedacht, niemand hätte sich gefragt, wer sie waren. So aber hält man ihr Foto in der Hand und überlegt sich, daß sie gerade *nicht* bewahrt sind: Sie haben nur diese eine, gültige, da *geschehene* Sekunde hinterlassen, das Licht hat sie aufgezeichnet, nie mehr können sie dem Gefängnis dieses Moments entrinnen, in dem sie namenlos festgeschweißt sind, für alle Zeiten sind sie fremden Augen ausgeliefert, die *sie* nie gesehen haben – sie haben lediglich den Fotografen gesehen –, und was damals ihre Vergänglichkeit war, das, was sie zu beschwören suchten, ist jetzt Zeugnis ihres Vergehens. Man sollte sich also besser nicht fotografieren lassen.

Wie immer, wenn ich eine Zeitlang in einer Großstadt verbracht habe, kommt tiefe Sehnsucht nach der Provinz in mir auf. Bilder von leeren winterlichen Hotels in kleinen Provinzstädten, Regen in den Bergen und auch sonst viel verzaubernde Einsamkeit. Have car, will travel. (Froh, daß ich fahren kann.) Am selben Abend noch verlasse ich die Stadt und fahre Richtung Tours. Abergläubische Franzosen haben mir erzählt, daß man nirgends so gut Fleisch essen kann wie im 19. und im 20. Arrondissement, da sich dort die Schlachthöfe befinden (oder befanden?). Die Restaurants in dieser Gegend heißen folglich Au Bœuf Couronné,

Le Bœuf Gras, Au Cochon d'Or, La Pièce de Bœuf, Le Veau d'Or, Bœuf Gros Sel. Da es schon ziemlich spät ist, esse ich noch, bevor ich auf den Boulevard Périphérique fahre; nicht sehr vernünftig, denn eine Stunde später fädele ich mich singend, eine große Zigarre am Kopf, in die wild gewordenen Lichter des wahnwitzigen Freitagabendverkehrs ein, achtspurige Straßen, Tunnel, Schlangen, Schemen von Wohntürmen zu beiden Seiten, man könnte meinen, in New York zu sein. Am späten Nachmittag des nächsten Tages stehe ich auf der großen Fähre, die in einer halben Stunde die Gironde-Mündung zur Nordspitze von Les Landes überquert. Ich habe in Tours übernachtet, einen Schlummertrunk im »Baudelaire«, einer schwarzen Spelunke mit tödlich glänzendem Resopal und Plastikpalmen, getrunken, angestarrt von Einheimischen mit Revierangst, bin aber gerade noch um eine Tracht Prügel herumgekommen, bin im Hotel de Bordeaux von einem Greis zu Bett gebracht worden, der soeben aus zehnjähriger grauenvoller Nachtruhe erwacht war, habe den Regionalboten mit all seinen Katastrophen und Vergewaltigungen gelesen, als erster Kunde im Kaufhaus zu den Klängen von Jacques Brel in der allgemeinen Verwirrung des Tagesbeginns eine Tube Rasiercreme geklaut (vier Francs), im eiskalt durchwehten La Rochelle an einem mittelalterlichen Kai sechs Sorten Fisch, auf einem Lauchbett gedünstet, gegessen, habe gesehen, daß die hiesigen Austern an einem Wagen draußen einen Gulden pro Kilo (!) kosten, und stehe jetzt auf der Fähre in einem Sturm, der den Ozean leerfegt und graue Wolkenheere aufeinanderjagt, als sollten sie sich gegenseitig rammen.

In der Mitte des Flusses ist das Land vor und hinter uns nahezu unsichtbar, graue, sich bewegende Tücher, lose aufgehängt im Nichts. Drinnen ist alles genauso wie auf allen Fähren. Die Frau mit dem Kaffee, die Wasserstände, ein verliebtes Paar, ein alter Mann mit einem Hund und all die anderen Mitglieder des Cast, die sich ebenfalls völlig grundlos an Bord befinden. Die Schiffssirene jault wie ein Hund, der sein Haus nicht finden kann. Ich gehe wieder an Deck und sehe, daß beide Ufer in einem plötzlichen Regenschauer verschwunden sind. Ich komme also nirgendwoher und fahre nirgendwohin. Unter mir auf dem Achterdeck steht die brave Form meines treuen Autos. Das Schiff schlingert sacht, und ich bin ziemlich glücklich.

Dezember 1977

Die Camargue,
Frankreichs wilder Süden

Worin besteht das Geheimnis der Camargue? Daß man kein Geheimnis suchen muß, denn wenn man es sucht, findet man ein flaches, ein wenig holländisch anmutendes Gebiet mit viel Wasser, Rindern und grünem Gras und mehr Reitschulen mit städtischen Reitern als wilde Pferde und Cowboys. Was dort noch wirklich wild ist, läßt sich nur vom Pferd aus entdecken oder ist hermetisch abgeschlossen wie die sogenannten *réserves*, in denen Flamingos in Form rosaroter Wolken aufsteigen oder niedergehen, beobachtet von sich selbst, von Gott und vom *National Geographic*-Fotografen, nicht aber von normalen Sterblichen.
Das Geheimnis, habe ich beschlossen, liegt im Grab eines Marquis. An einem Morgen mit kahlem, kühlem Wind stieß ich auf einer leeren, struppigen Wiese darauf – ein Grab wie ein niedriger, nackter Altar, etwas, das dort schon immer hätte gewesen sein können.
Hier ruht der Marquis de Baroncelli-Javon, steht auf dem Grabstein. Er starb 1943 in Avignon. Später sehe ich Fotos von ihm, ein wettergegerbter alter Mann auf einem Schimmel, einen Dreizack in der Hand, Raubvogelprofil unter einem merkwürdigen schwarzen Hut, gehüllt in einen weiten Umhang, die Beine in den Steigbügeln in sockenartigen schwarzkarierten Stiefeln. Eine Erscheinung. Noch später erfahre ich, daß das Pferd, auf dem er sitzt, nach seinem Tod aufrecht begraben worden ist, und danach lese ich das lange, auf provenzalisch geschriebene Gedicht »Lou Biòu« (Der Stier), das er 1924 veröffentlicht hat. Ich hege

die Vermutung, daß man gleichzeitig mit ihm die Camargue beerdigt hat, denn bereits in den zwanziger Jahren schreit er der unabwendbaren, widerwärtigen Zukunft böse Vorwürfe entgegen und versichert der nächsten Generation, sie werde »bitteres Wasser« trinken, falls sie im Namen des sogenannten Fortschritts den Stier, das heilige Symbol dieser Region, zugunsten des »Gewinnes« weiterhin vernachlässige.

Abandounant l'us de si paire
Vesien que lucre emai qu'a faire
N'avien plus pèr lou Biòu ni de fe ni d'amour;
E, sènso autar e sènso ounour
L'assassinavon ... Basto! Ai purga lou terraire
En li cabussant dins lou gourg.

Auf deutsch: Sie vergaßen die Traditionen ihrer Väter / Sie sahen nichts anderes als Geschäft und Gewinn / den Glauben an, die Liebe zum Stier / hatten sie verloren, und sie ermordeten ihn, / ehrlos, ohne Altar ...

Darum also geht es, und wer dafür keine Ader hat, sollte besser nicht weiterlesen. In einem Artikel über Konrad Lorenz hebt Rudy Kousbroek[1] den Gegensatz zwischen dem domestizierten Menschen (»die Gezähmten in ihren Gärten«, von denen Roland Holst anläßlich des Todes des »wilden« Slauerhoff spricht)[2] und dem Rousseauschen Naturmenschen hervor. Was soll ich dazu sagen? Beim Gedanken an die Barfuß-in-Sandalen-Mystik sträuben sich mir die Haare, und ich glaube nicht, daß ich ein Feuer im Wald anbekäme, geschweige denn längere Zeit inmitten der Elemente überleben würde. Dennoch liebe ich die Natur, wenngleich sie mir nie diese hinreißende Kombination aus absoluter Verruchtheit und Ekstase liefert, wie eine wirklich schreckliche Stadt, zum Beispiel New York, es tut. Und außerdem: Dieses eigenartige Zwischengebiet mit seinen Pferden, auf Pferden reitenden Männern und Stieren, dichtenden Pferdezüchtern und religiösen Stieranbetern, diese Patriarchen, die schon seit Jahrhunderten auf ihren sumpfigen, vom Salz zerfressenen und von der antiken Rhône zugeschlammten *manades* Zentauren züchten, wohin gehören die? Eine mediterrane Version von *Und ewig singen die Wälder*? Oder gehören sie zu den letzten Schatten des geheimen Kampfes zwischen Menschen und Göttern? Vorausgesetzt, Hemingways Obsession war lediglich die romantische Idiotie eines Machos, was aber ist dann von Picasso und Cocteau zu halten, als sie in der Arena von Arles den legendären Stieren des Marquis zuschauten? Für den klaren Geist ist alles einfach: Ein gezüchteter Stier aus der Camargue ist *nicht* der letzte Schatten des Minotaurus von Kreta, den es im übrigen wohl auch nicht gegeben hat. Mit diesem vermeintlichen Schatten kämpfen, ihm die grellbunte Kokarde zwischen den Hörnern abreißen zu wollen, ist der große Sport und die große Herausforderung für die *razeteurs*, die weißgekleideten Bravados, die mit dem Stier – der nicht getötet wird – um die Wette tanzen, ein Totentanz, der oft genug böse endet.

Ich verbringe einen Nachmittag auf der *manade* von Denys Colomb de Daunant[3], einem Filmemacher, Schriftsteller, Reiter, Stierzüchter und kleinem, rundem Mann mit weißem Haar und großem Lederhut über einem typisch domestizierten Gesicht, um das noch einmal in Erinnerung zu bringen. Ein Mann, der sich in seinem eigenen bequemen Ledersessel wie ein Igel zusammenrollt und erst dann groß wird, wenn er auf einem Pferd sitzt. Kein junger Mann, aber trotzdem ein schneller, gewandter Reiter. Ich darf zuschauen, als er zusammen mit seinen *gardians* die Jungstiere, die gebrannt werden sollen, von der Herde trennt. Hufgetrommel, sich hoch aufbäumende Pferde, Gebrüll, Gewieher und der Geruch von brennendem Fell, und dann ist auch diese *ferrade* wieder vorbei, und wir trinken alle zusammen ein Glas Pastis. In den fünfziger Jahren hat er den Film *Crin Blanc* gedreht, er zeigt mir die irrsinnigsten Fotos von kämpfenden, sich paarenden, durchs Wasser stürmenden Pferden, die man sich vorstellen kann, »aber dafür«, sagt er, »braucht man Zeit«. Dies sind die echten wilden Pferde, fernab aller Touristen, in dem, was er »die geheime Camargue« nennt, und am nächsten Tag machen wir einen Ausflug auf verborgenen Pfaden entlang Teichen und Sümpfen, sehen die schwarzen Stiere totenstill wie drohende Monumente an den flachen braunen, nebligen Ufern der Rhône stehen. Kein Geräusch, kein Wind, weiße Wolken von Reihern, Schemen wilder Herden irgendwo in der Ferne, Stille, Nebel, Kälte.

Saintes-Maries-de-la-Mer

Es scheint, als kämen auf der Karte Straßen nur mit Mühe dorthin. Überall das schöne Blau, das Michelin für Wasser reserviert hat, mühsam sickert eine gelbe Provinzstraße durch das Weiß einer Landschaft ohne Bäume, durch das Blau von richtigem Wasser und durch das blaue Gekritzel, das der Kartenlegende zufolge für Sumpf und Reisfelder steht. Doch die Phantasie hatte sich ein romantisches Städtchen voller Pferde, Stiere und Zigeuner in den Kopf gesetzt und stachelte sich durch eine endlose Fahrt über die holländische, sumpfige Ebene selbst an, auf der nur hier und da ein Pferd zu sehen war. Kenner werden wahrscheinlich sagen, dann müßte man eben im Oktober kommen, wenn die Zigeuner da sind. Aber es war nicht Oktober, und sie waren nicht da. Ganz am Ende von Frankreich lag ein dösiger, moderner kleiner Ort mit leeren Bungalows, nett, aber unscheinbar, der nur eines hatte, was ihn zwischen den Touristenläden mit den unsinnigen Dingen, die immer erst fünfzig Jahre später schön werden (wie alle große Kunst), den leeren Straßencafés und den leeren Restaurants mit ihrem *menu touristique* heraushob: die Kirche, wie ein Schiff über dem säuberlich geordneten Treibholz des Ortes, der selbst wieder auf dem Meer treibt, wie einst jene drei heiligen Marien in ihrem halbmondförmigen Boot. Man kann sie immer noch bewundern: Die Maria rechts hebt eine unbeholfene Volkskunsthand, die verkehrt herum an ihr sitzt, beschwörend über die unsichtbaren Wogen, die nächste ist makellos weiß geschminkt und ergeht sich in der absichtlichen Abwesenheit schöner Frauen, die wissen, daß sie betrachtet werden, und die dritte ist himmlisch verzückt, eine liebe Heilige.

Die Kirche selbst wirkt wie das umgedrehte Gerippe eines Schiffes, mit Säulen als Spanten, im schützenden Dämmer flammen die roten Gladiolen vor den Heiligen auf, und schwach fächelnde Kerzen beleuchten die Dankbarkeitsbekundungen von Violette Sole, die 1938 genas, sowie von E. F. und S. L., die ebenfalls sehr dankbar sind, und von dem Cowboy, der sich neben seinem völlig zerstörten 2 CV hat fotografieren lassen und dort nun langsam, aber sicherlich dankbar der Unendlichkeit entgegengilbt.

Unten, in der Krypta unter dem Altar, ist es warm von den

Kerzen für die nie anerkannte heilige Sara, die schwarze Magd der Marien. Der Raum ist erfüllt von brennendem Wachs, und doch spricht dort nur eine einzige alte Frau zu der Heiligenfigur. Neben der Figur steht ein Briefkasten, aber wer schreibt hier an wen? Das Weihwassergefäß ist trocken, drei tote Heuschrecken liegen darin.
Ich gehe ein wenig umher. Ein alter Mann versteckt sich hinter einer kleinen Mauer und nimmt schnell einen Schluck aus einer Flasche, die er aus der Tasche gezogen hat. Es bedeutet nichts, und doch habe ich ihn gesehen. Das Meer ist braun, was aber wohl auch nichts zu bedeuten hat. Es ist windig und eigentlich kalt. In der Avenue van Gogh hängt ein kleiner grauer Kasten an einem der Häuser, so ein Ding von der Feuerwehr: *Pompier van Gogh E. P. I.* steht darauf, Vincents Leiden eingedickt zu einer eisernen Plakette an einer Betonwand, und das auch noch in einem Garten mit verwahrlosten Primeln – ohnehin schon so eine irritierende Blume.

Listel

Ende September, aber noch heiß. Ich fahre ziellos eine Landstraße entlang und halte an einer Kreuzung für einen Traktor mit angehängtem Wagen, auf dem sich Traubenberge türmen – das Füllhorn ist ausgeschüttet.
Ich fahre eine Weile hinter dem Wagen her, bekomme Lust auf Trauben und auf Wein, sehe die ganze Zeit diesen hochgetürmten, prallen blauen Berg vor mir und folge ihm durch die letzte Kurve auf das Gelände der Domaines Viticoles des Salins du Midi. Die Salzfelder, weißglänzend, liegen links, aber was hat Wein mit Salz zu tun? Nichts, es ist

nur ein und derselbe Besitzer, der auf demselben jahrhundertealten Sandboden Salz und Wein gewinnt, allerdings muß er die Flächen, auf denen er Wein anbaut, zweimal im Jahr mit Rhônewasser spülen. *LISTEL, Vin des Sables*, ist überall zu lesen. In den letzten Tagen habe ich ihn immer getrunken, er steht auf allen Getränkekarten dieser Region, zu äußerst niedrigen Preisen. Vor allem der Weiße und der *gris*, ein Grauer mit leicht rosiger Tönung, sind sehr gut, trocken und einfach.
Ich frage, ob ich mir mal ansehen dürfe, wie er gemacht wird, und ich darf. Monsieur Galaup begleitet mich, ein mediterraner Mann, der so geht, als könne er durchaus auch fliegen, und spricht, als würde er jeden Augenblick lossingen. Wir gehen durch einen kathedralenartigen Raum mit riesengroßen Weinfässern, in denen man schwimmen könnte und die auf beiden Seiten einen uns zugewandten Hahn haben. Ich würde wahnsinnig gern aus einem dieser Hähne trinken, doch soweit ist es noch nicht.
Zuvor kommen wir in einen Raum, in dem andere, viel größere Wagen als der, dem ich hierher gefolgt bin, Tonne um Tonne in eine Maschine kippen, die die Trauben schüttelt, frißt und weiterverarbeitet. Dann steigen wir hinauf. Eine Traubenorgie, pralle, zerdrückte, gequetschte Früchte, Trester, Abfall, und darum herum große Männer in blauen Overalls mit einer Gauloise im Mund. Sie lachen, weil sie fotografiert werden, nehmen opernhafte Posen ein. Monsieur Galaup erklärt mir, daß der *gris* und der *rosé* ebenso wie der *blanc* gleich nach dem Eintreffen gepreßt werden und daß man den Saft dann fermentieren läßt, wohingegen beim Roten die Traube *mit* der Schale gärt. In dem Raum hängt ein schwerer, erdiger Geruch, der einen leicht schwindlig macht. Ich frage, ob ich mir auch die Trauben-

lese ansehen könne. Vor vielen Jahren habe ich irgendwo zwischen Spanien und den Niederlanden eine *vendange* mitgemacht, um meine weitere Rückreise finanzieren zu können. Viel weiß ich nicht mehr davon, ich erinnere mich nur noch, daß es häufig regnete und daß wir auf Knien durch den Schlamm krochen. Vor sechs Uhr standen wir auf, mit einem Kopf wie ein Hauklotz, denn wir bekamen eine Ration von zwei Litern Rotwein am Tag, die wir dann abends auch tranken, um das Elend zu vergessen. Hinter uns ging bedächtigen Schritts der *propriétaire*, der abwechselnd in eine Schimpfkanonade und in ein Opernfragment ausbrach und uns regelmäßig zurückrief, um uns eine (eine!) vergessene Traube abschneiden zu lassen.
Hier haben sie Spanier, Katalanen aus dem Norden. Ich glaube nicht, daß ich jemals Männer so hart habe arbeiten sehen. Sie bilden ein festes Team, sind zusammen gekommen und werden für die Menge bezahlt, die sie am Tag pflücken. Durch die reibungslose Zusammenarbeit zwischen Pflückern und Trägern geht keine Sekunde und keine Traube verloren. Sie verdienen umgerechnet zwischen hundertzehn und hundertfünfundsechzig Mark am Tag. Wegen der Jutesäcke, die sie sich wie Mönchskapuzen um den Kopf gelegt haben, sehen die Träger aus wie Gestalten aus einem Mantegnagemälde. Auf dem Weg steht der Traktor mit dem Anhänger. Dorthin kommen sie, die Holzbottiche mit den Trauben auf dem Kopf oder vor dem Körper tragend, den Blick starr nach vorn gerichtet. Ihre Beine greifen wie Räder in die Erde, soundsoviel Schritte bis zum Wagen, hochheben, auskippen, umdrehen, zurück zum Pflücker, der dafür sorgen muß, inzwischen wieder genug für den nächsten Bottich gepflückt zu haben. Es sind ungefähr zwanzig Mann, zusammen bilden sie eine merkwür-

dige, von einem geheimnisvollen Uhrwerk angetriebene Maschine, die nicht spricht, sondern nur pflückt, sich bückt, hochhebt, geht, ausschüttet und die grünen, wehenden Weinstöcke allmählich leerfrißt wie eine vielköpfige Heuschrecke.
Ein paar Felder weiter hat die Zukunft bereits begonnen. Ein riesiges Ungetüm mit weiten, spinnenbeinartigen Schwingen, ein harkenartiges Flugzeug, das nie fliegen wird, ratscht mit seinen ausgefahrenen Nägeln durch die Weinstöcke, streift ab, pflückt, sortiert und spart dabei, wie man das nennt, neun Männer ein. Nicht, daß es ganz allein pflücken könnte, o nein, zwölf Mann bewegen sich mit ihm durch das Feld und werfen, was sie pflücken, auf sein Transportband. Als ich hinter ihnen hergehe, sehe ich, daß mein damaliger *patron* nicht sehr zufrieden wäre: Da hängen nicht wenige Traubenbüschel noch an den Rebstöcken, aber die sind für den Herrn Journalisten. Am Ende muß die Flederspinne wenden, und das kostet sie so viel Mühe, daß die Männer sich alle für kurze Zeit ins Gras setzen und den Pferden zuschauen können, die auf der anderen Seite eines Wassergrabens zwischen Schwertlilien, Schilf und hohem Gras mit ihren weißen Schweifen wedeln. Als der Mann, der in der Maschine festgewachsen ist wie ein nie geplantes Paarungsprodukt eines Vogelmenschen und eines Zentauren, ruft, daß es weitergeht, springen die Pflücker auf, schneiden mit ihren kurzen, geschliffen scharfen Messern ein wenig grünes, hartes Schilf ab und wischen damit ihre Plastikeimer aus. *Vive le vin!*
In den kühlen Kellern von Listel koste ich dann, wozu diese ganze Arbeit führt: zu einem Wein, einfach wie eine Butterblume, aber doch eine Blume, ein sauberer, kühler, unkomplizierter Geschmack, der seine Herkunft vom Sand-

boden nicht leugnet und, nachdem wir den Weißen, den Rosé, den Grauen und den Roten probiert haben, den Nachmittag doch noch ein wenig aus dem Lot zu bringen versteht – oder, anders ausgedrückt, die Kurve, mit der ich aus dem Werkstor fahre, ist anmutiger als die beim Hineinfahren.

Saint-Gilles

Ein verlorenes Dorf? eine verlorene Stadt? am Rande der Camargue. Staubig, schlampig, einer jener Provinzorte, in denen Simenon einen grauenhaften, aber wohldurchdachten Mord stattfinden läßt. Pharmacie, Alimentation, Tabac, das Mahnmal von 1914-18 mit all den Namen, und darunter 1940-45, viel weniger Namen, aber noch immer die gleichen. Im Krieg zu fallen ging früher in Europa vom Vater auf den Sohn über.

Nein, hier fehlt nichts. Die alte Jungfer in Schwarz, die beim Roßschlachter hundert Gramm Herz für ihre Katze holt, die abblätternden Häuser, in denen unsichtbare Leben verrinnen, die Platanen, die vom Mistral jedes Jahr um eine unsichtbare Winzigkeit weiter zur Erde gebeugt werden, dort aber nie ankommen werden, weil vorher die Welt untergegangen ist, und das zu Recht.

Und mittendrin steht, unerwartet, einer jener Spiegel, die Menschen errichtet haben, um sich selbst zu erkennen, ein Theater aus Himmel und Hölle, Gut und Böse, die Fassade der Kirche von Saint-Gilles. Gut siebenhundert Jahre alt und noch immer gültig. Ich erinnere mich, daß ich auf sie zuging wie eine Katze aufs Fressen, fast nichts sehend, um einfach mittendrin anzufangen, und das war rechts vom Portal, über dem ein Christus ohne Gesicht das All im Triumph durchpflügt, umgeben von den Symbolen der vier Evangelisten: dem geflügelten Mann, dem Adler, dem Ochsen und dem Löwen. Bilderstürmer sind hier am Werk gewesen, doch mit Hilfe dessen, was man von der romanischen Kunst weiß, kann man sich die Gesichter und die Attribute dazudenken, und andererseits macht gerade ihr Fehlen dieses versteinerte Universum so unendlich geheimnisvoll.

Und dann, wie in einem Alptraum, sehe ich die beiden gegliederten gravierten Ungeheuer und zwischen ihnen etwas, das vielleicht einmal etwas ganz anderes war, jetzt aber eine bösartige Erscheinung ist, ein Phantasma mit Händen, die aus dem nasenlosen, mundlosen, tintenfischartigen Kopf mit den Löchern fließen. Andere Dinge sind deutlicher, die Fußwaschung, diese fließende und dennoch im Fluß erstarrte Bewegung, die abgesplitterten Köpfe: In die stille Kontemplation des zwölften Jahrhunderts ist eine spätere Wut eingebrochen. Ich stehe davor und empfinde Zufriedenheit, weil die Symbolik der Darstellungen mir noch gegenwärtig ist: Ich gehöre dazu. Zu einem indischen Tempel, einem ägyptischen Königsgrab müßte ich ein Handbuch mitnehmen, dies dagegen bin ich noch selbst, diese schaurige Szene mit den beiden sich umschlungen haltenden Männern, deren Bärte aus ein und demselben Stück Stein gemeißelt sind, diese Szene, in der der eine mit dem gleichen blinden Blick wie der andere diesem einen Kuß gibt, das ist Judas, das ist der Verrat, das kenne ich. Was ich davon glaube oder nicht glaube, spielt keine Rolle: Für den Mann, der dies herausmeißelte, der diesen toten Stein zum Fließen, Strömen, Bewegen brachte, war das, was er darstellte, ebenso klar, wie es das jetzt, über Kriege,

Pest und alle Veränderungen hinweg für mich immer noch ist. Warum empfinde ich das soviel *physischer* als sonst, als könnte ich da hineingesogen werden, selbst ein Teil der Szene, bis mein Gesicht zu einem Symbol meines Gesichts und dann zu dem aller Gesichter erstarren würde? Es sind namentlich bekannte Menschen, die dort stehen – und sie stehen auf meiner Höhe –, sie sind physisch nahe, und trotzdem sind diese Figuren schon lange nicht mehr die, die sie benennen, sie sind beladen mit dem Niederschlag, dem Bösen und der Hoffnung der Zeit, mit allem, was die Welt an Bodensatz auf ihnen hinterlassen hat. Unverändert, sind sie durch unseren Blick trotzdem verändert, und jetzt, da ich sie weiter anschaue, werden sie stärker und ich schwächer, werden sie mehr und ich weniger, bis ich mich dünn und billig fühle und verschwinde und sie mächtig zurücklasse, Heilige, Engel, Tiere und Teufel, in der Verbitterung zwischen Himmel und Hölle.

Aigues-Mortes

Aigues-Mortes, »Tote Wasser«, welche Stadt heißt so? Am westlichen Rand der Camargue ragt sie aus nichtssagendem flachem Land auf wie eine steinerne Riesenfaust, diese Stadt, die eine Festung ist, eindrucksvoller als Carcassonne, eine Mauer mit Türmen. Und inmitten dieser Mauer, zusammengeharkt, zusammengeschoben, ein unscheinbarer Ort, wie um zu beweisen, daß innerhalb solcher Mauern Menschen leben konnten. Hier, zwischen all dem Stein, muß auch der Ruf erschallt sein: »Deus lo vult!«, Gott will es, als Ludwig IX. 1248 seinen ersten erbärmlichen Kreuzzug anführte. Unsere Beziehung zum Nahen und Mittleren Osten stammt nicht erst von gestern. Auf diesem ersten Kreuzzug wurde der heilige König gefangengenommen und wartete, nachdem er endlich freigekauft war, vier Jahre vergeblich in Syrien, daß der Papst ein neues Heer schickte, das Heer, das nie eintraf. Das waren Zeiten! Ruhmlos und besiegt kehrt Ludwig zurück. Und jetzt, zwanzig Jahre später, bereits ein alter Mann, steht er wieder in Aigues-Mortes, bereit für einen neuen Kreuzzug, von dem er nicht mehr zurückkehren wird, er nicht und fast alle anderen auch nicht. Damals besaß die Stadt noch einen Hafen, jetzt liegt sie wie ein gesunkenes prähistorisches Schiff für immer auf dem Grund des Meeres, das Land heißt. Hunderttausend Mann folgten Ludwig. Wohin? Das wußten sie zu diesem Zeitpunkt noch nicht. Von den Wehrgängen aus sah man sie davonfahren, die Tausende von Schiffen, die Flaggen, die Segel, auf dem Weg nach Sardinien, nach Tunis, auf dem Weg zur Pest und zur Katastrophe, verschwunden im leeren Loch der See, nie wieder zurückgekehrt. Und heute? Nichts mehr. Mauern, auf denen man entlangspazieren kann. Von jedem beliebigen Punkt aus kann man die ganze Stadt sehen, und wenn man seine Runde gemacht hat, kommt man wieder zum Tour de Constance zurück. Klebt nur genug Geschichte an einem Ort, so bewahrt dieser sämtliche Schrecken, wie eine Narbe, die nie mehr verschwindet. Fast fünfhundert Jahre nachdem König Ludwig den Tour de Constance hinter dem Horizont verschwinden sieht, wird in ihm eine junge Frau eingesperrt, Marie Durand. Sie weigert sich, dem Protestantismus abzuschwören, und wird achtunddreißig Jahre in diesem Turm bleiben. »Recister« (*resister*) hat sie mit einem Stein in den Stein gekratzt, es ist noch heute zu lesen. Die Greuel, die wir in unserer eigenen Zeit angerichtet haben, sollten einen eigent-

lich davon abhalten, die Taten früherer Geschlechter allzu dramatisch zu beurteilen, doch wenn man diesen Turm betritt, befällt einen ein heiliger Schauer. Die feuchte Kälte, das meterdicke Gemäuer, die Schlitze, durch die man auf die flache, unscheinbare Landschaft schauen kann, plötzlich kommt es einem so vor, als würde die Vorstellung von jenen, die hier gebetet haben, gefoltert wurden, jahrelang im Dunklen lagen oder Monate warteten, bis sie auf den Scheiterhaufen kamen, physisch und greifbar.
Ein guter Geist hat das alles aus- und nachgestellt, Briefe, Dokumente, fiebrige Flehbriefe sowie die ablehnenden Antworten adliger Herren, dünne Tintengespinste auf Pergament, geschrieben von verschwundenen Händen, getrockneter Haß, getrocknetes Leiden, getrocknete Zeit.

Abschied

Für wen ist die Camargue nun eigentlich da? Für Menschen, die auf Pferden reiten, und das tue ich nicht. Aber ich habe sie sehr beneidet, wenn ich so einer *posse* begegnete, den Strand entlanggaloppierend oder auf einem schmalen, wilden Reiterpfad irgendwo entlang der Rhône. Sie ziehen für mehrere Tage hinaus, machen irgendwo ein Feuer und rösten große Fleischstücke, gehen früh schlafen und lassen Gestank und Undank der Stadt aus ihrem Organismus sickern. Die von der sommerlichen Sumpfsonne und dem winterlichen Salzwind gegerbten »echten« Reiter der Camargue, die gewöhnt sind, mit Stieren, wilden Pferden und miteinander umzugehen, lächeln gelegentlich etwas spöttisch über diese Städter, aber was soll's? Die großarti-

gen Zeiten von früher sind vorbei, und essen muß man schließlich.
Das kann man in dieser Region übrigens ausgezeichnet. Nicht weit von Saintes-Maries gibt es ein Restaurant mit *einem* bescheidenen Stern im Guide Michelin, in dem man für 23 Francs, knapp 15 Mark, ein fünfgängiges Menü inklusive Wein erhält, und das kann sich sehen lassen. Wildentenpâté, Fischrogen, mit etwas Scharfem zu einer fremdartigen rötlichen Paste verarbeitet, eine Bouillabaisse aus nur einem Fisch, Aal aus der Region, ein Stück gekochtes Rind mit Linsen, Käse und selbstgemachter Zwetschgenkuchen, und danach schwingt man sich mit Tränen in den Augen wieder in den Sattel.
Für umgerechnet eine Mark fünfzig kann man auch eine ganze Kohlenschaufel voll kleiner Muscheln bekommen, *tellines*, die man aussaugen muß. Hinterher kann zwar ein Spatz auf deiner Knoblauchfahne sitzen, aber zusammen mit einem kalten weißen Sandwein kann man dadurch doch sehr glücklich werden. Und sonst? Zigeuner im Oktober, Pferde und Stiere das ganze Jahr hindurch, Sagen und Legenden und ein Geheimnis, nach dem man nicht suchen darf, denn dann verliert es sich. An meinem letzten Tag gehe ich ins Wachsfigurenkabinett, das der Besitzer meines Hotels, Iou Boumian, ein zigeunerhafter Hallodri, selbst geschaffen hat.
Schreckliche tote Vögel, Marder, Frettchen und Fische warten hinter Glas und ohne Seele auf die Unendlichkeit, und an den Wänden hängen vergrößerte Aufnahmen von früher. Auch ihnen haftet etwas Tödliches an, all diesen verschwundenen Menschen, die wie selbstverständlich auf dem Bahnsteig in der Nachmittagssonne warteten und nicht wußten, daß ihnen ein Moment aus ihrem Leben geraubt wurde und

daß sie hier den Blicken der Nachwelt ausgesetzt sein würden. »Après l'arrivée d'un train.« Sie sind weg, der Zug ist weg, und da hängen sie nun, ein paar von der Zeit gedunkelte, damals noch unbekümmerte Schemen. Sie hätten sehr viel besser erzählen können, was die Camargue ist, als ich. Zu sehen ist auch noch ein Foto von Emma Calais, genannt »Emma la Caballera«, einer Schönheit aus Arles auf einem Schimmel, der sich aufbäumt und vor dem Stier tanzt, denn Emma, auch sie längst tot, war eine *rejoneadora*, eine Stierkämpferin zu Pferde, anfangs ausgelacht, zum Schluß verehrt und durch eine deutsche Salve in einem Auto gestorben. Ein exemplarisches Frauenleben, wenn man diese Fotos sieht. Meine einsame Anwesenheit zwischen all diesen Puppen und Fotos hat etwas Gruseliges. Ich bin der einzige Besucher, und sie brauchen mich nicht, die wächsernen Jäger, die wächsernen Fischer, der wächserne Pfarrer und die wächsernen Kartenspieler, für ewig ein und denselben Trumpf in den kerzenartigen Händen, was für ein Elend. Ich flüchte ins Freie und fahre zurück nach Norden, wo die Reiskulturen bereits vorrücken, um die antiken Sümpfe zu vertreiben und zusammen mit den Touristen letztendlich das zu verschlingen, weswegen diese Touristen gekommen sind: eines der letzten Stücke wilden Europas. Die Sonne scheint, der Mistral weht, ich überquere die Rhône, auf dem Weg in die Niederlande, Land der Kälte und der alten Menschen.

1973

1 Herman Rudolf (Rudy) Kousbroek (geb. 1929): niederländischer Schriftsteller und Essayist; zahlreiche Artikel zu philosophischen, politischen, naturwissenschaftlichen und historischen Themen in *Hollands Maandblad*, *NRC Handelsblad* und *Vrij Nederland*.

2 Adriaan Roland Holst (genannt Jany, 1888-1976): niederländischer

Schriftsteller, während des Zweiten Weltkriegs weigert er sich, der Kulturkammer, die die Nazis eingerichtet hatten, beizutreten.
Jan Jacob Slauerhoff (1898-1936): niederländischer Romancier und Lyriker, auf deutsch erschienen *Das verbotene Reich* und *Christus in Guadalajara* (mit einem Nachwort von Cees Nooteboom).

3 Denys Colomb de Daunant (1922-2006): französischer Schriftsteller und Filmemacher, bekannt als Co-Drehbuchautor des preisgekrönten, in der Camargue spielenden Kurzfilms *Crin-Blanc ou le cheval sauvage / Der weiße Hengst* (Frankreich 1952, Regie: Albert Lamorisse).

Xhoris Aywaille Ohey!

Erst heißen die Orte noch Waterschei, Stokrooie, Horpmaal und Overwinden, doch keine Stunde später bereits Xhoris, Soheit-Tinlot, Aywaille und Ohey. Dann ist man aus seiner eigenen Sprache gefallen und in eine andere hineingefahren. Dann ist man in Belgien, in den Ardennen und unübersehbar im Ausland. Würde man von plötzlicher Todesangst ergriffen, könnte man sich einfach umdrehen und in wenigen Stunden wieder zu Hause sein. Näher kann einem das Fremde nicht gebracht werden. Es ist ein herbstlicher Nachmittag, wir haben die Polder gegen Hügel eingetauscht, das Gerade gegen das Geschwungene, der Abend hat seine grauen Knechte vorausgeschickt, und ich stehe an der Kirche von Xhingesse und versuche vergeblich, die Grabsteine zu lesen. Vor tausend Jahren hätte ich hier auch schon stehen können, den Rücken an dieselben Steine gelehnt, und zuschauen, wie der Nebel die Landschaft allmählich zudeckt, in Erwartung von hundert Kriegen und tausend Ernten – und selbst da war die Kirche schon ein paar hundert Jahre alt.
Diese Nacht werden wir in Durbuy verbringen, der kleinsten Stadt Europas, mit dreihundert Einwohnern und einer Brücke über die Ourthe. Die Straße dorthin ist schmal und kurvig, der Wald bis zum Rand praller Herbst. Wir kommen durch eine Wiese mit einer geschlossenen Schranke mittendrin. Ein mürrischer Mann tritt aus dem Haus und kurbelt sie hoch: Wir sind der einzige Zug, der an diesem Tag hier verkehrt. Eine Filmkamera mit Teleobjektiv auf den Hügeln hinter uns würde es so aufnehmen: Rotes Auto stoppt

vor der Schranke, Mann tritt heraus, Schranke geht hoch, Auto fährt durch, verschwindet in einer Nebelbank, kommt wieder zum Vorschein, fährt an mittelalterlichem Bauernhof vorbei, steuert auf den Fluß zu, kommt nicht weiter, steht vor dem schwarzen, schnellen Wasser, vor den gelben, jämmerlichen Herbstbäumen, kehrt um, wieder den Schlammweg entlang, steht wieder vor der Schranke, Mann tritt heraus, geht an dem Schild vorbei, auf dem steht, daß die Schranke nach sechs Uhr abends nicht mehr hochgeht, öffnet die Schranke, Auto verschwindet in der Landschaft.

In Durbuy ist die große Stille bereits eingetreten. Die Menschen haben sich hinter ihren geschlossenen Fenstern vergraben, wir haben die Wahl zwischen drei Hotels und entscheiden uns für »Das Wildschwein der Ardennen«. Große Ruhe. Ein offenes Feuer knistert, und draußen knistert der Fluß. Das Radio bringt Nachrichten auf spanisch, über einen Streik. Mitten in der Wirtsstube steht ein großer Bauernkarren mit sämtlichen Fetischen der Eßsüchtigen: Schinken und ausgestopfte Hasen, ein ausgestopftes Eichhörnchen wacht über einem Kupferkessel (in dem Kochbuch von Toulouse-Lautrec steht ein Rezept für Eichhörnchen, doch das können sie nicht einmal hier bieten), eine Wachtel sieht sich zusammen mit einem sehr kleinen Reh zwei mediterrane Landschaften an der Wand an, auf dem Fußboden liegen Wildschweinfelle, ein schwarzweißer Hund, ermattet von lebenslanger Jagd, begibt sich schleppenden Schrittes von einem großen Ledersessel zum anderen und schielt nach einer großen Zuckerdose, ich frage mich, was aus den Ardennen werden soll, wenn es keine Wildschweine mehr gibt.

Nicht nur nah sind die Ardennen, sondern auch billig. »Le Sanglier des Ardennes« bietet ein Reißausmenü für fünfunddreißig Gulden, wobei neben dem gigantischen Abendessen auch noch das Zimmer und das Frühstück mit einbegriffen sind. Kein schlechter Ausdruck, »Reißausmenü«. Es besteht natürlich zu einem großen Teil aus Tieren, die nun gerade nicht mehr rechtzeitig Reißaus nehmen konnten, doch der Vorteil von Belgien liegt nun mal darin, daß Essen hier nicht als moralisch verwerflich gilt, etwas, das man fast im verborgenen tun müßte, die als Nahrung getarnte Notwendigkeit hastig in sich hineinschaufelnd. Im Gegenteil, es *soll* sogar schmackhaft sein und, was mir in dieser düsteren Jahreszeit noch besser gefällt, vorzugsweise auch viel. Ich esse ausschließlich gegen die Melancholie, und das hat man in den Ardennen gut verstanden: Wenn alles um einen herum zusammenbricht, die Blätter von den Bäumen und die Bäume auf einen Holzwagen fallen, wenn der ganze Krempel entblößt, entblättert, kahlgewaschen und ausgefroren wird, dann entwickelt sich Essen zu einer metaphysischen Tätigkeit, einem geistigen Exerzitium, bei dem die Wachtel mit Muskatellertrauben, die Flußkrebse nach Art des Hauses, der brabantisch gebratene Fasan dem Menschen entgegeneilen, um ihn vor völliger geistiger Zerrüttung zu bewahren.

Als ich wach werde, sehe ich, daß ich in einem sehr kleinen Zimmer liege, mit fiebriger Tapete, das Geräusch der Ourthe ans Fenster geklebt. Eine bleiche Sonne scheint auf die Felswand, und auf einem kahlen Ast sitzt ein giftiges Vögelchen, das diesen Moment abgewartet hat, um sich mit seinem kleinen schwarzen Leib ins Wasser zu stürzen. Kein Selbstmord, hoffe ich. Die Autoscheiben sind zugefroren, und auch bei Tag ist es in Durbuy totenstill. Wir fahren weiter Richtung Hotton, wo sich unter den Brüsten und Schenkeln der weiblichen Landschaft Höhlen befinden sollen. Der Nebel ist ganz hell geworden und liegt über der ganzen Landschaft. Die Bäume stehen in Flammen. Die Wälder und Hügel dahinter sind zuerst ausgeschnitten und danach verwischt worden, und unter dem Licht, das der Nebel ist, hat der Gesamtkünstler, der dies geschaffen hat, für diese Gelegenheit auch Zäune und Kühe aufgestellt. Das Land ist in Streifen aufgeteilt und die Streifen wiederum in Schichten, und dahinein hat der Winter seine ersten kalten Zähne geschlagen. Man blickt auf die Landschaft, während man selbst ganz still auf einer Hügelkuppe steht. Überall regt sich etwas. Zwei Elstern, zusammengefaltet, werden über die Bäume hinweg auf die Wiesen geworfen, ein Hase trommelt auf den gefrorenen Boden, und sollte man es womöglich mal schaffen, kurzfristig ganz ruhig zu sein, dann könnte man die unterschiedlichen Sprachen des Windes verstehen: wie er mit dem Gras spricht, wie mit den Eichen, den Tannen, der leeren Luft zwei Meter über dem Erdboden.

Hotton. Samstag morgen. Die Bauern sind aus ihren Häusern gekommen, um zu kaufen und zu verkaufen. Gleich gehen sie wieder zurück, verbarrikadieren sich gegen den weißen Winter und essen einen Schinken, so groß wie eine Kuh, eine Pastete, so groß wie ein Pferd, und eine Wurst, so groß wie ein Wildschwein. Wenn sie gegen Abend davongezogen sind, bleibt der kleine Ort grau und unglücklich liegen wie eine alte Dame, die die Treppe hinuntergefallen ist. Nichts ist hier los. Die Höhlen sind geschlossen, und der Mann, der sie aufschließen könnte, sitzt obendrauf und hat keine Lust dazu. Ich stampfe auf den Boden, höre aber nichts. Vielleicht gibt es da ja gar keine Höhlen, bei den Belgiern weiß man nie. Wir stehen etwas verloren im Wind und schauen dem Ballett eines Mannes mit Schubkarre zu. Zwei Girlitze setzen einander nach und lassen sich dann auf einem entkleideten Ahorn nieder. In unsichtbarer Ferne bimmelt der Angelus, ein bleierner Jesus hängt an einem farblosen Holzkreuz neben einem purpurnen Brombeerstrauch, die Füße frei, von hinten allerdings mit zwei rostigen Muttern stramm befestigt, Maulbeerflaum auf der linken Schulter, wir landen in Marche-en-Famenne, im »Le Manoir« und dort in einem vornehmen Altherrenzimmer, wo es Pastete in Steintöpfen gibt und die Hasen und Fasanen der handgeschriebenen Speisekarte in großen Kupferschalen auf dem Tisch liegen.

Ich fühle mich, als wäre ich einen Tag lang zu Pferd unterwegs gewesen und hätte einen abgegriffenen Liebesbrief der Marquise von P. an den Grafen von S. in meinem Knappsack. Altmodisch komme ich mir vor. Während die ganze Welt damit beschäftigt ist, einen fast ausgestorbenen Schwafelfinken, eine am Rande des Nichts taumelnde Quasseltaube sowie die sechs letzten Plapperhörnchen vor dem Untergang zu bewahren, sitzen wir hier mit einer kleinen Kongregation Schlemmer und Vielfraße und bieten der Verarmung, Verhormonisierung und Vergewaltigung der Küche mannhaft die Stirn. Vor allem in einer Gegend wie dieser fällt das auf: Essen war der direkteste Bezug zwischen dem, was auf dem Lande wuchs, darauf herumrannte und sich paarte, und dem, der darauf arbeitete. Man mußte davon leben, aber es schmeckte auch gut. Man baute es selbst an, schoß es selbst, bereitete es selbst zu und aß es selbst, und aus dem, was übrigblieb, machte man noch etwas für spätere, kältere Tage oder spätere – bessere oder schlechtere – Stunden. Wer sich dem nun hingibt, tut es aus Heimweh: Nicht nur die kleine Buchenallee in Armersdijk, sondern auch das wahnsinnig leckere Gericht, das der Wirt von »Le Manoir« aus zwei lokalen Käsesorten macht, muß geschützt werden. Und darauf trinken wir dann noch eine Flasche Hauswein, ohne Etikett, aber besser als der zusammengepanschte spanisch-algerisch-tunesisch-marokkanische Beaujolais nouveau aus dem Supermarkt. Und billiger.

Am nächsten Tag steht die Tür des Nordpols offen, es zieht in den Ardennen. Wir fahren über eine weite Ebene, über die der Wind jagt, Richtung Miramont. Gleich außerhalb des Dorfes liegt der Friedhof, eine Enklave des Todes, eine Aussparung in dem fruchtbaren Land, verteidigt von einer Mauer und einem verrosteten Eisentor, das ein kreischendes Geräusch von sich gibt. Die Töpfe mit den Plastikchrysanthemen sind umgefallen, und auch sonst hat niemand mit unserem Besuch gerechnet. Die Toten, die dort liegen, liegen da meist schon lange, sie haben einander ihr ganzes Leben lang gekannt, gehaßt, geliebt, der Himmel mag wissen, wie viele Simenons hier unter den steinernen Betten schlummern. À la mémoire de Marie Graisse, née le 26 sept. 1862, décédée le 3 avril 1938. Nicolas Batter starb am 19. 12. 1859, zweiunddreißig Jahre alt, und im März 1882 kam sein Sohn Jean Baptiste, vierundzwanzig, hinzu, um ihm für ewig Gesellschaft zu leisten. Marie France Gaspard verstarb 1914, kurz vor dem großen Elend, achtzig Jahre alt, und ihre ebenfalls unverheiratete Schwester Joséphine, dreiundachtzig, hielt es kein Jahr allein aus und legte sich daneben. Man sieht sie vor sich, die beiden alten Jungfern, mit blauen

Schürzen und sonntags in Schwarz, wie sie vom Bauernhof zur Messe schlurfen und von der Andacht zum Bauernhof, ein Leben lang in Miramont und dortselbst *pieusement* verschieden, zwei reine Seelen, die über die damals noch viel dunkleren, dichteren Wälder flatterten, schnurgerade hinein in einen großen belgischen Himmel voll Blutwurst und Apfelkuchen.

Als Kind brachte ich dem heiligen Hubertus, wie man das nennt, große Verehrung entgegen, die wohl irgendwo in meiner Familie wurzelt, denn auch mein im 19. Jahrhundert geborener Vater war so getauft. Wir haben nun mal eine Vorliebe für plötzliche dramatische Ereignisse – und was denkt man dann von diesem Bruder Leichtfuß, der zu Pferd in einem finsteren Wald einen riesigen Hirsch verfolgt, bis dieser sich plötzlich umdreht, und siehe da: Zwischen den Ästen seines Geweihs erscheint ein goldenes Kreuz mit einem durchscheinenden, ach so hellen, leuchtenden Christus! Zudem war Sankt Hubertus nicht nur der Schutzheilige der Jäger (den ich mir nach dem Tode meines Vaters, als ich elf war, bei meiner Firmung selbst als Schutzheiligen wählte), sondern galt auch als jemand, der »Fasler, Besessene und Geisteskranke« heilen konnte, das heißt: ob ich nun Jäger würde oder verrückt, bei ihm war ich an der richtigen Adresse.
Die ihm geweihte Basilika in Saint-Hubert, mitten in den Ardennen, ist kalt und verlassen, als wir eintreten. Vor dem Altar steht ein mit einem schwarzen Tuch bedeckter Sarg, in dem also wohl jemand liegt, doch niemand ist zugegen. Keine Totenwache. Oben in der Kirche fehlt eine Fensterscheibe, vor der Öffnung hängt ein grünes Segeltuch, das knallt und flappt wie bei einem Dreimaster auf hoher

See. Es ist eine üppig ausgestattete, elegante und, wie der *Guide Bleu* sagt, »flamboyante« gotische Kirche, mit einem sinnlichen Renaissancealtar. Hubertus hat das Gesicht eines berühmten römischen Filmstars, und zum erstenmal sehe ich, daß das Kreuz nicht im Schädel des Hirsches festgewachsen ist, wie ich immer gedacht hatte, sondern lose zwischen dem Geweih schwebt, *à la légère*, genauso wie die ganze Basilika etwas Lockeres und fast Leichtfertiges hat im Gegensatz zu den ringsum liegenden düsteren germanischen Wäldern voller Schweine und Böcke. In Saint-Hubert selbst wird es Abend. Wir spazieren an der Autowerkstatt St. Hubert und dem Standbild von Pierre-Joseph Redouté vorbei, »Blumenmaler am französischen Hofe«, flankiert von vier erkalteten Sphinxen mit abgeschlagenen Nasen, und trinken einen verbotenen lokalen Genever in einer Kneipe mit hellgelackten Bänken, lämpchenbesetzten Geweihen, einer Diekirch-Bier-Uhr und einer Horde Männer mit Lederjacken und Schirmmützen, die blonde Des Moines trinken und nicht auf den feenhaften Jüngling im Fernsehen achten, der singt, es gebe nichts Schöneres als deine Augen, nichts.
Es ist leer in den Ardennen, im November. Wer sich ordentlich durchpusten lassen will, sollte es dann besuchen. Bei einsamen Waldspaziergängen sammelt man gerade soviel Trübsinn, wie man bei der Mahlzeit wieder verjagen kann, das perfekte Gleichgewicht.

Auf dem Weg nach Bouillon halten wir an, lassen das Auto an der leeren Straße stehen und gehen auf gut Glück in den Wald hinein. Wald? Nein, Dickicht. Es macht den Eindruck, als wachse es hier schon seit dem Beginn der Schöpfung. Die Stille ist absolut und die Sicht nicht weiter als ein paar Meter. Danach beginnt ein undurchdringliches Schwarz, in dem sich die schrecklichsten Dinge abspielen müssen. Manchmal schreit eine Krähe November, November, manchmal schlägt ein Tannenzapfen donnernd auf der Erde auf, darüber hinaus herrscht nur Seufzen und Schweigen, bis das Schreckliche geschieht: Wir stehen Auge in Auge mit einer Rotte Wildschweine. Sie stinken wie aus *einer* riesengroßen prähistorischen Achselhöhle, grunzen, machen dann mit einer einzigen rasend schnellen Drehbewegung kehrt und sind, hinter ihrem Anführer her, im gotischen Dunkel verschwunden. Die beiden Stadtbewohner stehen angenagelt da und starren in die Richtung der entfleuchten *médaillons de marcassin* und *civets de sanglier* und machen dann, daß sie in die Stadtmauern von Bouillon kommen, wo der bewaffnete Geist des großen Kreuzritters noch umherirrt.

Auch in Bouillon ist es still. Alle 3100 Einwohner haben sich versteckt, der Semois murmelt sein jahrhundertealtes Gemurmel, und das Schloß steht bereit, eine verschwundene Kriegerart zurückzuschlagen. Aus dem »Hotel de la Poste« – wo Napoleon III. vom 3. auf den 4. September 1870 als Kriegsgefangener nächtigen durfte – wirbelt der Besitzer heraus, gefolgt von einem flinken Italiener. Wir dürfen keinen Handschlag selbst tun, werden so ungefähr in unsere Zimmer getragen – schöne, prachtvolle altmodische Räume, in denen man mit Vergnügen den Geist aufgäbe, Vorhänge aus dunkelgrünem Velours, knarrende Fußböden aus schmalen, hundert Jahre lang von Füßen polierten Brettern, ein Telefon, das klingelt, als läutete tief in ihm ein Zwerg, und *in* dem Zimmer ein Bad aus sanft schimmerndem Mattglas, hinter dem man zu dieser Stunde gern eine weibliche Silhouette sähe. Wir essen in großer Einsamkeit. Jedes Gericht wird von einer langen Reihe von Schritten angekündigt, die irgendwo weit weg in der Dunkelheit beginnen und sich beim Näherkommen als Forelle, ein Stück Roquefort, eine Birnentarte und ein Glas Marc entpuppen, das die Müdigkeit des Tages aufs richtige Gleis rangiert und uns in Großvaters Bett treibt. Der Morgen weckt uns mit tragischem, nicht enden wollendem Glockengeläut. In der grauen Morgenluft ziehen kleine Menschengruppen über die Brücke, Blumensträuße in die kalten Hände geklemmt, Richtung Friedhof. Es ist Waffenstillstandstag in Belgien, und wenn ich sie da so dahintrotten sehe, das, was in historischen Theaterstücken »das Volk« genannt wird, sie, die die Gefallenen überlebt haben, wird mir bewußt, daß Europa wirklich zu alt ist – denn wie oft hat diese Glocke durch die Jahrhunderte hindurch hier nicht schon über dem Marktplatz gejammert, bei wie vielen Kriegen, Niederlagen, Siegen, Gedenkfeiern, und nach jeder Schlacht ziehen hier schon so viele Jahrhunderte lang die Besiegten, die Sieger an diesen viel zu alten Mauern vorbei, ihre Namen sind Luft geworden, geschmolzen zu Geschichte, Jahreszahlen, Schlachten, eine Garnierung von Herzognamen, eingetauscht gegen Grenzen, bestenfalls eine alphabetisch geordnete Liste auf einem visionären Denkmal mit Bajonetten, flachen Helmen und einem unsichtbaren Feind sowie irgendeiner üppigen, mythischen Frauenfigur, von der kein Mensch etwas hat, weil sie aus Stein ist.

Irgendwann einmal, vor sehr langer Zeit, wollte ich in ein Trappistenkloster eintreten. Der Abt, ein vernünftiger Mann, wies mir ein kleines Zimmer zu und gab mir ein Buch über das Leben des heiligen Petrus Abaelardus auf lateinisch, gelbliches Papier und einen Bleistift. Wenn ich das

Buch übersetzt hätte, würden wir noch einmal darüber sprechen. Die Übersetzung ist nie fertig geworden, doch für die Trappisten habe ich bis heute eine Schwäche. Im Süden Belgiens, nahe der französischen Grenze, nicht weit von Bouillon, liegt die Abtei Orval. Dort wird viel gebetet, wenig gesprochen, und man braut dort ein Bier, das seinesgleichen sucht. Es ist leicht orangefarben getönt, schmeckt ein wenig säuerlich-bitter und wird passenderweise in handfesten kelchartigen Gläsern serviert. Man fühlt sich entfernt an Kirschkerne und Herbstblätter erinnert, und mit diesem Orval ist es das gleiche wie mit Geuze oder Lambiek oder Triple: Ein Hauch Breughel und Mittelalter ist darin hängengeblieben. Das Kloster Orval ist ungeheuer groß, aber es ist wie bei seltenen Tieren: Die Mönche sterben aus, und es gibt niemanden, der einen Verein für sie gründet. Sichtbar werden auch die Mutationen, die das Aussterben einer Art begleiten. Tausend Jahre lang trugen alle Trappisten ein Krönchen (*la couronne des moines*), einen ganz dünnen Haarkranz um den sonst kahlen Schädel – jetzt ist es verschwunden. Als ich den Gästepater danach frage, sagt er, »die Jüngeren« hätten ihr Haar einfach normal wachsen lassen wollen. Und nach tausendjährigem Schweigen haben sie plötzlich eine Stimme bekommen. Mich ergreifen zwiespältige Gefühle. Wenn jemand so weit geht, sein ganzes Leben in ein und demselben Kloster zubringen zu wollen, was kann es ihn da kümmern, wieviel Haar er noch auf dem Kopf hat? Pater Namibius erzählt mir sogar, es gebe junge Ordensbrüder, die die Kutte ganz abschaffen wollen. Sogar die Progressivsten, oder gerade sie, setzen sich heutzutage fürs Erhalten beziehungsweise Konservieren ein: Die Gesellschaft soll (und muß auch) umgekrempelt werden, doch *gleichzeitig* soll der Dämmerhag im Ratssaalwald in völlig unberührtem Zustand bis zum Ende der Welt so und nicht anders erhalten bleiben. Wunderbar, doch der Vergleich ist auf den Glauben nicht übertragbar. Wer da progressiv ist, stößt um und läßt sich davon nicht abhalten. Für manche darf Wein auch durchaus Tee sein, der letzte Rosenkranz wurde von drei geduldigen Vogelwächtern in Geleen gesichtet, und in dreißig Jahren wird ein Dominikanerhabit von der Stiftung Neues Römisch-Katholisches Weben nach alten Gemälden neu nachgewebt, weil auch die Dominikaner seit den fünfziger Jahren zum aussterbenden Wild gehören, zusammen mit dreiunddreißig winzig kleinen Schwesternorden, bei denen sich niemand die Mühe gemacht hat, die hochspitzen Flügelhauben und den dreifach geknoteten Gürtel wenigstens einmal zu fotografieren, bevor sie von den verderblichen Neuerern für alle Zeiten jedem menschlichen Auge entzogen wurden. Womit ich nur sagen will: Seit ich die Mutterkirche verlassen habe, befällt mich gelegentlich Wehmut angesichts der rasenden Geschwindigkeit, mit der sie sich all ihrer Federn entledigt – stellen Sie sich bloß mal die Aktionen vor, wenn eine komplette Vogelrasse im Europoort-Gebiet plötzlich anders zu singen begänne! Ja? Und wenn fünf Millionen Katholiken auf einmal ihr Latein in den Gully werfen, hört man lediglich die Reaktionäre der Legion. Ich meine ja nur: Hier stehe ich im Chor der Abtei Orval, und statt der kristallenen Härte des Latein ertönt das affige, modische Französisch, ein länglicher Mönch – dazu auch noch ein Benediktiner (früher blieben die in ihren eigenen Klöstern, aber damals gab es ja auch noch die *stabilitas loci*, will sagen: Wo man eintrat, da blieb man) – verbreitet sich des längeren über die *tonalité christique*, was immer das sein mag, ich fühle mich einer Jugenderinnerung und damit meiner selbst beraubt und habe Heimweh nach diesen kalten, gräßlichen Nächten, in denen ich um zwei Uhr nachts (ist auch kein Muß mehr) in der Acheler Klause geweckt wurde und dann zwei Stunden lang diese weißen Gestalten unter mir sah, wie sie einander lateinische Gesänge zufächelten. Man wußte, das geschah in diesem Augenblick an fünfzig Orten in Europa, man wußte, es war schon seit tausend Jahren Brauch, man verstand nichts davon, denn es war etwas Unmenschliches, ein Naturphänomen, und damit etwas, das so hätte bleiben müssen, genauso wie Brandgänse, Meerwasser und Mutterliebe, aber das kannst du heute vergessen.

Draußen warten wieder die Ardennen und der Herbst, und die Stille, die wahre. Wir fahren nach Nordosten, ins Hohe Venn, wo kahle Geister auf der Suche nach ihrer Seele umherirren. Die Heide sieht aus wie versengt, der Himmel ist schmutzig, und als wir in Eupen aussteigen, hören wir einen Sprachbrei, der uns nicht schmeckt. Wir essen einen *Leberknödel*, bleiben aber nicht für die »große Jubel- und Galakappensitzung Samstag unter dem Motto: Wir machen weiter«. Wir machen auch weiter und fahren nach Maastricht und nach Hause. Aber es ist doch so, als wären wir sehr weit weg gewesen, bis ganz in den Ardennen. Und dabei waren es nur ein paar Tage. Und dabei war es ganz nah. Merke dir also: Wenn die brennende Sehnsucht nach Pampas und Wüsten nicht gestillt werden kann oder wenn kurz vor oder nach dem Winter Sorgen, Unlust, Melancholie oder bösartiger Ekel aufkommen, so wisse, daß es hier ganz in der Nähe ein leeres, romantisches und heilkräftiges Ausland gibt, in dem man, zu zweit oder allein, essen, schlafen, wandern und vergessen kann. Mehr braucht es nicht.

1971

Verwehte Reden

Rheinsberg?
Ja, Rheinsberg.
Die deutschen Freunde nicken. Natürlich, Rheinsberg, das Wort, der Name fließt ihnen wie selbstverständlich von den Lippen, vielleicht empfinden sie sogar ein wenig Mitleid mit dem armen ausländischen Fragensteller. Rheinsberg! Sofort ist das Wort von anderen, bekannteren Klängen umgeben, Friedrich der Große, Tucholsky, von Katte, Voltaire, Tauentzien, Fontane ... Er hört den leisen Vorwurf in ihren Stimmen und weiß nicht gleich, wie er all diese Namen mit dem nie zuvor vernommenen Wort in Verbindung bringen soll. Natürlich, es ist seine Schuld, was ist das auch für ein merkwürdiger weißer Fleck in seinem Wissen von ihrem Land, wie kommt es, daß sie ihn noch nicht früher ertappt haben ...? Und von allen Seiten kommen sie jetzt auf ihn zu: Claire, die eigenartige Claire mit ihrer seltsamen, verwirrenden Ausdrucksweise aus Tucholskys *Rheinsberg. Ein Bilderbuch für Verliebte*, wie sie mit ihrem Wolfgang in den Wäldern rings um Rheinsberg spazierengeht und sich mit ihm verlustiert; der junge Kronprinz, der von seinem Turmzimmer aus auf dieselben Wälder blickt, als er seinen *Antimacchiavell* schreibt (»Was! Nie gelesen? Aber dann doch wohl hoffentlich die Briefe an Voltaire, oder etwa nicht?«). Und schließlich jener andere Prinz, der Bruder des ersteren, fünfzig Jahre lang hat er in Rheinsberg gelebt, aber daß der ausländische Fragensteller von diesem Heinrich noch nie gehört hat, scheint ihm verziehen zu werden. Und dennoch kommt ihm das begleitende Lachen nicht frei von Iro-

nie vor, ein wenig geheimnisumwittert ist diese vergessene preußische Hoheit, Suggestionen, Vermutungen, Widersprüche, als seien aus der Geschichte – nicht ganz ausgesprochene – Gerüchte herübergeweht über Einsamkeit, Bruderhaß, Tapferkeit, über einen kleinen, häßlichen Mann, der schöne, große Männer liebte, Gerüchte über französische Gedichte, Gespräche, Reden, die längst verweht sind in dieser so deutschen märkischen Landschaft, Gerüchte über die kinderlose Ehe dieses Prinzen und seines Bruders sowie deren Frauen, die sich in Luft aufgelöst haben und nur noch als sprachlose Schemen auf unbedeutenden Gemälden erhalten sind.
Jetzt werden ihm auch Bücher vorgelegt, Karten, Prospekte. Was immer er sich vorgestellt haben mag, es gleicht dem nicht. Bei Rhein ist ihm vielleicht der Fluß in den Sinn gekommen, der seinem eigenen Land so viel näher liegt, auch Ritterburgen auf dem Gipfel tannenbesetzter Hügel, der süße, verderbenbringende Gesang der Loreley. Was er auf diesen Fotos sieht, ähnelt noch am ehesten zwei nebeneinanderliegenden großen Herrenhäusern mit roten Ziegeldächern. Sie sind durch eine Kolonnade miteinander verbunden und liegen quer zum Wasser. Wo sie es fast berühren, haben sie jeweils einen runden, stumpfen Turm mit einem runden, spitz zulaufenden kirschfarbenen Ziegeldach. Die Farbe ist die von Vanilleeis, daher spiegelt sich das eßbare Schloß auch so schön im dunklen, teichartigen Wasser. Auf anderen, vom Wasser aus frontal aufgenommenen Fotos sieht er, daß das Schloß doch weiter vom See entfernt liegt, als er gedacht hat; da ist noch Raum für beschwingte, sinnierende, anmutige Figuren, einen Blumenkranz, eine elegante Hand, Falten im Gips, die ein emblematisches, reizvolles Knie frei lassen, eine kühle, runde Schulter. Sie haben

französische Pässe, diese Statuen, vielleicht ist hier von Heimweh die Rede, von einem geträumten, sommerlichen Frankreich fern von diesen Brandenburger Wäldern, in denen es im Winter so gefährlich früh dunkel ist. Doch auch auf diesen Fotos ist es Sommer, Buchen, Linden, Eichen in vollem Ornat, eine siegreiche Armee. An dem Tag, an dem er endlich dorthin kommt, ist diese Armee nicht mehr zu erkennen, der Festputz liegt in verfärbten Fetzen auf der nassen Erde, und es herrscht die Stille des großen Wartens, als könne jeden Augenblick eine fatale Schlacht beginnen, nackt und ungeschützt stehen die Regimenter da in ihren glatten oder geriffelten Stämmen, Meister ihrer eigenen Erinnerung, Schweiger, die nichts preisgeben.
Aber noch ist er nicht da. Mit seinem Freund, dem Philosophen, verläßt er die Großstadt auf der Autobahn Richtung Hamburg, beide erinnern sich noch an die Grenzposten aus der Zeit vor 1989 und wundern sich darüber, wie gründlich die Geschichte ihre eigenen Spuren verwischt, wenn sie es will. Öd ist es, große, graue Wolkenformationen scheinen in alle Richtungen zu treiben, doch von Zeit zu Zeit reißt die Düsternis auf, dann leuchtet die Landschaft in einer kupfernen oder zinkfarbenen Glut seltsam auf. Wälder, Äcker, ferne Kirchtürme, der ausländische Reisende weiß noch, wie geheimnisvoll er das fand, Dörfer, die man mit seinem Transitvisum nicht besuchen durfte, verbotenes Terrain, auf dem ein verborgenes Leben gelebt wurde. Auf der Landkarte auf seinem Schoß liest er die einst unerreichbaren Namen, und es scheint, als hätten sie alle eine zusätzliche, verschlüsselte Bedeutung, Krähenberge, Karwe, Ludwigsaue, Papstthum, Roofensee, und er merkt, wie sein Blick ungewollt nach Osten wandert und mit einem Wimpernschlag die hundert Kilometer nach Polen zurücklegt,

zum Osten, was es für ihn, der vom Meer kommt, weiter, exotischer macht. Sie halten in Lindow, essen im Hotel Klosterblick, schauen aufs Wasser hinaus, das kalt und winterlich daliegt, und überlegen sich, daß sie hier gern bleiben oder gern hierher zurückkommen würden, um zu lesen und die Welt aus ihren Köpfen wehen zu lassen. Eine alte Klostermauer, ein paar Gräber. Was hatte sein Freund gesagt, als sie über die jetzt unsichtbare Grenze gefahren waren? »Das Deutsch, das diese Grenzwächter sprachen ... manchmal war man genauso fassungslos, als wenn ein Papua in Neuguinea einen auf deutsch angesprochen hätte.« Hier, auf diesen Gräbern, ist die Sprache noch, wie sie war, hat sich nicht deformieren lassen: »Gleich der Wanderer am schwülen Tage druckte dich Erblassten oft die Last des Lebens am Stabe. Noch deine letzten Stunden waren dir ein bitterer Kelch, aber du gingst dem Frieden Gottes entgegen.« Namen, Jahreszahlen, ihre Geheimnisse freilich haben die Toten mitgenommen, sie geben nichts preis.
Auf dem Parkplatz steht *ein* verlassenes Auto, es ist kein Tag für Besucher. Wald, Park, Schloß, aber der Reisende hat das Gefühl, durch die abseitige Position, in der er sich gerade befindet, nähere er sich dem Gebäude auf die falsche Weise, als wolle es noch nicht gesehen werden oder einstweilen nur aus der Ferne. Park und Wald, wie könnte man diese beiden vergleichen, Pudel und Schäferhund oder eher Schäferhund und Wolf? Ein Park, das ist gezähmte Natur, dressierter Instinkt: Bis hierher darfst du wachsen, aber nicht weiter, Gras wie Soldatenhaar, Sträucher in Reih und Glied, Gärtner als Friseure und Schönheitsspezialisten – als er die Fontane-Allee überquert, sieht er, wie eine Gruppe junger Gärtner die herabgefallenen Blätter zusammenharkt, als wäre es eine besondere Ernte. Das 18. Jahrhundert wollte

keinen Wildwuchs, erkannte keine unbeherrschbaren Kräfte an, forderte Unterwerfung, abgezirkelte Karrees mit gestutzten Rosen, pflanzliche Geometrie, Lauben und Pavillons mit nach außen geöffneten Türen, durch welche ein Prinz nach den ehernen Gesetzen der Perspektive einen jungen Grafen, seinen französischen Eröffnungssatz einstudierend, schon von weitem sich nähern sehen konnte. Beziehungen und Verhältnisse im wörtlichen wie im übertragenen Sinn, die Aufklärung durch die Encyclopédie gegenüber der Finsternis des möglichen, ständig lauernden Chaos, darüber sprechen die Freunde, während sie am schilfgesäumten Ufer entlanggehen, und über die Wechselbeziehung zwischen Wirklichkeit und Kunst, denn während sie von dem reglementierten Park zur düsteren Form des Boberowwaldes gehen, sind aus den kahlen Bäumen plötzlich die drohenden nackten Bäume Caspar David Friedrichs geworden, die mit ihren erstarrten Greiffingern in den eisernen Himmel krallen. Still ist es, eine geladene Stille, die Schnee oder heftigen Regen heraufbeschwört und zu der das emsige Tuckern eines kleinen Traktors als Widerspruch gehört. Altmodische Wörter drängen sich auf, Schilfgürtel, Seerosenblätter, sie werden begleitet vom dumpfen Geräusch eines Beils, hier will es noch nicht Heute werden. Ein Schild weist zum Poetensteig, und langsam gehen sie einen sanft ansteigenden Hügel hinauf zu dem Obelisken, der dort wie ein mahnender, versteinerter Finger steht. Es will etwas sagen, dieses steinerne Zeichen, wenn Denkmäler nur lange genug stehenbleiben, bekommen sie immer ihren Willen. Ein Bruder war König, die anderen drei waren es nicht. Dies ist, selbst nach über zweihundert Jahren, noch immer ein unauslöschlicher Brief von Bruder zu Bruder, geschrieben vom dritten an den ersten anläßlich des Unrechts, das dem zweiten angetan wurde. Daß der erste und der zweite zu diesem Zeitpunkt bereits tot sind, spielt keine Rolle, es geht um Gerechtigkeit, um eine Rechnung, die noch zu begleichen ist. Erst nach dem Tode des Königs, der sein Bruder war, konnte Prinz Heinrich, der Rheinsberg von ihm erbte und dort fünfzig Jahre lebte, ihm diesen steinernen Brief schreiben, eine verschlüsselte Abrechnung, bestimmt für die Nachwelt, die, wie die Nachwelt das eben tut, meist blinden Auges daran vorbeigeht, einfach deshalb, weil der Wind der Zeit einen Teil des Schlüssels verweht hat oder weil Unwissenheit oder Gleichgültigkeit die Botschaft verschleiert haben – wer vermag das schon zu sagen? Denn wie passiert so etwas? Das in preußische Rituale eingezwängte hierarchische Leben am Hofe des Soldatenkönigs und seiner vier Söhne ist uns möglicherweise ebenso fremd wie eine Szene aus dem No-Spiel, doch in dramatische Atavismen können wir uns auch heute noch versetzen: Auf der einen Seite der eiserne Vater, der sich mit dem Staat identifiziert, den er immer weiter ausbaut, der die Verschwendungs- und Prunksucht seines eigenen Vaters gehaßt hat und einer neuen Kaste von Militärs und Beamten unerbittlich seine eigenen Ideale von Pflichtbewußtsein, äußerster Sparsamkeit und Disziplin auferlegt und sagen kann: »Ich ruiniere die Junkers ihre autorité: ich komme zu meinem Zweck und stabilisiere die souveraineté wie einen rocher von bronce« – und auf der anderen Seite der Königssohn, der Thronfolger, der selbst eines Tages den Staat verkörpern werden muß, doch Vater, Schicksal und Staat dadurch zu entrinnen versucht, daß er mit einem Freund nach Polen flieht. Die Rache des Vaters ist alttestamentarisch, die Warnung wird mit Blut auf dem Festungshof in die preußische Erde geschrieben, eine Lektion, die der künftige König zeit seines Lebens nicht mehr vergessen wird: Der Prinz mit der Dichterseele, dessen Herz es ins Licht Frankreichs zieht, muß eines düsteren Novembermorgens der Enthauptung seines besten Freundes, Hans von Katte, beiwohnen. Die Geschichte ist schon tausendmal erzählt worden, doch das schmälert ihre Wahrheit nicht, und das Ereignis muß wie ein Elektroschock gewirkt haben: Ebendieser achtzehnjährige Prinz, mit dem wir in dieser Morgenstunde Mitleid empfinden, wird sich später, als er selbst König ist, seinem zweiten und dritten Bruder gegenüber genauso verhalten, wie sich sein Vater ihm gegenüber verhalten hat. Der zweite Bruder, August Wilhelm, wird nach einer Niederlage vor den Augen des gesamten Generalstabs als Feigling beschimpft, ihm wird auf die demütigendste Weise das Kommando entzogen, und er stirbt ein Jahr später entehrt in Oranienburg; der dritte, Heinrich, muß trotz seiner Tapferkeit und großen Feldherrnqualitäten für jede Reise um Erlaubnis bitten, die ihm meistens verweigert wird: Die Folge ist ein lebenslanges Verhältnis, geprägt von widersprüchlichen Gefühlen der Anziehung und Abstoßung, von Haß, der unterschwellig in den bitteren Briefen mitschwingt und dieses Denkmal umgibt wie ein Echo vergessener Leben. Nicht dem verstorbenen königlichen Bruder ist dieser Obelisk gewidmet, sondern vielmehr dem von diesem verstoßenen zweiten Bruder sowie anderen preußischen Kriegshelden, deren Verdienste der große König nach Heinrichs Ansicht nicht gebührend gewürdigt hat. Deren Namen läßt der Prinz in achtundzwanzig Medaillons in Bronzelettern verewigen. Fontane zählt sie alle auf, samt ihren Heldentaten, von Hülsen, von Wedell, Leopold Fürst von Anhalt-Dessau, von Seydlitz, von Kleist, bis hin zu jenem anderen, vierten Sohn, Ferdinand. Durch die Ironie

der Geschichte sind es nun aber die Worte des Schriftstellers, die an die Stelle der Bronze treten müssen, denn zur Zeit eines wiederum ganz anderen Krieges, jenes in Korea, wurden in der DDR sämtliche Denkmäler geplündert, die eingeschmolzenen Bronzebuchstaben, mit denen Heinrich die dem Vergessen anheimgegebenen Helden aus dem Siebenjährigen Krieg hatte ehren wollen, mußten jetzt dazu dienen, das verachtenswerte Regime Kim Il Sungs zu stützen, etwas, was dem jugendlichen Verfasser des *Antimacchiavell* ein bitteres Lächeln entlockt hätte.
Leicht entgeistert starren die beiden Reisenden auf die leeren Medaillons, auf die menschenlosen Harnische und Helme, die Kriegsbeute symbolisieren sollen, auf das umkränzte Medaillon des geschmähten Feldherrn, dessen deutscher Ruhm auf französisch besungen wird: »A l'éternelle mémoire d'Auguste Guillaume, Prince de Prusse, second fils du roi Frédéric Guillaume.« Jenseits des stillen Wassers liegt das Schloß, in dem der einsame Hohenzollern seine letzten Jahre mit der Regelmäßigkeit einer Uhr verbrachte, als wäre er selbst bereits zu einem festen Bestandteil der Zeit geworden: lesen, schlechte Gedichte schreiben, aquarellieren, dinieren, soupieren, spazierengehen, konversieren. Erst hatte sein Bruder seine französischen Träume gestört, jetzt war es eine insgeheim von ihm bewunderte Revolution, die ihn daran hinderte, sich in dem Land niederzulassen, in dem er sich so zu Hause fühlte und in dem er auf zwei langen Reisen endlich Triumphe gefeiert hatte – trotz seiner ein Meter fünfzig, seines schielenden Auges und seines pockengeschundenen Gesichts. Aber wenn er nicht nach Frankreich konnte, so mußte Frankreich eben zu ihm kommen, und daher wurden die schlechten Gedichte auf französisch geschrieben, wurden französische Schauspieler in jene fer-

nen östlichen Regionen gelockt, Suin de Boutemars, Maria Louise Thérèse Toussaint, die Tochter des Bibliothekars und Vorlesers, eine Demoiselle Aurore, die ohne Nachnamen, und ein Monsieur Blainville, der ohne Vornamen auskommen mußte. Man möchte sie sich vorstellen, diese Rheinsberger Stunden, die Stimmen, Posen, Rollen, Stükke, doch von allen Künsten ist die Bühnenkunst vielleicht die vergänglichste; mit ihren halben Namen sind diese Schauspieler als Fußnoten eines selbst vergessenen preußischen Prinzen in die begrenzte Ewigkeit entfleucht, niemand hat festgehalten, welche Stücke in diesem kleinen, später zerstörten Theater gespielt wurden, wie merkwürdige französische Paradiesvögel müssen diese zweit- oder drittrangigen Schauspieler im provinziellen Rheinsberg des 18. Jahrhunderts umherspaziert sein, *rarae aves*, jemand müßte ein Theaterstück über sie schreiben. Blainville war der Liebling des Prinzen, sagen die Gerüchte, er legte Hand an sich, als die Höflingsclique durch Intrigen bewirkte, daß sein hoher Gönner die Hände von ihm abzog – wörtlich oder im übertragenen Sinn, wer vermag das zu sagen –, denn auch das ist in jenem fernen, insinuierenden Geflüster verborgen geblieben, das sich auch um andere, besser erhaltene Namen wie von Tauentzien und von Kaphengst rankt, umsichtige, suggerierende Worte, die sich noch immer nicht ausgewütet haben, Kammerdiener, Pagen, Fähnriche mit mittlerweile verflogenen Namen, Angehörige eines Haushalts, der sich wie ein kleines Sonnensystem um diesen kleinwüchsigen Prinzen drehte, der einst eine Schlacht dadurch entschieden hatte, daß er seinen weit größeren Mannen mit gezücktem Säbel durch einen Fluß voranging, der von Katharina II. mit soviel Zuvorkommenheit empfangen worden war und in den letzten Regierungsjah-

ren seines Bruders noch wichtige Verhandlungen im Zusammenhang mit der Teilung Polens, jenes ewigen, für Deutschland und Rußland so heißen Eisens, geführt hatte. Nun, da es einen anderen König gab, der seinen Rat nicht mehr benötigte, und die Jahre dahingingen mit Vorlesestunden, Diners, rituellen Besuchen und Theateraufführungen, da begann diese Sonne allmählich zu verlöschen. Andere sollten das Schloß erben, es sollte verfallen, es sollte unter einem Regime, das sich der Hof des 18. Jahrhunderts nie hatte vorstellen können, ein Diabetiker-Sanatorium werden, unter neuen Schichten Historie begraben werden, die, allein schon deswegen, weil sie neu waren, den Zeitgenossen um so vieles spannender vorkommen sollten; und danach sollte erneut alles anders werden, und aus Nostalgie oder Gewinnsucht sollte die Vergangenheit wieder hervorgegraben werden, der Stuck übermalt, die Porträts, sofern noch vorhanden, wieder aufgehängt, die Rokokovergoldungen wieder angebracht.
Es wird Zeit, daß die Reisenden tun, weswegen sie gekommen sind, doch bevor es soweit ist, sitzen sie einem brillanten Anachronismus auf, denn um eine Eintrittskarte für das Schloß der Preußenprinzen zu lösen, muß man sich an Tucholsky wenden, da sich die Kasse für die Schloßführung in der Tucholsky-Gedenkstätte befindet, die im Schloß untergebracht ist. Einen Augenblick lang überlegen sie, was die Söhne des Soldatenkönigs wohl von einem bei ihnen zur Untermiete wohnenden jüdischen Schriftsteller gehalten hätten, dessen Satz »Soldaten sind Mörder« noch zweihundert Jahre später Anlaß für einen Prozeß sein sollte, aber sie gehören nicht umsonst der postmodernen Epoche der historischen Gleichgültigkeit an und stellen sich im verlassenen Treppenhaus brav für die Führung auf, zusammen

mit einem blassen, ehrfürchtigen Ehepaar, das wie für eine Teevisite beim Prinzen gekleidet ist. Pünktlich um drei (preußische Tugenden) erscheint die Führerin, eine freundliche Dame unbestimmbaren Alters, die so aufmunternd zu ihren vier Gästen spricht, als gälte es nun gleich einen Berggipfel zu erklimmen. Führer nehmen mit der Zeit den Habitus von Eigentümern an, so daß es den Anschein hat, als sei nicht nur das Schloß, sondern als seien auch die früheren Bewohner und im Grunde die gesamte Vergangenheit ihr persönliches Eigentum geworden. Die Prinzen und ihre Entourage werden so auf sanfte Weise auf den Status von Kindern zurückgeführt, ihre Eigentümlichkeiten werden mit einem Zwinkern in Richtung der Gäste (Erwachsene unter sich) zu deren Belustigung erzählt, während diese sich ihrerseits etwas zu schnell an dem vorbeihetzen lassen, was von der vergangenen Pracht noch übrig ist: dem Porträt einer verbannten französischen Marquise, den Bildnissen der vernachlässigten Prinzgemahlinnen, deren Leben nie jemand zu Papier bringen wird, den anmutigen jungen Männern in ihren enganliegenden Uniformen, dem bemalten Marmor, der in dieser Umgebung auch nach zwei Jahrhunderten immer noch billig aussieht, dem kleinen Raum, in dem die Briefe an den großen französischen Philosophen geschrieben wurden, den vielen Spiegeln, in denen ihre eigenen, heutigen Gesichter plötzlich merkwürdig altmodisch aussehen, den närrischen Trillern der Rokokoverzierungen an den Türen, dem neuen, so glänzenden Gold an dem Deckengemälde von Pesne, auf dem leuchtende nackte Körper in einer Allegorie von Hell und Dunkel, Nacht und Tag umhergewirbelt werden, der Bibliothek (merde, mon Prince, où sont les livres!?), in welcher der eine Reisende die Namen der großen Geister aufschreibt (Descartes,

Tacitus, Lukrez, Buffon, Leibniz, Epikur, Cicero, Molière), die an die Decke gemalt sind, und das ehrfürchtige Ehepaar ihn dabei ansieht, als sei er verrückt – und die ganze Zeit sehen sie durch die gardinenlosen Fenster das Wasser, den Park, den Wald und den Obelisken in der Ferne. Die Vorhut der Nacht bezieht an diesen Fenstern Quartier, noch eineinhalb Stunden, und alles ist finster, dann kommen die Prinzen, die Grafen, die Adjutanten und die alten Feldherren, die Günstlinge und Schauspielerinnen und Marquisen und ergreifen wieder Besitz von ihrem verlorenen Territorium, die geflochtenen rotseidenen Kordons, die die Gäste in ihre Schranken verweisen sollen, werden entfernt, die Erinnerung an die vulgären Eindringlinge, die sich für Geld Zugang verschafft haben, um an ihrem vergangenen Leben zu schnüffeln und ihre so gut verborgenen Geheimnisse zu stehlen, wird verbannt, die ersten, nicht ganz sauber gespielten Klänge ertönen aus dem Spiegelsaal; dumm poltern die Parvenüs aus dem 20. Jahrhundert die Holztreppen hinunter, verweilen noch einen Moment vor Tucholskys Schreibmaschine, doch der Übergang ist zu kraß, Tucholsky gehört zu ihrem eigenen bösartigen, aufrührerischen Jahrhundert, sie sind noch für kurze Zeit in jene andere, frühere Zeit gehüllt, als alles so viel einfacher schien, es aber auch nicht war.

1997

Uralte Zeiten

Intermezzo in der dritten Person: München

Manche Städte kommen ihren Verpflichtungen nach. Sie bedienen den Reisenden mit dem Bild, das er von ihnen hat, auch wenn es falsch ist. Dieser Reisende, der den Friedensengel hinter sich gelassen hat (er spürt sein goldenes Abschiedswinken noch im Rücken) und durch die grüne Verlockung des Englischen Gartens zur Prinzregentenstraße schlendert, ist empfänglich für das martialische Element der Stadt, in der er sich aufhält. Feldherrenhalle, Siegestor, Ruhmeshalle, das Grabmahl des Kaisers Ludwig des Bayern, das wegen seines schwarzen Marmors vom Bildhauer ein *castrum doloris*, ein Fort des Schmerzes, genannt wurde, das Militärische ist immer ganz nah. Es schimmert auch in der Kleidung der Passanten durch, markante Hüte, erbeutete Federn, grüne Mäntel, es scheint, als bewegten sich diejenigen, die das tragen, gerade weil sie eine Minderheit bilden, mit strategischen Zielen durch die Stadt, ein jeder auf seiner Mission. Das sind keine Uniformen, sondern Trachten, hat ihm ein deutscher Freund erklärt, aber trotzdem, die Leute, die in dieser Kleidung stecken, haben etwas Militärisches.

Uralte Zeiten, davon sind sie umgeben. Halali, dumpfe Schüsse im finsteren Wald, abenteuerliche Lagerfeuer, unverständliche Lieder. Der Reisende hat ein Foto von Heidegger in Tracht gesehen. Er möchte keine modischen Schlußfolgerungen daraus ziehen, schließlich hat er auch einmal in einer Volendamer Tracht posiert, aber er sah dar-

auf eher komisch aus. Heidegger nicht. Konnte man zum Denken eine Art Uniform, denn das war es doch, anziehen? Und war das derselbe Mann, der über Langeweile, Angst und Zeit geschrieben und es gewagt hatte, Wortschnüre um das Nichts zu winden?
Man sieht, was man sehen will, meinte sein Freund, und genau darum geht es. Man kann sich nicht einfach beiseite lassen, und schon bevor man etwas sehen will, stellen sich die Erinnerungen an etwas ein, was man irgendwann einmal gesehen hat, andere Uniformen bei den gleichen, immer noch so erkennbaren Aufzügen, Märschen und Demonstrationen. Dennoch beschleunigte er seinen Schritt, als er vage Marschmusik-Fetzen aus der Richtung des Hofgartens vernahm. Dafür war er sogar bereit, sich zu schämen: Militärmusik fand er schon immer aufregend. Er überquerte die Behelfsbrücke über einer großen Verkehrsader und gelangte zu einer Ruine. Die Musik war verklungen, eine Gruppe junger Soldaten stand beieinander, so ruhig wie möglich. Wörter wehten zu ihm herüber, Tod und Gedenken. Es hatte mit dem Krieg zu tun, der einfach nicht sterben wollte, der erst verschwinden würde, wenn der letzte, der ihn am eigenen Leib erfahren hatte, tot wäre. Erst dann. Unten sah er auch alte Männer, Menschen, die nie jung gewesen sein können, nicht die der *Sondermeldungen* und *Kriegswochenschauen*, nicht die Soldaten, die er als Kind auf der Straße hinter einer ähnlichen Fahne gesehen hatte, sondern andere, und die gleiche Art Standarte, aber doch anders. Silbern war der Adler auf dieser Fahne, aber das geheimnisvolle Zeichen war ihm aus den Klauen gefallen, das gab es heute nicht mehr. Er spürte, wie sein eignes Alter mit dem der alten Männer dort unten zusammenfloß, die sich in einer fast quadratischen Formation aufgestellt hatten. Er hatte mehr

mit diesen Männern zu tun als mit den jungen Soldaten, was merkwürdig war. Die Wörter verstand er nicht, und das war auch nicht nötig, er kannte sie ohnehin. Ehre, Treue, Bedauern, Opfer, einst, damals. Die Männer hegten und pflegten ein Damals, um ein Heute zu haben, und dieses Damals sah aus wie Blumen, Fahnen, blauweiße Bänder. Dies alles innerhalb einer Abzäunung, bei einer Ausgrabung, vor einer Ruine, das Scharren von Menschen, die an der Zeit zerren. Er geht langsam die Stufen hinab und spaziert zum Hofgarten.

Es wird eine Zusammenkunft. Als er hinunterkommt und den Hofgarten betritt, marschieren die Soldaten um eine Ecke, wie das nur Soldaten können: Die Biegung, die normale Menschen machen würden, nehmen sie in einem Winkel von neunzig Grad. Nein, es sind nicht dieselben Uniformen, doch, der Mann, der die Fahne mit dem Adler trägt, in dessen Silber sich das Sonnenlicht widerspiegelt, ist groß und blond, nein, die Befehle werden nicht gebrüllt, sondern beinahe gesprochen, nein, die Musik klingt nicht kriegerisch, sondern eher (wie Couperus[1] sagen würde) *en sourdine*, umflort, umhüllt, verschleiert, nein, sie stampfen nicht, denn als die Musik aufhört, sieht er, wie die großen Schuhe, Kähne, im Takt und doch fast behutsam auf den Splitt auftreten, und das klingt dann fast wie ein rhythmisches Rauschen. Er versetzt sich in sein Früher, das nun bald fünfzig Jahre zurückliegt, und sieht einen Einmarsch, andere Männer, die Uniformen von einem tieferen, fundamentaleren Grau. Die von früher hatten Helme auf, die ihre Augen fast verdeckten, so daß das Gesicht aus ihren Gesichtern verschwunden war und sie ihre Persönlichkeit aufgegeben hatten, eingetauscht gegen eine unerträgliche Ähnlichkeit, in der jeder von ihnen der andere geworden war.

Und, dachte der Reisende, der spürte, wie die Zeit im selben Augenblick sein Haar grau färbte, ihn niederdrückte, seine Knochen älter machte und seine Augen so verschleierte, bis sie die eines Menschen waren, der den Horizont nach der Ferne absuchte, aus der er doch selbst gekommen sein mußte, früher waren die Standarten höher, gab es Blasmusik, hatten diese Münder etwas zu einer Melodie gesungen, die er deshalb nie vergessen würde. Die Köpfe hier trugen keine Helme, *pueri imberbi* waren es eher, so schien es ihm, Bartlose. Sie taten sich schwer mit dem Gleichschritt, und ihre viel zu hellgrauen Uniformen gehörten zu irgendeinem vergessenen, ach so kleinen Fürstentum, dazu müßten Chöre gesungen werden, aber niemand sang, nur dieses Rauschen der Füße und das Vorbeigehen der verlegenen Gesichter, und der alte Mann vor ihm, der seinen Hut abnahm, sich vor der Fahne verbeugte, dann den Rücken wieder streckte, so daß er, der Reisende, Rückenschmerzen bekam, weil der Schmerz für den Rücken vor ihm zu stark wurde; dann war es vorbei. Er trat einen Schritt zurück in die gestutzten Ligusterhecken, die verunstalteten Blumen und Pflanzen, die in dieser Ecke die Nationalfarben verkörpern sollten, ließ die alten Männer passieren, die inmitten ihrer vagen, nicht mitteilbaren Gedanken einhergingen, und machte kehrt. Das Angelus wurde geläutet, und er ertappte sich bei einem lateinischen Satz. Es schien, als wollte es in seinem Leben einfach nicht später werden.

Er spazierte an Bänken entlang, auf denen Leute in der Herbstsonne saßen, als wollten sie sich noch schnell einen Vorrat für den alpinen Winter anlegen. Sie sahen friedlich aus, schienen in Träume oder Meditationen versunken, die Augen geschlossen. Gleich würden sie wieder anonyme Passanten sein, nun aber, durch ihre Wehrlosigkeit, mit ihren dem Licht überlassenen Gesichtern, waren sie sie selbst, verletzbare Menschen, Großstadtbewohner in einem Garten, jener reglementierten Nachahmung der Natur. Gerade als er sich von ihnen abgewandt hatte und zur Säulengalerie gehen wollte wegen der Gedichte, die dort auf den Mauern geschrieben stehen, stieß er auf eine Erscheinung, die dem neuen Nachmittag eine andere Note gab. Wieder mußte er an die Vergangenheit denken, dort befand sich offensichtlich der größte Teil seines Bezugssystems. Dieser Mann aber kam tatsächlich aus einer anderen, noch früheren Zeit. Er trug einen weißen Strohhut, war hell gekleidet und hatte einen jener Hunde bei sich, die fast nur aus Haaren bestehen. Sie grüßten sich, als kennten sie einander oder verstünden sich jedenfalls auf Anhieb. »Welch ein Unsinn«, sagte der alte Mann, und der Reisende wußte sofort, daß er die militärische Zeremonie meinte.

Woher kenne ich ihn, überlegte der Reisende, und zugleich wurde ihm bewußt, daß er ihn nicht als Person kannte, sondern als Idee oder Art oder wie immer man das nennt. Nicht Art, ausgestorbene Art. Schauspieler. Boulevardtheater, Operette, oder, wer weiß, Schnitzler. Jemand, der alles überlebt hatte. Vor seinem geistigen Auge sah der Reisende Fotografien, die er früher, noch im Krieg, gesehen haben mußte. Farbig waren die Fotos, auch damals muß die Rose im weißen Palmbeach-Anzug rot gewesen sein. Er hörte auch Namen, Hans Moser, Heinz Rühmann, die nasale Stimme Mosers, den fremdartigen Wiener Akzent. Er hat nicht zurückgegrüßt, was auch nicht nötig war. Erinnerungen. Paul Steenbergen in einem Stück von Anouilh, die großen Tage des niederländischen Theaters, eine Welt, die jetzt in die Hände infantiler Talente gefallen zu sein schien. Der

alte Mann lachte, als könne er Gedanken lesen. Das Gesicht war vornehm, jovial, ironisch. Sie sagten einige Sätze, die jemand für sie geschrieben hatte, jedoch nichts bedeuteten, außer daß sie Wert darauf legten, diesen Schein eines Gesprächs aufzuführen. Dann nahm der andere seinen Strohhut ab, schwenkte ihn in den blauen Himmel, sagte etwas wie »sehr verehrt« und drehte sich genau in der Mitte des breiten Weges um, wie es ein Regisseur angegeben hätte. Niemand sonst ging da. Der Hund trottete hinter ihm her, und er sah ihnen nach, wie sie der geraden Linie über dem Schatten der Bäume und den hellen Flecken dazwischen folgten, die Mitte haltend zwischen den Rasenflächen zu beiden Seiten des Weges. Dieser Mann wußte, wie er von hinten aussieht, wenn ihm jemand nachguckte. Er kannte seinen *Platz*. Er wußte auch, daß er den Effekt des Weggehens verdürbe, würde er sich umdrehen oder den Wegesrand wählen. Was rührte ihn nun so? Die Erscheinung aus einer vergangenen Welt? Er dachte an andere alte Männer, die er gekannt hatte und von denen gerade einer gestorben war, der Vater eines Freundes, Jude, Kosmopolit, so alt wie das Jahrhundert. Er stammte aus diesem selben Land, vielleicht demselben Ort, wurde in den dreißiger Jahren davongejagt von jenen anderen, an die die Erinnerung hier auch noch herumgeisterte. Vielleicht war es die *Masse* der Erinnerung, die ihn so ergriff, all die Schemen, die sich in Namen, Parks, Denkmälern, Triumphbogen aufhielten und die sich auch in seine Vergangenheit eingemischt hatten, so daß es schien, als könnte man in diesem Erdteil, dem seinen, keinen Schritt tun, ohne daß einem ständig Fragmente, Anspielungen, Anregungen zu Reue und Nachdenken vor Augen geführt wurden.
Die Vergangenheit als Beruf, das war gewiß eine Krankheit.

Normale Leute beschäftigten sich mit der Zukunft oder mit der treibenden Eisscholle, die sie das Leben nannten, jene sich bewegende Station, die nirgends dazugehörte, immer unterwegs war. Auf dieser Scholle war er derjenige, der sich umblickte. Alles in Europa war alt, hier aber, in seiner Mitte, schien das Alter ein spezifisches Gewicht zu haben. Er bewegte sich in einem untergegangenen Königreich, doch das allein rief keine besonderen Gefühle hervor, nein, wenn er weiterliefe in Richtung Osten, dann ginge es erst richtig los, die zerschlagene Welt Musils, der K. u. K., all jene Bruchstücke, Fragmente, die zur Ohnmacht gewordene Macht, die verschlossene Welt Polens und der Tschechoslowakei, die aus dem Erdteil gerissen schienen, aber auch Serbien, Kroatien, Triest, der Sog dessen, was mit den Ländern in diesem Jahrhundert geschehen war, noch immer geschieht, die doppelten verlorenen Welten von Isaac Bashevis Singer und Vladimir Nabokov, von Kafka und Rilke, von Roth und Canetti. Hier war, so kam es ihm vor, der Beobachtungsposten, von dem aus man tief in die Zeit blicken und sehen konnte, wie sehr diese fernen Landstriche einst dazugehört hatten, wie tief die Wunde war. Man müßte in die Grube einfahren, um sie zurückzuholen. Dieses Gefühl hatte er nicht in Frankreich, in Italien oder in seinem eigenen Land. Auch da gab es Vergangenheit genug, aber sie hatte sich irgendwie mehr oder weniger organisch in ein Heute umgesetzt. Hier war der andere Teil nicht mitgekommen, er war steckengeblieben, versandet, geronnen, versperrt, abgespalten. Aber er lag immer noch da, vielleicht wartete er. Der Wind, den er auf dem Gesicht spürte, kam aus dieser Richtung, warm, angesengt, als wolle auch er etwas sagen. Der alte Mann war jetzt schon längst außer Sichtweite. »Welch ein Unsinn« hatte er gesagt, und nun, da er in seiner luftigen Vermummung nicht mehr zu sehen war, blieben die Worte hängen, so viel weniger unschuldig als in dem Moment, da er sie aussprach. Was sich hier ereignet hatte, in dieser Stadt, diesen Anfang vor mehr als sechzig Jahren, würde man nie »Unsinn« nennen können, es sei denn, man nähme dieses Wort einmal wörtlich, »Un-Sinn«, die Leugnung von »Sinn«, der mit Wahnsinn nichts gemein hatte, obwohl man diesen Zeitabschnitt mit Vorliebe so benannte, wegen der entschuldigenden Unzurechnungsfähigkeit, die in dem Wort steckte. Der fehlende Sinn, damals, heute, immer. Das war das Ende, ein Ende, das noch immer andauerte und das, wenn er seinen Freunden glauben sollte, sich »kehren« würde. Aber die Knechte der Vergangenheit sind schlechte Reisende in die Zukunft, dachte der Reisende und nahm Kurs auf die Türme der Theatinerkirche, deren Farbe ihn an den Pudding denken ließ, den man früher im Internat bekam und der, den Schülern zufolge, am 1. Januar für ein ganzes Jahr im voraus gekocht wurde.

Internat, Augustiner-Mönche, Pudding, Essen. Es herrscht ein geschäftiges Treiben unter der Mattglaskuppel des Wirtshauses »Augustiner« in der Neuhauserstraße. Die Kellnerinnen tragen eine Tracht, tief ausgeschnittene, weiße, bauschige Blusen. Sie stecken sich die Rechnung in das Leibchen, zwischen die bayerischen Brüste. Bestickte Schürzen, rote Schärpen, Puffärmel, der Chor zur *Czardasfürstin.* Weibliche Trachten scheinen den Reisenden nicht zu stören. »Karpfen im Bierteig, aus dunklem Bier und Kräutern, mit Butterkartoffeln. Rapunzelsalat mit Würfelkartoffeln. Fränkische Blut- und Leberwurst im Naturdarm. Fränkische Kartoffelsuppe mit Steinpilzen und Majoran, ¼ Fränkischer Gansbraten mit handgeriebenem Kartoffelkloß, Blaukraut oder Selleriesalat. 3 Stück Reiberdatschi mit Apfelmus, gefüllte Dampfäpfel.« Bauernessen in der Großstadt, das gibt's in seinem Land nicht mehr, aber es gibt in seinem Land auch fast kein Land mehr. Die Reihe der Gerichte klang wie eine Beschwörung, und warum war das nun zugleich abstoßend und anziehend? *Volkseigen*, ein Wort, das auf Krätze weist, aber gleichzeitig auf Tradition, Erhalten im Sinne von aufbewahren, nicht wegwerfen, noch eine Zeitlang in der Zeit existieren lassen, das Hinauszögern des Todes der erkennbaren Welt. Warum war die eine oder andere Art des Erhaltens erlaubt (Braunbären in Spanien, Habichte und Dachse in den Niederlanden), andere hingegen, wie Trachten, Wörter, Tänze, Gerichte, anrüchig? Es ging immer um eine gegen die Zeit ankämpfende Absicht, um ohnmächtige letzte Versuche. Das Anrüchige war wahrscheinlich der Mißbrauch, der damit getrieben wurde, wenn es um menschliche Angelegenheiten ging, oder wenn das Wort *Blut* im Zusammenhang mit seinem unmittelbaren Zwillingsbruder *Boden* benutzt wurde. Es war offenbar nicht möglich, über diese Dinge nachzudenken, ohne erst das *Repertoire*, wie er es nannte, zu absolvieren. Der Geist, diese denkende und fühlende Instanz, kann nur dann arbeiten, wenn seine mehr oder weniger automatische Oberfläche, in der sich das Repertoire befindet, in Gang gesetzt ist. In diesem Repertoire stecken die *idées reçues*, eine Reihe von Gemeinplätzen, die überwunden werden müssen, bevor das eigentliche Denken beginnen kann.

Dieses Stadium würde er an diesem Tag nicht mehr erreichen, das wußte er, es gab so viel zu sehen, und Sehen gehörte durch das damit einhergehende oberflächliche Kategorisieren zum *Repertoire*. Im Lokal saß eine Punkerin, mit einem steilen schwarzen Hahnenkamm über dem unschuldigen Gesicht, ein dickes Mädchen, das sich als Gladiator verkleidet hatte. Ihm fiel auf, daß sie immer wieder Apfelmus bestellte, Kindernahrung. Die Kellnerin war freundlich zu ihr, mütterlich. Kategorien, Vorhöllen dessen, was er dann Denken nannte. Um zu sehen, dafür war er hier. Ein älterer Mann in Tracht, mit einem dicken Buch und einem Weihwasserbecken voll Bier. Wenn er lange genug hierbliebe, würde er alle sehen, gleich der Aufzählung der »Personen« in einem Theaterstück: »Einige Soldaten, der Priester, die Dame, eine Vornehme Familie.« Er sah zu dem alten Mann hinüber, der in sein Buch vertieft war und ihn natürlich wieder an Heidegger erinnerte. Trachten waren vielleicht nur eine milde Form des Anachronismus. Einige Leute trugen etwas, was andere zur selben Zeit nicht mehr trugen, während es früher alle trugen. Heidegger hatte sich geweigert, die Zeit als eine Reihe aufeinanderfolgender Jetzt-Momente zu akzeptieren; er hatte sie als einen Zusammenhang gesehen zwischen dem, was einst, früher, damals geschehen war und was später, irgendwann, geschehen wird. Der Reisende, der sich im Jetzt nie richtig heimisch fühlte, weil er das nun einmal, wie das seine Art war, von der Vergangenheit gefärbt und bestimmt sah, erkannte in diesem Gedanken vieles wieder. Auch die Vergangenheit, die nicht zum eigenen Leben gehörte, nahm in diesem Leben alles in Anspruch, das war unumgänglich, obgleich die meisten Menschen offensichtlich ohne den Gedanken an die Vergangenheit leben konnten und ganze Länder imstande waren, ihre Vergangenheit, wenn es gerade paßte, ohne mit der Wimper zu zucken zu vergessen. Zur Zukunft konnte er nie viel sagen, höchstens daß er, wie schwarz die Vergangenheit auch oft erschien, nie und nimmer ein Pessimist war. Die Menschheit war für ihn eine Ansammlung von Mutationen, unterwegs zu einem unsichtbaren Ziel, das womöglich gar nicht existierte. Das Problem war, daß sie nicht synchron darauf zuging. Während der eine sich noch im Mittelalter des Fundamentalismus befand, saß der andere schon vor einem Computer oder war auf dem Weg zum Mars. Das würde ja noch angehen, es waren die Mischformen zwischen diesen beiden, die so explosiv waren, die Instrumente des einen in der Hand des anderen, der Terrorist, der seine Feinde in den Selbstmord mitnehmen will, weil er glaubt, dadurch in den Himmel zu kommen.

Aber stimmte es denn, daß er sich nie im Jetzt heimisch fühlte? Das wäre romantisch und ein bißchen infantil. Es war eher ein Sich-nicht-wohl-Fühlen unter Menschen, die sich ausschließlich im Jetzt heimisch fühlten, davon alles erwarteten. Wenn man sich nicht gleichzeitig von ihm loslösen konnte, wie paradox das auch klingen mag, war es nicht erfahrbar. Die Vergangenheit war ausgelaugt, das Überflüssige entfernt, das konnte man vom Jetzt nicht behaupten. Zum letzten Mal (und nur deshalb, weil ihm der lesende Mann in der Tracht gegenübersaß) dachte er an das Foto von Heidegger in der eigenartigen Kostümierung. Nietzsche sagte, die Philosophie habe häufig körperliche Ursachen, und der Reisende fragte sich, ob sich Heideggers Körper in dieser Tracht behaglich gefühlt hat, die gleich der Lehre, die er ersonnen hatte, so eindringlich in die Vergangenheit verwies. Aber vielleicht ging das zu weit, obwohl er nun, einen *Oberberger Vulkanfelsen* bestellend, doch wieder bei Blut und Boden angelangt war, denn der Wein war blutrot, und der Name gab ihm das Gefühl, einen Felsen auszutrinken. Blut im Wein zu sehen, das mußte mit seiner katholischen Herkunft zu tun haben. Obwohl, warum hatte er nun gerade *diesen* Wein gewählt? Die Sprache zeichnet die Seele auf: Er hätte schließlich auch einen *Randersackerer Ewigleben 86* nehmen können, oder *Rödelseer Schwanleite.* Über den Einfluß der Weinnamen auf die Psyche müßte unbedingt gearbeitet werden. Er warf einen Blick auf die Farne, die Bronze-Büsten, die von der Decke herunterhängenden Körbe mit getrockneten Alpenblumen. Hirschgeweihe, Zimmerlinden, Muschelornamente. Er war irgendwo anders. Um ihn herum tönte die bayerische Variante des Deutschen, und zum ersten Mal wurde ihm bewußt, daß Deutsch die erste fremde Sprache gewesen sein mußte, die er gehört hatte.

Vor sechzehn Jahren, in einem weißen Landhaus in Maine, hatte ihn ein alter Mann, auch weißhaarig und dem verstorbenen Vater seines Freundes und somit dem alten Mann ähnlich, der ihn kurz zuvor im Park gegrüßt hatte, gebeten, ihm Rilke vorzulesen. Dieser Mann sprach Englisch mit dem gleichen Akzent wie der Vater seines Freundes Niederländisch. Ein deutscher Akzent, aber nicht nur eine deutsche, eine ganze mitteleuropäische Vergangenheit war darin enthalten, ein nicht auszumerzender, runder, reizvoller Akzent, die Stimme des Exils, selbst sein Freund, der nun schon so lange in den Niederlanden lebte, wies noch Spuren davon auf. Diese Bitte damals in Maine hatte ihn überrascht, schon deshalb, weil er voller Bewunderung für seinen Gastgeber war, der für eine Entdeckung in der Biochemie den Nobelpreis bekommen hatte. Nachdem er gehört hatte, daß der Reisende aus den Niederlanden kam, begann er sofort ein Gespräch über Multatuli und schloß damit den Rest der amerikanischen Gesellschaft aus. Das erlebte er häufiger, Leute über achtzig, die über Multatuli[2] oder Couperus redeten; früher hatte Holland wirklich existiert. Was jedoch Rilke anbelangte, da ließ der Gastgeber nicht locker. Der Reisende protestierte noch, daß sein Deutsch unzureichend sei, doch davon wollte der alte Mann nichts wissen. Thanksgiving, November, *Indian summer*, der ganze Garten, der bis zur Penobscot Bay reichte, in Feuer und Flamme. Er hatte das Buch, vergilbt und auseinanderfallend, auf jeder Seite Zeichen des Heimwehs, an der Stelle aufgeschlagen, wo er lesen sollte, und so las er, bis es dunkelte. Die Amerikaner waren ganz still, er hörte das Feuer im Kamin knistern, aber er las nicht für die anderen, er las nur für das weißhaarige Haupt, das gebeugt war und an Gott weiß was dachte, an etwas von vor fünfzig Jahren, als er noch nicht verjagt oder geflohen war, an etwas *Altes*, und als er las, kam es ihm vor, als öffnete sich eine Kugel mit alter Luft wie in der Erzählung von Mulisch und als vermische sich seine eigene Stimme mit dieser seltsamen, noch unverbrauchten alten Luft.

Herr: es ist Zeit. Der Sommer war sehr groß.
Leg deinen Schatten auf die Sonnenuhren
Und auf den Fluren laß die Winde los.

Befiehl den letzten Früchten voll zu sein;
gib ihnen noch zwei südlichere Tage,
dränge sie zur Vollendung hin und jage
die letzte Süße in den schweren Wein.

Wer jetzt kein Haus hat, baut sich keines mehr.
Wer jetzt allein ist, wird es lange bleiben,
Wird wachen, lesen, lange Briefe schreiben

Und wird in den Alleen hin und her
Unruhig wandern, wenn die Blätter treiben.

Er hatte mehr gelesen an jenem Spätnachmittag, aber bei den letzten Zeilen dieses Gedichts sah er, wie sich die Lippen seines Gastgebers mitbewegten, und er hatte eine Rührung empfunden, die ihn nun, als gäbe es zwischen jenem Damals und seinem Heute keinen Bruch, wieder übermannte. Der alte Mann war tot, wie der Vater seines Freundes und noch einige dieser Männer, die das Leben fortwährend seinen Weg kreuzen ließ, als bestünde hier eine seltsame Form der Prädestination. Alle waren über achtzig geworden. Ein Cellist, ein Gemälde-Restaurator, ein Bankier, ein Verleger, ein Wissenschaftler. Das Überleben bebte noch wie eine zweite Seele um sie herum, nicht das Überleben selbst, denn alle fünf sind inzwischen gestorben, sondern dasjenige, was sie überlebten und worüber keiner der fünf je mit ihm gesprochen hatte.

War dies nicht München? Er war nicht hier, um seinen Erinnerungen nachzuhängen, sondern um etwas zu besichtigen, aber während er nun so ruhig bei seinem Glas Vulkanwein saß, schien er sich im Auge eines Wirbelsturms zu befinden. Merkwürdig. Die Zeit selbst, dieses gewichtlose Ding, konnte nur in eine Richtung gehen, ganz gleich, wie man sie definierte oder versuchte, ihr auf den Schwanz zu treten, soviel war jedenfalls sicher. Niemand wußte, was die Zeit war, und selbst wenn man allen Uhren der Welt die Form eines Kreises gäbe, würde die Zeit geradeaus weitergehen, und käme schließlich ein Ende, könnten Menschen dies nicht ohne einen tödlichen Schwindel denken. Aber was waren dann Erinnerungen? Zurückgebliebene Zeit, die einen einholte oder die einen, gegen den Strom der Zeit, des Unmöglichen also, zurückholte. So hatte ihm der Vater seines Freundes, der ein Freund Tollers war, einmal erzählt, daß er die mißglückte Revolution Tollers in München miterlebt habe. Das hatte sich hier, wo der Reisende nun war, abgespielt mit der dazugehörigen Gewalt, dem Schreien, dem Tod. Danach war Toller ins Exil gegangen, zuerst nach London, dann nach New York. Sein Freund hatte ihm einmal in New York das Mayflower Hotel gezeigt: »Dort hat Toller Selbstmord begangen.« Der Gipfel der Ironie aber war, daß der Vater seines Freundes, lange nach dem Tod Tollers, in Amsterdam in ein Stück über Toller gegangen war. Der Überlebende wollte sehen, wie ein Schauspieler seinen toten Freund spielte. Aber an jenem Abend wurde das Amsterdamer Schauspielhaus von der »Tomaten-Aktion« belagert, Geschrei, Tränengas, die Vorstellung wurde abgeblasen, und der alte Mann mußte das Theater mit Tränen in den Augen verlassen, die echte Revolution von der Pseudo-Variante verjagt. Er sah den Vater seines Freundes nun vor sich. Selbst mit weit über achtzig war er noch ein schöner Mann, jemand, der einen *sah*, leicht gebeugt, dunkle Augen, das Gesicht eines alten Indianers, weiße Mähne. In Thomas Manns Tagebüchern wird er regelmäßig erwähnt. »Dr. L. war zu Besuch. Wir haben herrlich Spinat gegessen.« »Ja«, sagte sein Sohn, »worüber habt ihr gesprochen? Das steht da nicht.« Wenn einen die Erinnerung im Stich läßt, scheint es, als hätte die Zeit, in der sie sich abspielte, nicht existiert, und vielleicht ist das ja auch so. Die Zeit selbst ist nichts, nur sie zu erleben ist etwas. Wenn das abstirbt, erhält es die Form einer Leugnung, das Symbol der Sterblichkeit, das, was man schon verloren hatte, bevor man alles verloren hatte. Als sein Freund etwas Derartiges

zu seinem Vater sagte, war die Antwort: »Wenn man alles aufheben müßte, würde man explodieren. Es ist einfach nicht genug Platz. Vergessen ist eine Arznei, man muß sie rechtzeitig einnehmen.«
Rechtzeitig. Während er aufstand und durch den großen Saal des Restaurants hinausging, mußte er über sich selbst lachen. Wie konnte man nur in Gottes Namen über einen Begriff nachdenken, der sich auf tausenderlei Weise in die Sprache hineingezwängt hatte und somit jedes Bild, das man sich davon machen konnte, verschleierte? Schon immer wurde die Zeit mit den Instrumenten verwechselt, die sie messen. Schon immer. In einer der skandinavischen Sprachen übersetzt man das Wort »Zeit« mit »die ganze Zeit«, als könnte man das von etwas sagen, was noch nicht abgeschlossen ist. Menschenzeit, wissenschaftliche Zeit, die Zeit Newtons, die sich uniform und ohne Relation zu einem externen Gegenstand fortbewegte, die Zeit Einsteins, der sich vom Raum behexen ließ. Und dann noch die der unendlich kleinen Teilchen, die verpulverte, unmeßbar gewordene Verkleinerung. Er betrachtete die anderen, die sich nun so solide um ihn herum in der Neuhauserstraße bewegten, jeder mit seiner persönlichen inneren Uhr, in der die Uhr um ihre Handgelenke vergeblich versuchte, ihre miserable Ordnung zu bringen. Uhren waren Angeber, sie behaupteten, im Namen einer Autorität zu sprechen, die (noch) keiner je gesehen hatte. Aber sie wußten, wann sich die Kirchentüren öffneten, und einen Augenblick später (später, dieser Tyrann war unvermeidbar) stand er im kühlen Raum der St. Michaelskirche. Das erste Wort, das er las, war natürlich »Uhr«: »Am 22. 11. 44 kurz nach 13.00 *Uhr* wurde die St. Michaelskirche von mehreren Sprengbomben eines amerikanischen Fliegerverbandes ge-

troffen«, und auch hier schlug die Erinnerung zu – das schwere Geräusch der vorüberfliegenden Bomber im Krieg und die sensationshungrige Aufgeregtheit der Erwachsenen: »Das sind die Amerikaner, die bombardieren jetzt die Scheiß-Moffen.« Dieses Geräusch gehörte zu den Dingen, die für die Ewigkeit komponiert waren, weil es zu Tod und Rache gehörte, der ganze Himmel ein ewiger Baßton, gestrichen von einem auf Vernichtung erpichten Geiger. Daran aber wollte er jetzt nicht denken. Die Toten waren tot, die Kirche wiederaufgebaut, und in dem hellgrauen Raum ging eine Frau geradewegs auf ihr Ziel zu. Sie war phantastisch gekleidet. Alles, was sie anhatte, war schwarz, das hochblonde Haar zu einem Knoten aufgesteckt und mit einem schwarzsamtenen Band zusammengebunden. Sie kniete sich hin, das Gesicht tief in den Händen verborgen. Ihre Lackschuhe berühren den Boden nicht, hängen also ein bißchen darüber. In diesem Augenblick verschwindet die Sonne, das gipserne Tonnengewölbe wird matt, er sieht, wie drei Japaner die Frau anstarren. Hinten in der Kirche lehnt ein bronzener Engel an einem großen Weihwasserbecken, locker, wie jemand, der an einem Klavier vorbeigeht und kurz stehenbleibt, um etwas darauf zu spielen. Überall sah er betende Gestalten, die Größe des Bauwerkes bestätigend, flehende Zwerge in Rot, Jägergrün; ein Bauer im Trachtenanzug stand, die Hand auf der Brust, vor einer Statue, zu der er sprach, doch der Reisende ging zu dem Engel zurück und stellte sich neben ihn, zwei zufällige Kirchgänger, ein Mann und ein Engel, der eine mit Flügeln, der andere ohne. Der Engel war größer, seine Bronze glänzte, aber das störte ihn nicht. Er betrachtete erst die gespreizten Finger, dann die Flügel. Das war heute sein zweiter Engel, nur war der hier keine Frau. Im Wörterbuch waren Engel Männer, sie hatten Männernamen: Luzifer, Gabriel, Michael, und doch waren es keine Männer. Myriaden waren es, hatte er gelernt, und es gab sie in verschiedenen Arten. Der Engel der Finsternis, des Verderbens, des Lichts. Beschützer. Bote. Sie hatten Ränge, Cherubine, Serafine, Mächte, Throne. Himmlische Legionen. Er konnte sich nicht erinnern, ob er jemals wirklich an sie geglaubt hatte, und er meinte, daß dem nicht so war. Aber die Idee reizte ihn. Jemand, der kein Mensch zu sein brauchte, ihm aber doch ähnelte, nicht alt zu werden brauchte und darüber hinaus noch fliegen konnte. Alles war ihnen natürlich auch nicht erlaubt, das ist logisch, wenn man sich in der Nähe Gottes aufhält. Als angenehm empfand er, daß es sie noch immer gab, und nicht nur in Kirchen. Aus Holz, aus Stein, aus Bronze, auf Gedenkstätten für die Toten und für den Frieden, auf weltlichen Gebäuden, überall wußten sie sich zu behaupten. Auch die Araber hatten welche. Sahen die Menschen sie noch? Oder waren sie trotz ihrer übermenschlichen Größe und Auffälligkeit unsichtbar geworden? Das glaubte er nicht, er dachte vielmehr, daß die anderen sie nicht, wie er, bewußt sahen, sondern sie wahrnahmen, wie man etwas im Traum wahrnimmt, so daß die Geflügelten, ohne daß der Empfänger es eigentlich merkte, sich einen Weg zu dem geheimnisvollen Raum bahnen konnten, wo die namenlosen Vorväter wohnen. Und schon war er wieder bei einer Idee der Zeit gelandet, und das wollte er nun wirklich nicht mehr, er hatte sich für diesen Tag noch eine Kirche vorgenommen, die seiner Meinung nach mehr zu dieser Stadt gehörte als der aus falschem Heimweh geborene Wiederaufbau eines verwundeten Athens, und dorthin ging er jetzt. Die Kirche mußte in der Sendlinger Straße sein, aber nun meldete sich plötzlich

der Reiseführer wieder, der ihn in eine andere Richtung schicken wollte.
»Wohin nun?« Er sagte es mißmutig, denn er hatte ihn schon vergessen. Er hatte sich bestimmt unterm Tisch versteckt, als er beim Essen war. Ob so jemand auch alles hörte, was man dachte? »Zum Viktualienmarkt«, sagte der Reiseführer. Märkte waren genauso wie Friedhöfe seine schwache Stelle, und er ging ohne Widerrede mit. Essen war dasjenige, was vermutlich am weitesten vom Bösen entfernt war. Radieschen, Möhren, Käse, Brot, Pilze, Kürbisse, Eier beschworen mitten in der Stadt die Idee der Natur und somit der Geduld, erinnerten die Stadt an ihre Abstammung vom Marktplatz in einem ländlichen Gebiet, und eine halbe Stunde schlenderte er zwischen den ausgestellten Waren herum, den frischen Kräutern, den Würsten, deren verworrene Vielfalt die Phantasie herausforderte, die Schinken, die Fische aus Flüssen und Meeren, alles, was vor tausend Jahren genauso ausgesehen hatte, das tausendjährige Reich der Wurzeln, Karpfen und Zwiebeln, die sich widerspruchslos immer aufs neue anboten, um zwischen den Backenzähnen der Menschen zermahlen zu werden.
Die Straße, in der sich die Kirche befand, war geschäftig, doch als er drinnen war, fiel der Lärm von ihm ab. Der Heilige Johannes Nepomuk, hatte ihm der Reiseführer zugeflüstert. Ein böhmischer Heiliger. Der Reisende liebte das Wort Böhmen. Nicht nur, weil es so schön klang, sondern auch wegen der Mißverständnisse, die mit ihm verbunden waren. Weil man in den ersten Zigeunern in Frankreich Anhänger des Ketzers Hus aus Böhmen gesehen hatte, hießen manche Dichter und Maler heute noch immer Bohemiens. Eine Vermischung von Vorurteilen, die auf einem Mißverständnis basieren, wunderbar, und daß man Dichter mit

Vagabunden, Zigeunern und Heiden gleichsetzte, war auch nicht übel.
»Nepomuk«, wiederholte der Führer. Nach Maria einmal der populärste Heilige Bayerns. Märtyrertod, ertrunken in der Moldau vor sechshundert Jahren. Weil der Reisende meinte, daß er selbst auch ein wenig aus Böhmen stammte, beschloß er, den unbekannten Nepomuk zu seinem Schutzpatron zu ernennen. Der Reiseführer wollte ihm nun das eine und andere über das Leben des Heiligen erklären, was in den hölzernen Portalen eingraviert war, aber der wunderliche Raum schlug den Reisenden in den Bann. Später würde er zuhören und lesen, jetzt nicht, jetzt wollte er sich von dem mitreißen lassen, was er früher verächtlich Firlefanz genannt hatte. Der Barock war, wie die Oper, eine späte Entdeckung seines Lebens, früher hatte er absolut nicht begriffen, was man daran schön finden konnte, und es fiel ihm immer noch schwer, es in eigene Worte zu fassen. Dafür brauchte er sich nicht zu schämen, man konnte sich schließlich irren. Aber hier? Vielleicht war es der Überfluß und gleichzeitig im Gegensatz dazu der strenge Rahmen, in dem er erlaubt war. Üppig. Voll. Und, was sich ein Liebhaber romanischer Kirchen vielleicht am wenigsten eingestehen mochte, *gemütlich*. Selbst wenn man allein war, hatte man das Gefühl, daß ein lebhaftes Treiben herrschte, die Engel tummelten sich, Röcke flatterten, der Wind wehte den Stein, den Marmor, den vergoldeten Gips auf, Fülle, Turbulenz, eine Tropfsteinhöhle, in der die Gottesfrucht, der Glaube, an jeder Spitze hängengeblieben war. Girlanden, gedrechselte Säulen, wollüstige Grotten, geschwungene Linien, vielleicht blickte er hier zum ersten Mal in die bayerische Volksseele. Das Griechische des Königsplatzes war auferlegt, von anderen ausgedacht, hier könnte man notfalls

jodeln, weil das Bauwerk selbst fast jodelte, Geträller, Gejuchze, närrische hohe Töne. Auch auf der Altarrückwand wurde an den böhmischen Heiligen erinnert, ein aufregendes Leben, wobei die Erzähler nicht geradewegs auf ihr Ziel zusteuerten. Schnitzen, verzieren, polieren, bekränzen, unterbrechen, während es stehenbleibt, dreht es sich. Es geht so turbulent zu wie auf einer himmlischen Hauptverkehrsader. Gott mit Tiara beugt sich über das Kreuz, von zwei Engeln mit ganz geraden Flügeln flankiert, gespitzte Eselsohren. Weil niemand in der Nähe ist, entfernt der Reisende sich nun rückwärts vom Altar, den Kopf in den Nacken gelegt. Ihm fällt auf, daß dann, wenn man in dieser Haltung senkrecht über die Pilaster, die goldenen Kapitelle, die Blumengirlanden und die dickbäuchigen kleinen Säulen der Balustrade hinweg hinaufzuschauen versucht und den Kopf langsam zur Seite bewegt, immer mehr Unschuldige-Kinder-Köpfchen zum Vorschein kommen. Sie wohnen hier einfach, wenn er sich bewegt, tun sie es auch, sie blicken ihn an mit einem unwirklichen, viel zu frühen Zug der Verzückung auf den gipsernen Gesichtern. Es ist, denkt er, als schäumte die Wand dort oben und als hätte der Schaum die Form menschlicher Antlitze angenommen. Völlig unvermittelt fällt ihm plötzlich ein Satz Goethes ein, den er nur aus einem Schubert-Lied kennt: »Was bedeutet die Bewegung?« Und vielleicht ist dies die Antwort: Hier bedeutet die Bewegung nur sich selbst, dies ist das Extrem, in dem die Bewegung in stillstehendem Material zum Ausdruck kommen konnte, Bewegung und Stillstand, *coniunctio oppositorum*, die Erstarrung der höchsten Exuberanz.

Kennt er die Stadt nun besser? Er weiß es nicht, aber er beschließt, daß dies der Moment ist, um wegzugehen. Wohin?

In den Süden, in die Richtung der Zugvögel, die ihm am Morgen zugewinkt hatten. In das eine oder andere Böhmen, in die Berge, die Wasserscheide Europas, wo die Sprachen, die Staaten, die Flüsse in alle Richtungen fließen und ihm sein Erdteil am liebsten ist mit dem ganzen Chaos verlorener Königreiche, eroberter Gebiete, aufeinanderstoßender Sprachen, einander entfremdeter Systeme, dem Widerspruch der Täler und Berge, dem alten, zersplitterten Reich der Mitte. Er geht noch durch die grasigen Auen des Englischen Gartens, sieht die Bäume im letzten Feuer des Herbstes, füttert die Schwäne, liegt im Gras und sieht die Wolken, die in Richtung Alpen ziehen. Nein, diese Stadt kennt er noch nicht, aber ihn rufen nun andere Städte, und diesem für niemand anderen hörbaren Rufen, dem geheimnisvollen Singsang der Böhmen, kann er nicht widerstehen.

1 siehe Anmerkung 2, S. 97.

2 Multatuli (eigentlich Eduard Douwes Dekker, 1820-1887): niederländischer Schriftsteller, zweitweise im Staatsdienst in Niederländisch-Indien; schrieb u. a. den Roman *Max Havelaar*, in dem er das Versagen der niederländischen Kolonialbehörden und die Unterdrückung und Ausbeutung der Einheimischen anprangerte.

Inseln im atlantischen Nichts

Aran Islands

Das erste Mal, als ich die Aran Islands besuchte, muß schon lange zurückliegen. Ich weiß nicht mehr genau, wann es war, denn es war im Kino, doch die Bilder in meiner Erinnerung sind mythisch. Das lag, denke ich heute, an der Aufnahmetechnik: als flöge man im Sturm über den Ozean, über gewaltige tosende graue Wassermassen, aus denen plötzlich, in einem Schleier aus Gischt und Regen und Nebel, eine schwarze Steinküste auftaucht. Luftaufnahmen, durch die der Betrachter selbst zu einem Sturmvogel wird, der mit dem Wind segelt, an den aufgeschichteten Steinmauern eines Forts ohne Fenster entlangstreicht und dann wieder über den Ruinen niedriger Kirchen zwischen Grabsteinen mit keltischen Kreuzen schwebt. Oder Gegenlichtaufnahmen dieser Kreuze von der Erde aus, Himmel aus Blei und Zink, ein unirdisches Leuchten, in dem Fabeln und Legenden gedeihen.
Die Stimme in dem Film erzählte von Mönchen aus dem frühesten Christentum, die nach Irland gezogen waren, heilige Gemeinschaften, die hier auf diesen unwirtlichen Inseln gelebt hatten, sie erzählte von den Heiligen Colm und Enda, von der »Kirche der vier Schönheiten« und den Ruinen der »sieben Kirchen«, und durch all diese Bilder und Geschichten, die so wenig mit der modernen Realität zu tun zu haben schienen, hatte ich diese merkwürdigen Inseln weit draußen im Ozean angesiedelt. In meiner Vorstellung gehörten sie zwar noch zu Irland, waren aber zu fast un-

erreichbaren Vorposten geworden, etwas Ähnliches wie die entferntesten Hebriden, nur noch weiter weg, Klosterinseln irgendwo im atlantischen Nichts.
In Irland selbst war ich noch nie gewesen, aber ich hatte Yeats, Synge, Joyce gelesen und sogar Theaterstücke von Brendan Behan und Sean O'Casey übersetzt und mir davon unbestimmte poetische Vorstellungen von Irland als einem Land bewahrt, in dem Literatur und Lyrik einen höheren Stellenwert haben als in anderen europäischen Ländern. Doch erst vor zwei Jahren bestätigten sich diese Vorstellungen, als ich sah, daß alle Sitze in meiner Aer-Lingus-Maschine grüne Bezüge mit den Schriftzügen von Joyce und Beckett, Wilde und Swift trugen, und als ich entdeckte, daß nichts in Irland so ist wie irgendwo sonst. Das gilt nicht nur für die Bezüge von Flugzeugsitzen oder für die zahllosen Schriftstellerporträts in schummrigen Pubs, sondern auch für die Geographie. Die mythische Entfernung, die ich im Geiste zwischen das Festland und die drei Aran Islands gelegt hatte, war auf der Karte zu einem kleinen Stück geschrumpft, obwohl dieses, wie irische Freunde mir sagten, plötzlich unangenehm groß werden kann, wenn man auf einer der Inseln sitzt und die Fähre aufgrund des schlechten Wetters nicht fährt, was anscheinend regelmäßig vorkommt.
Von meiner ersten Reise, die nur kurz sein konnte, sind mir Regen und frühe Dunkelheit in Erinnerung geblieben. Ich hatte auf Inishmore, der größten der drei Inseln, mit Mühe ein kleines Zimmer gefunden (Hotels gibt es nicht). Es regnete, Dunkelheit schlich sich bereits in den Nachmittag, am Kai standen zwei Ponykutschen und ein paar Minibusse, doch ich hatte mir sagen lassen, daß meine Pension in Cill Rónáin selbst lag, dem Ort, wo die Fähre anlegt.

Während der Überfahrt hatte mir jemand eine kleine Karte gezeichnet, die so simpel war, daß ich natürlich nichts finden konnte, Windböen versuchten mich vom Weg abzubringen, ich ging in die falsche Richtung, einen kieseligen Matschweg hinauf, der nirgends endete, fand es dann doch, ein Bed & Breakfast, geführt von einer jungen Frau, deren Mann sie mit zwei Kinder hatte sitzenlassen, die noch zur Schule gingen, so daß sie auch im Winter geöffnet hatte. Kurz darauf hockte ich in meinem biederbraven Stübchen, gehalten in diesen Lollifarben, mit denen Angelsachsen ihre Gäste glücklich zu machen glauben – Bettüberwurf aus rosa Nylon mit weißen Blümchen, beige Tapete mit grünen Blättchen, das Bild eines gleichfalls rosigen Kindes neben einer Geranie, es wirkte wie eine gesteigerte Form von Effekthascherei, um die winterliche Wut der Sturmböen draußen noch zu unterstreichen.
Meine Gastgeberin hatte gesagt, ich würde binnen fünf Minuten pudelnaß werden, und so war es: Verkleidet als Regenwolke wehte ich mit meinem umgestülpten Regenschirm in den erstbesten Pub, wo alle sich umdrehten, um den Fremden zu bestaunen. Alle hatten ein mächtiges Glas dieses fast schwarzen Biers vor sich, das mich immer eher an Nahrung denn an Alkohol denken läßt. Im Fernsehen lief etwas Melodramatisches, das aus einer anderen Welt zu kommen schien, und sei es nur deswegen, weil da Englisch gesprochen wurde und die spärlichen Laute, die ich von der Theke auffing, so viel geheimnisvoller klangen.
In ganz Irland hatte ich noch nie *Gaelic* gehört, wenngleich jeder mir erzählt hatte, er hätte es in der Schule lernen müssen – aber jetzt hörte ich es. Sprache ist immer ein Rätsel, weil sich meist kein triftiger Grund dafür anführen läßt, weshalb die Dinge so und nicht anders heißen, und schon

gar nicht, warum die gleichen Dinge 1000 Kilometer weiter weg völlig anders heißen, aber es hat für mich immer etwas Rührendes, wenn Menschen einen anblicken und etwas sagen, von dem man kein Wort versteht. Plötzlich ist das gesamte System auf den Kopf gestellt, was zur Kommunikation gedacht war, hat sich in sein Gegenteil verkehrt.
Ein Mann setzte sich zu mir an den Tisch und sprach mich an. Kein Problem, meinte der Mann, wenn es sein müsse, könne er auch Englisch mit mir sprechen. Ob ich denn Englisch verstünde? Ja, das tat ich, und kurz darauf wußte ich, daß er Angus hieß und 17 Jahre lang Fischer gewesen war, daß er nie lesen gelernt hatte, daß die See rings um die Insel die gefährlichste See der Welt sei und daß er folglich Glück gehabt habe, denn er habe auch nie schwimmen gelernt, und dann seien 17 Jahre Makrelen-, Rockfish- und Pollock-Fischerei ein ganz schönes Risiko, wenngleich man, wenn das *curragh* in der Brandung kentere, in dieser See selbst als Schwimmer nicht die geringste Chance habe.
Ein curragh? Das sind Boote, die wir früher selbst gemacht haben, aus Spanten von hellem Holz und Segeltuch, mit Teer bestrichen, du wirst sie schon noch sehen. Und was machst du morgen? Morgen regnet es wieder, aber nicht den ganzen Tag. Morgen mußt du dir Dún Angus anschauen. Dún Angus, Dun Aonghasa, Dún Aengus, ich habe später verschiedene Schreibweisen gesehen, doch er deutete nur auf ein rauchgeschwärztes Foto neben der Theke mit einer großen schwarzen Steinmasse, an die ich mich aus jenem Film erinnerte. Ja, morgen würde es wieder stürmen, aber er könne mich mit seinem kleinen Bus ganz bis in die Nähe bringen. Und ich müsse es sehen, alle führen dorthin. Ich sah mir das Foto an und dachte, jetzt bekäme ich sie also doch noch, meine Trauminsel. Also, morgen. Ja, morgen.

Durch die Stille, die im Raum hing, weil der Fernseher noch schwieg, hörte ich den dünnen, scharfen Klang einer Kirchenglocke. Sieben Uhr, heilige Messe, sagte mein neuer Freund und streckte sieben Finger in die Höhe und sagte es noch einmal, nun aber auf Gälisch, *seacht*, und ich trat hinaus und ging hinter ein paar Leuten her auf den Klang der Glocke zu, erfüllt von dem Gefühl, etwas Besonderes zu tun. Einst waren römische Mönche hier gelandet, und die Essenz dessen, was sie mitgebracht hatten, war erhalten geblieben. Eine andere Sprache, die gleichen Worte. Eine andere Zeit, derselbe harsche Fels.
Die Kirche war nicht groß, innen jedoch überraschend geräumig. Die Messe wurde auf Gälisch gehalten. Ich wußte, was da gesagt wurde, verstand aber kein Wort. Die dunklen Tage vor Weihnachten, das Meßgewand des Priesters im adventlichen Violett, die einzige Farbe inmitten all des Steins. Die Predigt echote um mich herum, eine Sprache aus Muscheln und Steinen, uralte Worte, die in all die Köpfe um mich eindrangen und mich ausschlossen, doch das machte nichts, ich spürte die Gemeinschaft der anderen, die durch die jahrhundertelange Isolation und extreme Armut entstanden war, den ewigen Kampf ums Überleben: Fisch aus einem eifersüchtigen, gefährlichen Ozean, Erde, zwischen Felsen zusammengescharrt und auf Schichten von Tang und Sand gelegt, um ein paar Kartoffeln anbauen zu können, Vieh auf den wenigen Stücken fruchtbaren Bodens, immer umschlossen von Mauern aus aufgeschichteten Steinen, die erst aus der Erde gehauen und dann weggeschleppt werden mußten, Licht noch im 20. Jahrhundert aus Öllampen, das Öl gewonnen aus Haifischleber und Seehunden, Häuser aus demselben Stein, auf dem sie errichtet waren, Dächer aus Roggenstroh – auch wenn sich die Zeiten mitt-

lerweile geändert haben, ist all das nach wie vor in den Gesichtern erkennbar, die noch immer das Merkmal des Lebens als Wagnis tragen.
Am nächsten Tag fährt mich Angus zum großen Fort. Der Weg ist schmal, er bringt mich bis zu dem Punkt, von dem aus es nur zu Fuß weitergeht. Für mich eine merkwürdige Erfahrung. Ich verbringe meine Sommer auf einer spanischen Insel, deren Boden genauso felsig ist. Auch dort sind die Parzellen durch Mauern aus Steinen, ohne Mörtel aufeinandergeschichtet, getrennt. Nur, dort schmerzt im Sommer das Licht in den Augen, der Boden ist trocken, und manchmal fällt wochenlang nicht ein Regentropfen, so daß ich den Eindruck habe, als sei der Ort hier der nördliche Zwilling meiner Sommer. Das Gras ist irrsinnig grün, und als ich zum Fort hinaufklettere, versinke ich immer tiefer in einem bräunlichen Schlamm, in dem Kühe ihre Spuren hinterlassen haben.
Wie alt das Fort ist, weiß niemand genau, kein Wort, keine Inschrift ist geblieben, es liegt hoch über dem Ozean, uneinnehmbar, an der Rückseite geschützt durch Mauern und Felder voller quer in den Boden eingelassener großer scharfkantiger Steine, zwischen denen kein Reiter durchkommt. Es gibt keine Fußböden, keine Flure. Ob Fort das richtige Wort ist, weiß ich nicht. Ich stehe im Gras zwischen aufgeschichteten Steinmassen, 270 Fuß über dem Ozean, der dort unten wütet, und habe Mühe, mir die Menschen vorzustellen, die es erbaut haben, das Leben, das sie gelebt haben.
Als ich zum Auto zurückkomme, fragt Angus, ob ich den Film gesehen hätte, der auf der Insel gedreht worden ist. »Man of Aran«. Er spricht darüber, als sei das erst vor kurzem gewesen, obwohl der Film aus den dreißiger Jahren

stammt. »Für einen Dollar am Tag haben sie ihr Leben riskiert«, sagt er, als sei er dabeigewesen, und er hat recht. Große Geschichten sind immer zeitlos. »Ich bring' dich dorthin, wo die Aufnahmen gemacht wurden«, sagt er. »Es ist nicht weit, dies ist eine kleine Insel, sie ist nur zwölf Meilen lang.«

Am Ende der Straße müssen wir zu Fuß weiter. Schon sehen wir die beiden kleinen Inseln, die vor der äußersten Westspitze liegen. Oileán Dá Bhruineog und An tOileán Jarthach. Auf letzterer steht der Leuchtturm. »Der arbeitet jetzt automatisch. Früher saß da ein Leuchtturmwärter, der manchmal wochenlang nicht von der Insel runterkonnte, weil die Brandung so gefährlich ist.« Er zeigt auf die tosende weiße Schaummasse dicht vor der Küste.

Ich stelle mir eines der geteerten schmalen, so zerbrechlich aussehenden leichten Boote in dieser Brandung vor, und am selben Tag noch sehe ich die vorgestellte Wirklichkeit, denn auch wenn es nur ein Film war: Die Männer, das Boot und die Brandung waren echt, und sie kämpften um ihr Leben – für diesen einen Dollar. Ein tobendes Meer, drei Männer, wie Daguerreotypien ausgeschnitten vor dem weißen Schaum, in die Höhe geworfen, verschwindend, verschwunden hinter Mauern aus Wasser. Wie diese Aufnahmen gemacht worden sind, ist mir ein Rätsel. Jetzt verstehe ich, warum Angus glaubt, er sei dabeigewesen: Die Geschichte muß hier, in diesem Land der Geschichtenerzähler, Hunderte von Malen erzählt worden sein, und noch immer gibt es die Bilder, die alles bestätigen.

Wer wohl als einzige alles wieder vergessen hat, ist die See, die nichts anderes zu tun hat, als sich immer wieder in einer hypnotisierenden, ewigen Bewegung gegen diese Felsen zu werfen. Borges hat einmal gesagt, wenn man sich die Ewig-

keit vorstellen wolle, solle man an einen Engel denken, der mit seinem Flügel über einen Marmorblock streicht – so lange, bis dieser völlig verschwunden ist.
Ich sehe, wie das Wasser nach den Felsen greift, zurückfällt, erneut angreift im tiefsten Grau und Schwarz, das am Stein weiß zerbirst. Ein Stück Tang, so lang wie ein Kinderarm, wird auf den kleinen Kai gespült, als würfe es mir jemand zu, ich hebe es auf, *long rods*, *sea rods*, es ist hohl, der Stengel einer Pflanze aus der Wasserwelt. »Zehn Pfund für eine Tonne haben wir früher bekommen«, sagt Angus, »krumm liefen wir unter dem Zeug, kannst du dir das vorstellen?«
Wir fahren auf der schmalen Hauptstraße zurück. Irgendwo rechts macht er mich auf ein kleines, ärmliches Häuschen aufmerksam. »Da hat der Kartenmacher gewohnt«, sagt er, »der Fear na Mapai. Ein Engländer, aber er hat das beste Buch über die Insel geschrieben. Sagt man, ich kann es ja nicht lesen. Ich hab' ihn gekannt. Man sah ihn immer an den verrücktesten Stellen. Er hat jeden ausgefragt. Zwölf Jahre ist er hier geblieben. War ewig am Zeichnen. Seine Karten kann man immer noch kaufen. Geschichten wollte er hören, am liebsten von den alten Leuten. Ein Engländer, stell dir das vor. Als Jungs haben wir auf den Klippen geangelt, ungefähr 100 Meter über dem Meer, man mußte wissen, wo. Gefährlich war es auch. Man konnte oben nicht sehen, was unten passierte. Ein Haken an einer Schnur. Man mußte spüren, wenn einer angebissen hatte, den Fisch raufziehen, bevor die Möwen ihn fraßen. Auf so einem schmalen Vorsprung haben wir gesessen. Heute würde ich mich nicht mehr trauen. Dort kam er hin, wollte immer die Namen von allem wissen für seine Karte.«
Felsen und Vorsprünge sehe ich auf dem Umschlag des

Buches, das der Mann aus England geschrieben hat, von dem Angus erzählte, ein Schwarzweißfoto, das nassen Stein schwärzt und gleichzeitig glänzen läßt, durchschnitten von vertikalen und horizontalen Kerben, geschundener Fels. Ich kaufe das Buch und lese es in meinem rosa Kinderzimmer, während die Elemente am Fenster reißen und rütteln.

Ein paar Stunden später – ich war zum Essen ausgegangen und mit einem Whiskey-Zwerg auf der Schulter durch die Dunkelheit heimgekehrt – zeigt mir meine Gastgeberin Robert Flahertys Film »Man of Aran«: die Männer in ihrem Boot und die Frauen in Schwarz, die die schweren hohlen Tangstengel in Körben an Land schleppen, der Ruf, der durch das Dorf geht, daß die Männer nach Tagen einen Hai gefangen haben. Und wie in einem Film von Eisenstein sieht man sie losziehen. Männer und Frauen und Kinder. Sie schleppen den großen eisernen Kochtopf zum Landungsplatz, in dem die riesige Leber gekocht werden soll, die zu Tran zerlassen und später zu Licht werden wird in all diesen kleinen Häusern, ein Wunder. Muscheln werden zu Stein, Sand und Seetang Erde, in der man Kartoffeln anbauen kann, und aus Leber wird Licht. Ich blicke in eine Welt, die vor einer Minute ein für allemal um eine Ecke der Zeit gebogen ist, ihre Erinnerungen jedoch zwischen den unverändert gebliebenen Kulissen aus Stein und Wasser zurückgelassen hat.

»Weg, verschwunden«, hat ein niederländischer Dichter in einer Verszeile grausamer Unwiderruflichkeit geschrieben, die dem Vergehen der Zeit und dem Verschwinden einer erkennbaren Welt entgegentreten sollte. Etwas, das nie gelingen kann, es sei denn, es geschieht ein Wunder, und das Wunder ist in diesem Fall das Buch, das ich an diesem Nachmittag gekauft habe. Ich lese bis tief in die Nacht »Stones of Aran« von Tim Robinson. Der erste Teil heißt »Pilgrimage«, und in der Stille der Nacht, die durch das Tosen des Sturms draußen nur noch gesteigert anstatt gemindert wird, entsteht die Insel, auf der ich gerade bin, zum zweiten Mal, nun aber aus Worten, und wieder muß ich Borges zu Hilfe rufen, der einmal eine Fabel über einen König geschrieben hat, der eine Karte seines Landes anfertigen lassen wollte. Als sie endlich fertig war und dem König gezeigt wurde, war er nicht zufrieden. Es stand nicht genug darauf. Eine zweite Karte mußte angefertigt werden und eine dritte, und noch immer war nicht genug darauf, ebensowenig wie auf der vierten und der fünften, bis schließlich eine Karte angefertigt wurde, auf der alles drauf war – eine Karte, so groß wie das ganze Land.

So etwas Ähnliches hat Tim Robinson gemacht. Ich glaube nicht, daß es irgendwo auf der Well ein zweites Buch gibt wie dieses. Es scheint, als sei in diesem ersten Teil jeder Meter der Küste beschrieben mitsamt ihren Gesteinsarten, Pflanzen, Vögeln, Geschichten, Namen, Formen. Die Karte hinten im Buch hat der Autor selbst gezeichnet. Die Strecke, die er entlang der Küste zurückgelegt hat, führt von der äußersten Ostspitze entlang den hohen Felsen im Süden bis zum äußersten Westzipfel An tOileán und dann über die Nordküste wieder zurück. Hier hat jemand das Unmögliche getan, er hat eine gegebene geographische Wirklichkeit so akribisch beschrieben und in eine Vergangenheit aus Erzählungen, Legenden und Geschichte eingebettet, daß er dadurch die Vergänglichkeit zumindest eines Winkels der Erde aufgehoben hat. Als Erzähler, Kartograph, Geologe, Botaniker, Detektiv, Wetterkundler ist er zur gleichen Zeit physisch in die Gegenwart und psychisch in die

Vergangenheil eingedrungen wie ein Stanley in irgendein geträumtes Afrika.
Bevor ich zwei Jahre darauf zum zweiten Mal nach Inishmore fuhr, habe ich den Autor in seinem Haus an der irischen Küste besucht, das den Inseln mehr oder weniger gegenüberliegt, als wolle er sie nicht aus den Augen lassen. Er empfing mich in einem strengen Raum mit einem großen, zum Meer gelegenen Fenster, was den Eindruck erweckte, die See wolle herein. Streng war auch er, mönchisch und militärisch, sehr englisch, mit einem Reservoir an Humor, das er einstweilen noch unangelastet läßt.
Das erfolgt erst später, oben, als seine Frau Maedread dabei ist und als wir essen und trinken und uns seine Bilder anschauen. Unten ist das Büro seines kleinen Literaturverlags und sein Atelier mit den 13 Tagebuchbänden der zwölf Aran-Jahre, mit der überquellenden Kartei und allem Quellenmaterial. Den zweiten Teil seines Buches, »Labyrinth«, hat er hier geschrieben, »zu weit von der Insel entfernt«, wie er auf der ersten Seite sagt, »um sie anzufassen, zu nah für eine Proustsche Teleskopie.«
Ich sage, daß ich beim Lesen trotzdem regelmäßig an Proust gedacht hätte, vor allem an die Schlußpassage von »Auf der Suche nach der verlorenen Zeit«, wo der Verfasser von dem gewaltigen Platz spricht, den die Menschen in der Zeit einnehmen, verglichen mit dem geringen Platz im Raum. Er lacht und erzählt, daß er in den zwölf entbehrungsreichen Inseljahren seiner Frau die gesamten 4000 Seiten Proust vorgelesen habe, erst auf englisch, danach auf französisch.
Wie er auf die Insel gekommen sei? Zufall. Und aus diesem Zufall sei ein Umweg von 25 Jahren geworden. Er war Mathematiker und lebte als Maler in London. »Ich war gerade 30. Wir sind einfach als Besucher dorthin gefahren. Alles

war damals noch äußerst primitiv. In dem Häuschen, das wir gemietet hatten, lag ein Sack Erde mit einem Stein darauf, den man vor die Tür legte, um den Wind draußen zu halten. Brot, das mußten wir backen lernen, und akzeptiert wurden wir erst, als wir uns ein eigenes kleines Kartoffelfeld angelegt hatten. Wir hatten nur uns selbst und die Bücher, und meine Arbeit. Ich bin durch sämtliche Stufen des Himmels und der Hölle gegangen, habe Gälisch gelernt. Sonst hätte es überhaupt keinen Sinn gehabt. Das war 1972. Diese Karte habe ich angefertigt, weil es manchmal so schwierig war, in diesem Labyrinth aus Tausenden von Mäuerchen den Weg zu finden. Da sagte jemand in der Post, warum machst du keine Karte? Daran hatte ich bis dahin nie gedacht, es sei denn, als Metapher in einem meiner Bilder.« Auf dem Flur zu seinem Atelier nimmt das Original der Karte fast die ganze Wand ein, ich erkenne sie von den Reproduktionen in den Büchern. »Auf die bin ich stolz, sie verkauft sich immer noch.«

Später, bei Tisch, als seine Frau erzählt, schweigt er, ergänzt hie und da mit einem kleinen Detail. Es entsteht das Bild eines gemeinsamen Abenteuers. Etwas, das klein und fast versehentlich begonnen hatte und zu einer überwältigenden Passion wurde, heiter und einsam, alles beherrschend. Seinem Proust stellte sie Vergil und Dante gegenüber. Zwei Menschen, die sich in langen Winternächten gegenseitig vorlesen, ein Zweimannkloster, in dem in all den Jahren langsam Das Buch entsteht aus den Geschichten der Inselbewohner, aus Beobachtetem und Gelesenem und immer wieder, wie er es ausdrückt, der Komplexität des Bodens, wenn man diesen einen Schritt tut, die Geschichte der Erde unter den Füßen: woraus sie besteht, was auf ihr passiert ist, was auf ihr wächst, was über sie hinwegfliegt, wer auf ihr wohnt. Hunderttausende von Schritten muß er in all den Jahren getan und Schritte in Worte umgesetzt haben, die zumindest einen kleinen Teil der Welt in aller Vollständigkeit bewahren konnten.

Am nächsten Tag fahre ich wieder auf die Insel, im Buch und zugleich in der Realität. Und wieder fegt der Sturm übers Meer. Der Mann, der mein Fährticket abreißt, ist derselbe wie vor zwei Jahren, jemand, der in dem Bergman-Film »Das siebente Siegel« den Tod hätte spielen können. Er liest ein Buch von Chatwin. Als ich am nächsten Morgen aufwache, ist das Wetter plötzlich schön. Kalt und winterlich, aber von einer alles durchdringenden Klarheit, die in den Augen schmerzt. Robinson hat gesagt, ich müsse unbedingt zum Worm-Hole gehen, Poll na bPéist.

Ich spaziere dorthin entlang der Steinküste unter einer hohen Felswand, doch das Meer ist zu wild, ich muß zurück und nach oben klettern. Einen Weg gibt es nicht, ich gehe am Rande der Klippen entlang, bis ich da bin. Tief unter mir tost die See in einem schwarzen Viereck, von dem man nicht glauben mag, daß es nicht von Menschen gemacht ist. Es befindet sich nur wenige Meter von der Brandung entfernt, doch unter den Felsen gibt es einen schmalen Durchlaß, der das viereckige Becken unsichtbar mit dem Ozean verbindet. Ein paar Waghalsige sind einmal durch dieses Wurmloch geschwommen, aber es muß lebensgefährlich sein. Die See entfaltet einen starken Sog in dem engen Durchlaß und schlägt gleichzeitig darüber hinweg, eine verbissene, wilde Bewegung, die den toll gewordenen weißen Schaum in dem schwarzen Viereck rasend emporschießen läßt.

Natur als Theater, gleichgültig gegen meine Anwesenheit. Und ich denke an das, was Tim Robinson zu mir gesagt hat:

»Die Natur weiß nichts von uns und kümmert sich nicht um uns. All die luxuriösen Metaphern, die wir für sie erdacht haben, sind nichts anderes als ein Versuch, mit der nicht-menschlichen Wirklichkeit zu kommunizieren, und das geht nicht. Wir selbst sind der einzige Sinn, alles, was wir aus der Natur herauslesen, haben wir selbst geschrieben, wir schreiben an etwas, das so großartig und vielstimmig ist, daß wir, wenn wir unseren eigenen Sätzen begegnen, sie nicht wiedererkennen als etwas, das wir selbst geschrieben haben.«

Und während ich dort sitze und auf das Drama unter mir schaue und gleichzeitig Robinsons Beschreibung lese, denke ich, daß das stimmt, und vielleicht auch nicht.

2000

Sonniges Madeira

Manche Menschen haben eine außergewöhnlich konkrete Vergangenheit. In ihren Hirnen befinden sich numerierte Archivmappen, in der richtigen Reihenfolge geordnete Fotos, wenn sie sich umdrehen, finden sie mühelos den Weg zurück in den Mutterschoß. Ich nicht. Ich weiß nie etwas. Es ist da, heißt es, doch falls das stimmt, so ist der Schrank verschlossen und der Schlüssel verschwunden. Dann und wann finde ich ein zu niemandem gehörendes Gesicht, ein vergilbtes Foto ohne Unterschrift, bei alten Briefen kann ich mir nie vorstellen, sie selbst geschrieben zu haben, kurz und gut, wenn *ich* mich zu dem Punkt umdrehe, an dem mein Geburtsdatum ungefähr liegen muß – sofern ich überhaupt geboren bin –, dann sehe ich eine regnerische, neblige Landschaft mit vielen Schildern »Zutritt verboten«, »Straßenarbeiten« oder »Vorübergehend geschlossen«. Ab meinem zwanzigsten Lebensjahr wird es etwas besser, doch ein Schriftsteller ohne Jugenderinnerungen ist wie ein Reisender ohne Fahrkarte, er muß irgendwie zusehen, daß er an sein Ziel kommt. Das alles bedeutet nicht, daß ich ganz ohne Gepäck bin. Ich habe etwas, worunter, soweit ich weiß, wenig andere Menschen leiden: Ich habe Zukunftserinnerungen. Irgend etwas, ein Bild, ein Name, ein Lied, drängt sich mir auf. Ich vergesse es auf der Stelle als Vergangenheit und merke erst Jahre später, es war eine Ankündigung. Ich denke, ich erinnerte mich mit zwölf, daß ich mit vierzig nach Isfahan reisen mußte, mit vierzehn, daß ich vier Jahr später Schriftsteller geworden war, während mir in ebenfalls sehr jugendlichem Alter einfiel,

daß ich sterben mußte, wenngleich ich nicht mehr wußte, wann.
Wann genau habe ich mich erinnert, daß ich jetzt über Madeira fliege? Da haben wir's wieder. Anderen Menschen ist natürlich bewußt, wann sie dieses Lied zum erstenmal gehört haben und wer es sang, Eddy Christiani oder Marcel Thielemans:

Sonniges Madeira
Der Liebe und der Sonne Land
Dorthin mit dir
Hand in Hand!

Es wird wohl in der Zeit gewesen sein, als ich auf den wenigen noch verbliebenen Fotos eine schrecklich alberne Figur mache: Bauch voraus in einem blauen Strickhöschen, Hände neben den nackten Beinen, die mich, wenn ich sie heute bei Kindern sehe, an Milchlämmchen erinnern, das Haar mit einem Beil geschnitten und das leere Gesicht eines Menschen, der Kees heißt und sich weigert, Jugenderinnerungen zu speichern. Was ich hingegen sehr wohl wußte, während ich auf diesen idiotisch kleinen Füßen in Opas schmalem Garten in der Lange Nieuwstraat in Tilburg stand, war, daß das Flugzeug jetzt langsam auf diesen grünen, einsamen Felsen mitten im Ozean zusteuert, landet und dann wie wahnsinnig bremsen muß, um nicht gleich wieder von ihm wegzufliegen, und in diesem Fall nicht in die Höhe.
Danach wird alles wieder ganz normal. Ich vergesse, daß dies Erinnerungen sind, und bin einfach auf Madeira. Es ist Januar, die Sonne geht schlafen in ihrem Körbchen, und das Fräulein vom Reisebüro hat eine orangefarbene Uniform, to match january.

In den Ländern mit schwarzer Bevölkerung finde ich es nie so schlimm, daß Touristen sofort erkannt werden, in Ländern wie Portugal, Spanien und Italien dagegen fällt sofort auf, daß es zwei Arten von Weißen gibt: jene, die daheimbleiben, es sei denn, sie müssen in den Norden, um zu arbeiten (Gastarbeiter), und jene, die daheimbleiben, es sei denn, sie müssen in den Süden, um dort *nicht* zu arbeiten (Touristen). Die letztgenannte Gruppe ist für gewöhnlich an ihrer Hautfarbe (vorgebratenes Kalbfleisch) zu erkennen sowie an ihrer Kleidung, die, obwohl keine bindenden europäischen Absprachen darüber getroffen worden sind, genauso markiert aussieht wie die Volendamer Tracht. Zu Millionen kommen und gehen sie durch die Luft, lassen Hotels für sich bauen und verhunzen die Landschaft, nach einiger Zeit auch die Bevölkerung, äußern sich in einem esperantoartigen Wortschatz von ungefähr zwölf Wörtern, bringen einigen Bewohnern Wohlstand und den meisten Preiserhöhungen, kommen nicht klüger, aber dafür brauner zurück. Neapel, Torremolinos und die Algarve gesehen, aber nicht gestorben.

Ich spreche natürlich nicht von Ihnen oder von mir. *Wir* waren immer zufrieden mit der kleinen Kneipe am Hafen und der Pension am Dorfplatz, aber dort steht jetzt ein achtstökkiges Hotel mit einer Diskothek im Keller.

Na gut, weg mit diesen säuerlichen Gedanken. Ich sitze in einem Bus mit lauter anständigen, leicht betagten Niederländern, wir werden den Aufenthalt genießen, schließlich ist es nicht unsere Schuld, daß es in den Niederlanden keine Sonne gibt, der Bus stürzt uns die Hänge hinunter, Gegenverkehr flüchtet sich an den Straßenrand, denn der Platz reicht nur für einen, Madeira ist wirklich sehr hoch, und die Straßen sind steil und kurvenreich. Ich werde an meinem Hotel abgeliefert, etwas Altem und Englischem am anderen Ende des düster wirkenden Hauptortes, wo, wie das Mädchen im Reisebüro sofort sagt, nichts los ist. Ein Kind führt mich in mein Zimmer, und kurz darauf blicke ich vom Balkon über den Ozean hinweg direkt in den grauen Vorhof der Nacht, die beiderseits einer Palme hereinbricht, begleitet vom Abendstern und einer silbernen Mondsichel.

Eine neue Stadt, eine neue Insel, das gehört doch immer zu den nettesten Dingen des Lebens. Ich glaube nicht, daß einem durchs Reisen etwas klarer wird, doch die Illusion, daß es doch so ist, hält sich wider besseres Wissen. Vor rund 550 Jahren wurde Madeira (das bedeutet: Holz) von João Gonçalves Zarco entdeckt – ein aus dem Ozean emporfliegender Felsen, bedeckt mit Wäldern. Dort wohnten keine Menschen, und es gab kaum eine Stelle zum Landen. Versehentlich oder absichtlich wurde der Wald entgegen allen Anordnungen in Brand gesteckt, ein Brand, der sieben Jahre wütete, den Wald restlos vernichtete, den Boden jedoch sehr fruchtbar machte. Diese Fruchtbarkeit und das halb europäische, halb afrikanische Klima sowie fast sechs Jahrhunderte Schwerstarbeit von mittlerweile namenlos im portugiesischen Himmel verschwundenen Bauern bewirkten den Rest, jeder verfügbare Quadratmeter ist vollgestopft mit Weinstöcken, Zuckerrohr, Bananenstauden und achthundertdreiundneunzigtausend verschiedenen Blumen, die ich zu dieser späten Stunde nicht sehen kann, aber riechen, der schwerschmelzende Duft eines Boudoirs im ausgehenden neunzehnten Jahrhundert, in das ich im Dunkeln eingetreten bin.
Ich spaziere auf der Avenida Manuel Arriagat, wer immer

das gewesen sein mag, den ziemlich steilen Hang dorthin hinunter, wo die Lichter von Funchal flackern wie eine ganz nahe Milchstraße, die im übrigen schief am universellen Himmel hängt, denn auch links oben setzen sich die Lichter fort und vermischen sich mit dem kühleren Licht der echten Sterne. Ich gehe in eine alte Kneipe, alles dunkelbraun und düster. Portugiesen sind nie wirklich fröhlich, sie haben immer eine Tüte mit heimlichem Kummer in ihrer Jackettasche, was ich aber nicht unangenehm finde. Geduldige Gesichter, schleppender Schritt, trauriges Gemurmel, klagende Lieder und starker Kaffee, so muß es sein. Hier, in der Casa Minais Gerais, ist es nicht anders. Das letztemal, daß sich hier etwas verändert hat, war 1923, als der Besitzer einen Tisch verrückte. Die Spiegel reflektieren daher auch nicht mein Gesicht, sondern das eines Menschen aus verflossenen Zeiten, das Haar des Obers ist angeklatscht wie das von Rudolph Valentino, an den kleinen Tischen wird unter großen schwarzen Hüten geschwiegen, ich trinke ein Glas Madeira. So schmeckt das also. Wie? Unverwechselbar. Sofort setzt bei mir ein Vornehmisierungsprozeß ein, ich *erhebe* meine (schmale, bleiche) Hand, führe das Glas an den Mund und nippe daran. Volle Kraft zurück! ruft der Kapitän, und unwiderruflich werde ich an meiner Seele rückwärts gezogen, zurück in irgendeine vergangene Zeit. An den Wänden Reklame für Dinge, die man schon längst nicht mehr kaufen kann und die daher die Begierde auch nicht mehr wecken, ich sitze da wie mein eigener Großonkel, die Uhren fangen an, langsamer zu gehen, ich werde mit dem Tempo von Madeira gleichgeschaltet, und das bleibt so. Wie die Hauptfigur oder Nebenfigur, das ist in diesem ersten Kapitel noch nicht klar, eines dieser vergilbten, unlesbaren Romane eines völlig unbekannten französischen Romanciers, die man an den Buden am Seine-Ufer kaufen kann, schlendere ich weiter ins Zentrum.

Jetzt verstehe ich, was das Mädchen vom Reisebüro gemeint hat, hier ist es einfach noch nicht 1976 geworden, es ist noch fahl, dämmrig, altmodisch, nicht aufgepeppt, hier hängen noch keine Plastikkästen voll Licht, es *ist* hier einfach Vergangenheit, balsamische, träge, linde, gute alte Zeit, in der stets ein Krieg verloren wurde und es allen Grund gab für ein düsteres Gespräch an einer Straßenecke, das ausgedehnte Verspeisen von Törtchen und das Lesen des *Jornal da Madeira* sowie des *Eco do Funchal* von A bis Z, um zu sehen, ob im fernen Lissabon hinter dem Ozean die *neue* Zeit noch nicht angebrochen war. Straße des 31. Januar, Avenida do Mar, Rua Dom Carlos I., Holpersteine, Dunkelheit, kleine Gassen, Straßencafés mit Korbstühlen, ein Passagierschiff im Hafen, Klavierklänge aus einem hohen, geschlossenen Haus, Verkaufswagen mit Mandarinen, Sonnenblumenkernen, Erdnüssen und Bananen – noch nichts von der schrillen Vulgarität, mit der die Spanier ihre Ostküste verschandelt haben.

Ich gehe ins hiesige *Americain*, das hier *Apollo* heißt. Ohne jeden Zweifel, man weiß das immer sofort: Dies ist »die« Kneipe, hier werden in leicht verschwörerischem Ton die neuesten Neuigkeiten aus Lissabon sowie die Inselpolitik diskutiert, hier sitzen auch die »Verbannten« vom Festland, die einen Tick mondäner gekleidet sind als die Inselbewohner, und lesen den *Diário de Notícias, A Luta* und *O Dia* aus Lissabon, die mit der TAP-Maschine gekommen sind.

In der Zeitung *ist* es 1976. Portugal verkauft Gold an die Schweiz, der Revolutionsrat analysiert wichtige Fragen, eine portugiesische Korvette dampft in Richtung Timor, die letzten Träume des Imperiums verblassen in den entlegensten Winkeln der Welt, wo die Sonne nie unterging, tut sie es jetzt dreimal im Jahr, und dann für immer. Ich esse ein paar große Brocken frischen Thunfisch mit Zwiebeln und Süßkartoffeln, trinke einen *vinho verde* und einen *aguardente*, streife noch ein wenig durchs Hafenviertel, allerdings ohne Slauerhoff zu begegnen, nehme ein Taxi von 1946, zahle einen Preis von 1946 und gehe schlafen.

Früh aufgewacht, Balkonläden geöffnet, Paukenschlag und Trompetenschall, mit donnerndem Knall schlägt das Licht herein, die Palme, die gestern noch die hereinbrechende Nacht teilte, spaltet jetzt den blinkenden goldenen Schild, der über dem Ozean liegt. Ich mache denselben Spaziergang wie am Abend, mit dem Unterschied, daß ich die Blumen jetzt sehen kann, das Violett der Jacarandas, das Rot der Hibisken, das Weiß der Magnolien. An den Bergen hängt leichter Nebel, Gott raucht seine erste Zigarette.
Ich bin so früh auf, weil ich die Fischauktion miterleben will, und ich werde belohnt. Thunfische, so groß wie Menschen, werden aus den tanzenden Fischerbooten auf den Kai gehievt, auf allen Steintischen der Auktionshalle liegen ihre torpedoartigen Leiber, deren Haut so aussieht wie die Dosen, in denen sie in Kürze landen werden. An der rückwärtigen Wand steht in großen roten Lettern: Quem não teme o mar, não teme os fascistas – wer die See nicht fürchtet, fürchtet auch die Faschisten nicht. Über die singenden Rufe der Versteigerung hinweg höre ich das Kreischen der Möwen, Hunderte sind es, in rasantem Sturzflug stürzen sie sich auf alles, was über Bord fällt, attackieren sich gegenseitig, reißen sich kreischend, scharfe Schwenks machend, gegenseitig die Beute aus den Hakenschnäbeln. Über das Kopfsteinpflaster kommt ein Mann daher, in geflickten

Kleidern und barfuß, plötzlich rennt er los, eine Möwenwolke fliegt auf und läßt zwei kleine Fische liegen, die er schnell aufhebt, Hunger auf Madeira. Drinnen drängen sich die ersten Hausfrauen, die so früh aufgestanden sind, weil die Auktion billiger ist als der Markt – Hackmesser, rot von Blut, durchzucken die Luft und schlagen große Scheiben von den Thunfischen ab, als erstes wird mit ein paar gewaltigen Schlägen der Kopf abgehackt, Blut spritzt umher. Auf einem anderen Tisch liegen Schwertfische, *peixe-espada*, ihre schwarze Haut sieht aus wie ein abgefahrener Autoreifen im Regen, in einem Korb liegen ihre Köpfe mit den kleinen dolchartigen Zähnen, perfekte Mordmaschinen. Gezanke, Gerufe, Kisten mit Tausenden Sardinen werden an Stricken über den Boden gezogen, in einer Ecke liegt, in ihrer umgekehrten Welt verzweifelt mit den Beinen in der Luft strampelnd, eine große Meeresschildkröte und bekommt einen Tritt von einem kleinen Jungen. Draußen, vor der Auktionshalle, steht das Zelt des Circo Brasil. Nichts wirkt toter als ein schlafender Jahrmarkt am frühen Morgen. Ein paarmal im Jahr ziehen hier Komödianten vorbei, dann brennen abends Lichter auf dem sonst dunklen Platz. Jetzt ist die Freude demaskiert, das Zelt des schrecklichen Monsters, der Spinnenfrau, ist leer, doch im weißen Morgenlicht ist ihr Bild noch greulicher: Vor Lachen brüllend kommt sie die Treppe herunter, ein blutendes Kind mit ihren haarigen Armen umklammernd, ein Alptraum, der das Tageslicht nicht erträgt. Daneben stehen, aus Sperrholz ausgesägt, Nelson und Ulysses Coppi, die heute abend auf ihren schweren Motorrädern wieder knapp am Tod vorbeischrammen werden, und am fahlen Zirkuszelt hängen wieder andere Bilder, vergilbt, ausgeblichen, von Clowns und Akrobaten, für die dies wahrscheinlich die letzte Tournee

ist, end of the line, Gastspiel auf Madeira. Die Krapfenbude ist zu, die Autoscooter stehen da, wie die letzten Fahrer sie gestern abend verlassen haben.
Ich gehe in eine dunkle Kneipe, in der die Fischer ihr erstes Glas Rotwein trinken oder Brot in große Tassen mit Milchkaffee tunken. Ich sehe Gefäße mit Thunfisch in Essig, ich deute darauf, ein großes Stück Brot wird in zwei Hälften geschnitten, der Thunfisch dazwischen gelegt, rohe Zwiebeln obendrauf, die Morgenzeitung riecht noch nach Druckerschwärze und behauptet, daß 390 milhões de dólares für Portugal bereitliegen, falls (falls) das Land eine demokratische Regierung bekommt. Soviel ist das also wert. Das Radio bringt die erste tragische Liebesgeschichte des Tages mit vielen Gitarren, eine Häufung von Leid, Freundin weggelaufen, Frau krank, das Auto gestohlen, die Kartoffeln angebrannt und die Zigaretten wieder teurer geworden, zumindest klingt es so.
Ich gehe wieder zurück, in die Stadt. Eigentlich steht hier nichts besonders Schönes, die Seele wird nicht beflügelt, es gibt ein paar alte Gebäude, doch der vorherrschende Eindruck ist der einer zwischen Bergen und Ozean eingeklemmten kleinen Stadt, die dort einfach schon fünfhundert Jahre liegt und dazu bestimmt war, daß Menschen in ihr wohnen, nicht, um andere Menschen zu entzücken. Die Kathedrale, ein festungsartiger Bau, hat innen weißverputzte Wände und eine Holzdecke – in den Wänden sind ein paar Nischen voll barocker Gemütlichkeit ausgespart, die immer so unfromm auf mich wirkt, Comics mit Heiligenviten, die schrecklichen Ereignisse, mit denen sie diese goldene Scheibe an ihrem Hinterkopf verdient haben, weswegen jetzt, zweitausend Jahre später, ein altes Frauchen vor ihnen steht, das in lautem Ton etwas darlegt oder fragt und

sich dabei mit dumpfen Schlägen an die Brust schlägt, mit der gleichen Erregtheit in Kontakt mit der Figur wie eine amerikanische Großmutter mit einem Spielautomaten in Las Vegas. Vor dem Altar, ein ganzes Stück entfernt, steht ein Priester, das Gesicht den wenigen Gläubigen zugewandt. Früher standen sie mit dem Rücken zu einem, so daß man nichts von dem sehen konnte, was da geschah, ich weiß nicht, was peinlicher ist, denn die meisten Menschen haben nicht das richtige Aussehen, um bei heiligen Handlungen ertappt zu werden. Aber es ist wieder Katakombenzeit, und das Mittelalter fängt in Kürze wieder an, denken Sie an meine Worte, die ersten kahlgeschorenen Köpfe irren bereits durch die Straßen: Der Glaube ist im Kommen, Warnung vor dem Hunde.

Warum mache ich eigentlich nicht mal einen Ausflug mit? AUSFLUG steht deutlich am Bus, und daneben steht jemand, der dafür wirbt. Wie lange wird es dauern? Nur eineinhalb Stunden. Wohin? Nach Monte, oben in den Bergen. Dabei unterläßt er es mitzuteilen, daß sie erst an allen Hotels vorbeifahren, um Touristen abzuholen, und das ist dann gleich eine nette Entlarvung, denn wir sind noch nicht ganz aus der Stadt heraus, da stehen sie schon da, die Betonklötze, auf allen Seiten vollgeklebt mit Balkonen aus Stahl. Wenn ich die Augen schließe, weiß ich, welche Häuser, Villen, Gärten, Plantagen dafür beseitigt worden sind, doch gegen den Fortschritt ist niemand gefeit. Das Sheraton, das Golden Gate Hotel, der Palácio Leckmichamarsch, die Residência Falltotum, und warum auch nicht: Wenn ich in die Sonne darf, dürfen auch sie alle in die Sonne, sogar wenn es dafür jedes Jahr mehr Betonklötze mit vorgekauten Menüs, Ausflügen und Swimmingpools gibt, bis der *Grund*, weshalb

wir herkamen, mit unserer Ankunft verschwunden ist und wir nicht mehr kommen und alle diese Monumente zurückbleiben als leere Hülsen eines vergessenen Sonnenkults.
Langsam tröpfelt der Bus voll, ein dicklicher junger Mann beginnt, in handgefertigtem Englisch durch ein sehr lautes Mikrofon zu uns zu sprechen, sagt, daß wir eine Bananenplantage sehen, wenn wir eine Bananenplantage sehen, und daß es hoch ist, wenn es hoch ist. Touristen sind geduldig, sie sind brav. Deutsche, Franzosen, Holländer, alle *brav*. Niemand widerspricht, jeder läßt sich quälen, ab und an dürfen sie aussteigen, um ein Foto zu machen, und das *wird* dann auch gemacht. Vati vor einer Kamelie, Mummie vor einer Gardenie. Ohne diese Fotos würde das alles nicht stimmen, sie gehören zur Akte, denn alles ist so unwirklich, daß man später Beweise dafür in der Hand haben muß, daß es tatsächlich so war.
Aber ist es denn nicht schön? fragt das Stimmchen. Es ist wunderschön, Funchal kippt von der Straße herunter, und dann kippt die Straße von der Straße herunter, und dann fahren wir durch Nebelschwaden, und dann sehen wir den Ozean wieder, immer tiefer unter uns – nur, ich hätte diesen Weg natürlich zu Fuß gehen müssen und allein, und mir einen ganzen Tag Zeit nehmen, dann hätte ich diese Blumen auch riechen können, anstatt sie nur zu sehen.
In Monte steht das Empfangskomitee bereits da: Bettler, Kinder mit Gardeniensträußchen, alte Frauchen mit Taschentüchern, Männer mit Schilfkörben: Von diesem täglichen Bus hängt ihr Heil ab. In der kleinen Kirche ein Grab hinter Gittern, das die kaiserlichen Gebeine von Carolus I. D. G. Austriae Imperator, Bohemiae Rex enthält, für den sich im vergangenen Jahr noch jemand die Mühe gemacht hat, einen inzwischen verstaubten Kranz niederzule-

gen: *In steter Treue und Ergebenheit, Die Alten Kaiserschützen, 1975* – nie haben die Rätsel ein Ende.

In der Dorfkneipe steht ein Mann mit unwirscher Miene, der sich mit Hilfe kleiner Gläser dunkelbraunem *aguardente* betrinkt. Er trägt einen weißen overallartigen Anzug und einen Panamahut schräg auf dem Kopf. Einen Moment lang darf ich noch denken, daß dies ein Sonderling ist, aber dann sehe ich ganze Gruppen dieser Männer, und das Schreckliche geschieht: Sie kommen mit uns und bringen uns zu einer Reihe von Schlitten ohne Ochsen, *sie* sind die Ochsen, und diese Schlitten sind das Beförderungsmittel auf Madeira, fragen Sie mich nicht, wie sie früher hinaufkamen, hinunter jedenfalls gehen sie sehr gut auf eigens dafür vor Jahrhunderten angelegten Wegen aus kleinem, mittlerweile sehr glänzend und glatt gewordenem Kopfsteinpflaster. Wie eine Herde Idioten werden wir in die Schlitten gesetzt, und dann geht es hinunter, jeder Schlitten hat zwei Maurice Chevaliers hinter sich, die sich anfangs noch mit dem Fuß abstoßen, bis es so schnell geht, daß sie schreiend, schwitzend und rennend alle Hände voll mit Lenken und Bremsen zu tun haben. Je in einem Schlitten gesessen? Je in einem Schlitten ohne Schnee gesessen? Je in einem Schlitten ohne Schnee an einem steilen Hang mit glattem Kopfsteinpflaster gesessen? Nein? Ich schon. Die Mauern flitzen an mir vorbei, ich fange Fetzen von mitleidigen Blicken der sich über die Mauer beugenden Einwohner auf, die schauen, wie ich auf einen Bus voll Amerikaner in Marken[1] schaue, ich weiß nicht, was schlimmer ist, meine Todesangst oder meine Verlegenheit. Als wir endlich zum Stehen kommen, höre ich eine kultivierte niederländische Stimme sagen: »Siehst du diese Terrassen? Genau wie *sawahs*.[2] Das erinnert mich an Bandung.« Das eine Imperium ist so gut wie das andere.

Früh am nächsten Morgen miete ich ein Auto, um auf der Insel herumzufahren. Man kann die Osttour machen oder die Westtour, wobei die Straßen streckenweise schlecht zu sein scheinen. Ich aber will quer über die Serra de Água fahren, einen Teil der hohen Bergkette, die den Norden vom Süden trennt. Ich fahre von Funchal aus nach Westen, nach Câmara de Lobos, das so heißt, weil die Entdecker dort eine Bucht voller Seehunde fanden. Das ist das Schöne an Namen: daß sie das Schauen längst verwester Augen festhalten, einmal, im fünfzehnten Jahrhundert, hat jemand mit diesen Augen eine Gruppe von Seehunden fotografiert, die dort tatsächlich und wie im Paradies herumlagen, und aus dem Sehen und dem Gesehenen zusammen entstand dieser Name, etwas von der Essenz dieses Blickes umgibt ganz flüchtig jeden, der den Namen ausspricht.
Churchill kam hier oft zum Malen her, und man sieht, warum: Wenn man nicht zu genau hinschaut, und, wer weiß, konnte oder wollte er das nicht, sieht man die Armut nicht. Ich laufe ein wenig herum und setze mich auf den Balkon einer kleinen Kneipe, von dem man Ausblick auf den Kieselstrand tief unter mir hat. Ich bekomme einen Teller mit *chapas*, kleinen, oben spitz zulaufenden Muscheln, die ich oft in Spanien und auch in England an Felsen gesehen habe, als wären sie ein Teil davon, doch daß man sie essen kann, wußte ich nicht. In armen Ländern kann man alles essen. Der Ozean klatscht an die Steine, Frauen stehen in der vordersten Wasserlinie und waschen Kleider wie in Afrika, sie schlagen sie an die Felsen und legen sie dann, mit Steinen beschwert, zum Trocknen aus. Weiter hinten im Dorf, weiter als die Boote des englischen Staatsmannes, die auf den Bildern und Ansichtskarten so prächtig grün und blau sind und auf denen diese netten Fischer so romantisch ihr Brot

verdienen, laufen die Kinder in Lumpen herum. Es stinkt, Tiere gibt es auch, man kocht auf Holzkohle, es gibt keine Wasserleitung. Das legt es nahe, die Tausenden von Parolen der linken Parteien zu lesen.

Durch dieses Paradies bewegen sich die Möwen, als wären sie dessen Gründer und Eigentümer, sogar auf den Bananenbäumen, die bis dicht an den Strand gehen, sitzen sie mit großer Selbstverständlichkeit, als wäre das nicht verrückt, eine Möwe auf einer Banane. Aus diesen Menschen rekrutierten sich die Auswanderer, überall zogen sie hin, nach Guinea, Angola, Moçambique – jetzt können sie wieder zurück auf eine Insel, auf der es keinen Platz, kein Geld und keine Arbeit gibt. Ich gehe durch die Rua da Administração und die befleckte Straße der Unbefleckten Empfängnis zurück zum Auto. Wo ein Bergbach aus den Hügeln abwärtsschießt, in den Ozean, sehe ich eine schwarzgekleidete Frau auf Händen und Füßen auf einem Felsen, wie ein trauerndes Tier. An den Elektrizitätsleitungen sind Schaukeln befestigt. Auf dem endlosen Feld des Ozeans *ein* Bötchen.

Die Straße windet sich jetzt weiter die Küste entlang, immer wieder neue Ausblicke eröffnend, doch man hat wenig Zeit, auf alles zu achten, denn die Kurven sind scharf und die Abhänge steil, die Autos meist aus einem guten Weinjahr. Bei Ribeira Brava, auch nicht gerade ein Ort, an dem ich den Rest meines Lebens verbringen wollte, biegt die Straße von der Küste ab, hinein in die Berge. Es wird jetzt viel stiller. Die Straße steigt schnell an. Nach einer Weile erreiche ich Posada Vinháticos, von wo aus Beherztere als ich zu Bergwanderungen aufbrechen. Jetzt ist niemand zu sehen. Ich sitze auf einer Caféterrasse und lausche dem Geräusch eines Wasserfalls. Die Sonne ist hier noch warm und beleuchtet eine Idylle aus der italienischen Romantik: Ein

Bauer hackt tief unten mit einer Spitzhacke eine Terrasse aus einem Berghang, zwei Kinder mit weißen Schleifen gehen auf einem schilfgesäumten schmalen Weg, ein Hund hebt den Kopf und bellt ausdauernd – und nicht umsonst, denn jetzt wissen Sie es auch. Der Wirt bringt mir ein Glas *malvasia*, süßen Madeira, der schon bei Shakespeare vorkommt (*Henry IV*, Act 1, Scene 2), als Poins zu Prince Henry sagt: »Jack, how agrees the devil and thee about thy soul, that thou soldest him on Good Friday last, for a cup of Madeira and a cold capon's leg?« Absurd kleine, von Dior entworfene Vögelchen fliegen durch die Lorbeerbäume, aber als ich nach Norden schaue, wo ich hin muß, sehe ich eine Matratze böser Wolken auf den Bergen liegen. So ist es immer, erklärt man mir, die Feuchtigkeit sammelt sich an den Nordhängen, schafft es aber nicht über den Kamm, so daß in Funchal immer schönes Wetter ist und im Norden immer Regen.

Langsam fahre ich hinein, grauer Nebel, Regen auf Düsternis, kalte Nebelfetzen über dem nun soviel aufreizenderen Grün, und durch Täler voll merkwürdiger kleiner Häuser, neben denen stets ein Häuschen mit einem Schilfdach steht, in dem eine Kuh wohnt, die nie einen Schritt ins Freie tut, weil es keine Wiesen gibt, fahre ich wieder zum Ozean hinunter, zum selben und doch einem anderen, zwischen den beiden Küsten liegen vielleicht nur zwanzig Kilometer bizarre Insel, doch hier ist der Ozean aufgewühlter, massiver, bedrohlicher. Bei São Vicente, auf einer leeren, reizlosen Ebene, biegt die Straße wieder nach Westen und kriecht an und zwischen feuchten Felsen nach Porto Moniz. Am liebsten würde ich jetzt weiterfahren, bis ich wieder in Funchal bin, auf der Westroute, doch die Straße sieht wahnsinnig kurvig aus, und die Fischer in der Dorfkneipe raten mir davon ab, weil es in dieser Jahreszeit schnell dunkel wird. Also fahre ich denselben Weg zurück, wobei *derselbe* natürlich Unsinn ist, nicht ich habe mich umgedreht, sondern die Landschaft, ich fahre jetzt aus dem Dunkel ins Licht, und wer die richtige Erziehung genossen hat, weiß, was das bedeutet. In diesem Fall bestand das Licht, als ich aus der Noahswolke auf dem höchsten Punkt der Serra de Água wieder hervorkam, aus einer kosmischen Orange, die am Rande des Alls taumelte und sich gleichzeitig mit mir abwärts begab.

Einer der Orte der Erde, an denen Engländer ihre ureigene Art von Unsterblichkeit erlebten, war das Reid's Hotel. Hoch und gelblich wie alt gewordener Kuchen liegt es in einer der schönsten *quintas* von Madeira. Hierher kamen alte weißhaarige Damen, um zu überwintern und um Bridge spielend und Tee trinkend dem endgültig letzten Winter zu entfliehen, ihre Geister spazierten auf Gartenwegen an Aloen, Frangipanis, dem Avocadobaum, den Purpurwinden, Weihnachtssternen, rahmbleichen Stechäpfeln vorbei. Sie waren stets freundlich zur Zeit gewesen, hatten sie nie geschubst oder gezerrt, und jetzt war die Zeit freundlich zu ihnen und ließ sie einen endlosen Weg von Eleven-o'clock-Madeiras entlang ins All entschwinden, wo ein zweifellos noch englischeres England sie erwartete. Für die Herren war es anders. Es gibt viele Möglichkeiten, einen dry Martini zu machen, doch Fred vom Reid's war der beste Barkeeper der Welt, egal, was Somerset Maugham sagte: Für den war Fred nur der zweitbeste, und Nummer eins war der Barkeeper des Palace Hotels in Guatemala. Doch das Imperium, zu dem diese Sorgen gehörten, ist untergegangen wie ein alter, abgenutzter Tennisball, und auf den Gartenwegen des Reid's Hotel spazieren jetzt deutsche Geschäftsleute, schwedische Wirtschaftsprüfer und niederländische Ärzte, deren Damen die gleichen Pelzstolen tragen und auf dem Kopf die gleiche graue Zuckerwatte, während die letzten englischen Damen in die Dachkammern verschwunden sind, denn wenn das Pfund nach unten geht, gehen die Damen nach oben.

Have some Madeira, m'dear,
you really have nothing to fear:
I'm not trying to tempt you, that
wouldn't be right,
but you shouldn't drink spirits
at this time of night ...

Und so sitze ich also in der Bar des Reid's mit meinem Glas Bowle zwischen den Whiskynasen.

Alles schimmert orangerot, die Rattansessel sind ziemlich unschick goldlackiert, der neuen Kundschaft angepaßt, doch die Lichter von Funchal flimmern in der Ferne in den großen Fensterscheiben, Deutsche in auffälligen Lackschuhen bewegen sich mit ihren betagten Gattinnen auf dem in zweifarbigen Mustern verlegten Parkett.

»Was liest du denn noch so, alter Knabe?« höre ich einen Herrn in weißem Smokingjackett in jenem handgewebten Niederländisch sagen, das dazu bestimmt ist, sich den aufdringlichen Rest der Welt vom Leibe zu halten. Alter Knabe kommt gerade nicht darauf, murmelt, daß *De Telegraaf* ihm doch zu vulgär ist, und rückt schließlich mit *Het Parool* heraus. Das erzürnt den weißen Smoking. »Das ist eine dreckige rote Mistzeitung«, sagt er heftig. Endlich mal wieder jemand, der *Het Parool* für rot hält! Alter Knabe mault noch was von Simon Carmiggelt[3], doch diese Partie hat er verloren, das ist klar. Wo ist die Zeit, als hier nur *The Times* gelesen wurde mit den Nachrichten von vor zwei Wochen? Selbst die Imitation der Ewigkeit kann unter den Hammer des neuen Materialismus kommen, die Emporkömmlinge haben gewonnen, und die Band stimmt *Yesterday* an.

An meinem letzten Abend esse ich im Restaurant »Dos Combatentes«, allerdings sieht dort niemand besonders kriegerisch aus. Es liegt an einem kleinen Platz an der Rua Ivens, was aber wohl ein anderer Ivens[4] sein dürfte. Das Standbild von João Fernández Vieira, Befreier von Pernambuco, ist grünlich angelaufen, und mit weißer Farbe steht »a flama« darauf. Ich frage den Ober, was das bedeutet, er zuckt mit den Achseln und sagt achtlos: »Ach, das sind die Faschisten. Sie wollen die Unabhängigkeit für Madeira, aber ohne Portugal können wir nicht existieren, egal, wie hart wir arbeiten.«

Ich bin ein wenig traurig, daß dies mein letzter Abend ist, und streife noch ein bißchen durch die dunklen Gassen, trinke noch etwas im *Apollo*, wo alle wieder so dasitzen wie am ersten Abend, wie vor zehn Jahren und wie in zehn Jahren, lese zum x-tenmal die Parolen aller Parteien, die mit der Leidenschaft von Menschen auf sämtliche Mauern gepinselt sind, die vierzig Jahre lang nie etwas auf eine Mauer haben schreiben dürfen. An diesen demokratischen Mauern zurückspazierend, komme ich am örtlichen Theater vorbei, das gerade zu Ende ist. Wie ein Lachs schwimme ich gegen den Strom der Menge aufwärts, bis zu den Logen, aus denen die letzten, bis zum Rand mit Kultur gefüllten Damen soeben verschwunden sind. Der Kammerchor da

Madeira hat ihnen Bach, Orff, ein *tradicional*, ein *negro spiritual* sowie Kompositionen von Miguel Bernal Jiménez, Costa Ferreira und jemandem geboten, der Joice heißt oder geheißen hat.
Hinter der letzten Dame schwimme auch ich wieder ins Freie und setze mich ins Schaufenster eines Fotogeschäfts, ergriffen vom Anblick einer Nonne, die Brautfotos betrachtet, sowie einem steinalten Dichter mit echten Gamaschen. Ich stehe, das will ich gern zugeben, einigermaßen unter dem Einfluß von *aguardente*, und nicht nur das, auch Erinnerungen spielen mir einen Streich. Wann war ich zum erstenmal in Lissabon? Auf das wie durchscheinende Nuttenreizwäsche violett erleuchtete Schaufenster von Wagon Lits Cook starrend, weiß ich es wieder nicht. In dem Augenblick klingelt hinter mir, im geschlossenen Fotoladen, das Telefon. Das ist für mich, das weiß ich genau, es ist mein Gedächtnis, das Kontakt zu mir sucht. Para uma Sociedade nova, für eine neue Gesellschaft, steht auf der Mauer neben mir. Wann auch immer es war, damals standen ganz andere Dinge auf den Mauern. Dieses ganze mächtige Imperium mußte um jeden Preis zusammengehalten werden. Goa und Timor und Macau und Guinea und Moçambique und Angola, Provinzen waren es, alles Portugal, und sie würden es bis zum letzten portugiesischen Blutstropfen verteidigen.
Blut ist genug geflossen, das steht fest. Ich konnte das nie zusammenbringen: die weißgekleideten Herren mit dem schwarzen, geölten Haar und den zweifarbigen Schuhen, die Arm in Arm an der Vision des Tejo entlangspazierten, mit lieblichen Stimmen in der Sprache Camões' lispelnd, die klägliche Verruchtheit der Fados und andererseits die kriegerische Sprache auf den Flugblättern, doch es schien, als klammerten sie sich mit aller Macht am Traum ihres Im-

periums fest, wie Menschen, die nicht glauben können, daß es Tag geworden ist. Bereits im siebzehnten Jahrhundert schrieb Antonio Vieira: »Gott gab den Portugiesen ein kleines Land als Wiege und die ganze Welt als Grab«, und so ähnlich muß es gewesen sein. Sie entdeckten die halbe Welt, fuhren nach Brasilien, Japan, Afrika, Indien, eroberten ihr Imperium in kaum mehr als einem Jahrhundert und veränderten damit die Weltgeschichte ein für allemal, blieben jedoch selbst erschöpft zurück, zu müde oder zu verwöhnt, um aus dem eigenen Land noch etwas zu machen, das da auf seinem iberischen Sofa liegt wie eine alte, abgeschminkte Schauspielerin, die ihre sämtlichen Juwelen hat verkaufen müssen.

Gut, das ist alles vorbei, was verschwinden mußte, ist verschwunden und hat die Caetanos und die Spinolas mitgerissen. Wieder zurückgekehrt sind die Engländer, die Spanier, die Portugiesen. Nur sie haben ihre Sprachen in jenen fremden Welten zurückgelassen, wir Niederländer dagegen haben lediglich Dinge mitgenommen und wenig hinterlassen. Uns geht es denn auch noch ganz ordentlich.

Zwölf Uhr. Das Licht in dem Schaufenster hinter mir erlischt, die Kellner der großen Hotels kommen zu Fuß in die Stadt, ihre Stimmen flattern zwischen den Akazien, und ich überlege mir, daß sie diese Insel, auf der nie eine andere Sprache erklungen ist, wohl werden behalten dürfen. Als Trostpreis der Geschichte, eine Insel im Ozean, auf halbem Wege zwischen Europa und Afrika, ein Beginn, der ein Ende wurde.

1976

1 Touristisch geprägte Insel und gleichnamiger Ort im IJsselmeer.
2 Indonesisch für Reisterrassen.

3 Simon Carmiggelt (1913-1987): niederländischer Schriftsteller, dessen Prosaskizzen zwischen 1946 und 1984 als Kolumnen (»Kronkels«) in *Het Parool* erschienen.
4 Anspielung auf den niederländischen Dokumentarfilmer Joris Ivens (1898-1989).

Die Hauptstadt von Kakanien

Städten, in denen die Vergangenheit noch sehr präsent ist, muß man sich behutsam nähern, jedenfalls beim ersten Mal. Sie ertragen es nicht, daß man sich mit einem allzu aufdringlichen Zeitmaß in ihre Trägheit mischt. Oder es ist ihnen gleichgültig, und man selbst erträgt es nicht, auch das ist möglich. Ich bin in München aus dem Flugzeug gestiegen, um meine Reise nach Wien mit dem Zug fortzusetzen. Dort war ich vor langer Zeit schon einmal, aber es war ein eiliger Besuch, der keine Spuren hinterlassen hat, ich erinnere mich an nichts mehr, nur an das Gefühl, in der Mitte Europas gelandet zu sein – Fläche, Landmasse, fern von Wind und Meer. In München erlebe ich einen goldenen Herbstnachmittag und gehe im großen Park rings um die Nymphenburg spazieren, ein ockerfarbenes Schloß in der Sonne, das die Distanz zwischen Herrscher und Untertan betont. Der Bürgerkönig der Niederlande hat seinen Palast mitten im Straßengewirr der Stadt, der bayrische Regent lebte gefangen und abgeschnitten in einem geometrisch gesponnenen Netz aus Gärten, Parks und Alleen – entrückte Majestät.

Österreich kenne ich nicht. Die Landschaft ist grün und lieblich, und so zieht sie vorbei, makellos und ohne bösartige Nebengedanken, vielleicht sogar brav oder scheinheilig in dieser betäubenden Ländlichkeit. Ist das vielleicht der Grund dafür, daß manche österreichischen Schriftsteller, wie Handke und Bernhard, ihr Land nicht leiden können? Auf dieser Reise passiert jedenfalls nichts. Die beiden Mitreisenden im Abteil sind Männer, beide haben auf ihre

Art etwas Unangenehmes. Der eine ißt auf die falsche Art matschige Butterbrote, der andere ist zu groß und löst Kreuzworträtsel.
Kurz vor Wien verdüstert sich der Himmel und mit dem Himmel auch meine Stimmung. Ich sehe große graue Häuserblocks, frage mich zum x-tenmal, warum man nicht einfach zu Hause bleibt, und nehme mir vor, alles Urteilen bis zum nächsten Tag aufzuschieben. Der Abend setzt früh ein, osteuropäische Düsternis wird auf Häuser und Bäume geschmiert, ich gehe auf gut Glück in die Innenstadt, Richtung Dom, um mich herum die Geräusche des Verkehrs und der Passanten, und ich muß an diesen Satz auf der ersten, glänzenden Seite von Musils *Der Mann ohne Eigenschaften* denken: »An diesem Geräusch, ohne daß sich seine Besonderheit beschreiben ließe, würde ein Mensch nach jahrelanger Abwesenheit mit geschlossenen Augen erkannt haben, daß er sich in der Reichshaupt- und Residenzstadt Wien befinde. Städte lassen sich an ihrem Gang erkennen wie Menschen.« Ich glaube ihm, aber ich kenne Wien nicht, und während ich draußen in einem Straßencafé sitze – es ist noch warm genug –, schließe ich die Augen und lasse die Geräusche auf mich einwirken. Das also ist es, was ein Wiener nach jahrelanger Verbannung sofort als wienerisch erkennen würde. Ich frage mich, ob mir das mit Amsterdam oder Barcelona auch so ginge, und denke, schon, genauso wie ich mit geschlossenen Augen riechen könnte, ob ich mich in der Pariser, New Yorker oder Londoner U-Bahn befände. Die Amsterdamer hat keinen Geruch, sie ist zu klein.
Das Gewirr der Innenstadt treibt mich zum Dom. Er ist nicht erleuchtet, aber ich sehe seine düstere, durch gotische Verzierungen komplizierte Form als Aussparung im übri-

gen Dunkel, eine umgekehrte Tropfsteinhöhle. Aber warum eigentlich umgekehrt? Wenn die Erde rund ist, wie man behauptet, und außerdem frei im All hängt, dann gibt es kein Oben und Unten, dann hängen die Kathedralen doch mindestens die Hälfte der Zeit an der Erde, anstatt auf ihr zu stehen, und dann ist die Turmspitze der letzte Tropfen des Stalaktiten. Ohne kopfunter in die Gewölbe zu stürzen, folge ich zwei Türken in die gottgeweihten Hallen. Auch dort ist es halb dunkel und damit auch halb hell, Kerzenlicht züngelt vor Heiligenfiguren. Einer der Türken sieht von hinten wie eine breitgebaute Frau aus, weil er sich, vielleicht im Glauben, in einem abendländischen Heiligtum gehöre sich das, ein schneeweißes, frisch gebügeltes Umschlagtuch über den Kopf gehängt hat. Sie zögern, als sie die scharfe Stimme mit den österreichischen Konsonanten hören, die den spärlichen Gläubigen eine Predigt verabreicht; ich aber zögere nicht und mache kehrt, es gibt nichts Trübseligeres, als sich eine Kirche während der Abendmesse anzusehen. Die Messe gehört in meinem Buch noch immer zum Licht, nicht zum Dunkel, und außerdem ist diese schneidende Stimme unangenehm.

Spüre ich nun tatsächlich, daß ich in Mitteleuropa bin, oder kommt das durch die Schilder, die ich gesehen habe, auf denen Prag und Budapest steht? Diesen Schildern zufolge muß das alles in der Nähe liegen, nicht nur die geschlossene, verbotene Welt des anderen Blocks, sondern auch die endlose Fläche, die gefühlsmäßig hier beginnt und erst in Asien endet. Oder liegt es eher an Wind und Meeresluft, einer Leichtigkeit, die ich hier vermisse und die einer Schwerkraft gewichen ist, die auch in der Wucht der großen Gebäude, der Breite der Alleen, der Trägheit des Sprechens, ja sogar in der gigantischen Architektur der Torten in den erleuchteten Schaufenstern der Konditoreien steckt. »Ich fühl mich überall ein bißchen ungern«, hat der Wiener Schriftsteller Polgar einmal gesagt, und etwas von dieser Stimmung hat sich aus den großen Dimensionen ringsum in meine Seele geschlichen. Ich trinke ein Viertel, esse einen Tafelspitz und gehe ins Hotel Biedermeier (so heißt es tatsächlich). Auf dem Heimweg denke ich an den Krieg, das läßt sich nicht vermeiden. Hans Moser, Marika Rök, oder schreibt sie sich Rökk? An nichts erinnere ich mich mehr, außer an die dünne, hohe Stimme Hans Mosers. Und an Lieder, »Wien, Wien, nur du allein«. Ich konnte den Akzent ein wenig imitieren, damit erntete ich immer viel Erfolg. Jetzt kommen mir nur noch Bruchstücke davon in Erinnerung ... »Dienstmann engagiert ...«, »angkaschiert«, so ungefähr mußte man es aussprechen. »Joa, joa der Wein ist gut« und »Im Prater blühen wieder die Bäume ...« Für mich gehört das alles unwiderruflich zum Krieg, zu Meldungen aus dem Führerhauptquartier, zu deutschen Uniformen, denn aus denen kam das Gepfeife. Vielleicht auch zu Bakelitradios, Zuckerrüben und Sondermeldungen. Geschichte ist das, was man von einer vergangenen Zeit noch weiß, wo habe ich das gelesen? *Unheimlich*, so fühle ich mich, und das Wort paßt. Hans Moser, Seyß-Inquart, Stalingrad, Dollfuß, durch die Willkür des Gedächtnisses befindet sich das alles in derselben Archivschublade, es ist wohl besser, wenn ich jetzt schlafen gehe.

Am nächsten Morgen bin ich vergnügt, noch bevor ich weiß, daß die Sonne scheint. Wiener trinken Kaffee aus Schalen, nicht aus Tassen, nicht, weil ich das sage, sondern weil sie es so nennen: *Schalen*. Und man bestellt einen *gro-*

ßen Schwarzen oder einen *kleinen Braunen.* Das Kaffeehaus ist bereits ziemlich voll, pensionierte Beamte lesen Zeitungen an Stöcken, es ist atemlos still, sehr angenehm. Ich arbeite mich durch die Rubrik »Amtsblatt« der *Wiener Zeitung* und muß an Kafka denken. »B 21.601 Selex Warenhandelsgesellschaft m. b. H. (1020 Wien, Ferdinandstraße 4/3). Die Prokura der Bertha Pelz ist erloschen.« Wohnte ich hier, würde ich anders schreiben. Neben diesen endlosen, in winzigkleinen Lettern gedruckten Mitteilungen bekommen die Weltnachrichten etwas Leichtfertiges, Beliebigeres. Aber ich darf nicht denken, die Welt gäbe mir frei, denn draußen fängt es schon wieder an. Viel Geschichte macht einen klein. Was bin ich denn? Ein kleiner Einsiedlerkrebs, der in die verlassenen Gehäuse anderer Tiere kriecht. Man sieht sie gelegentlich am Strand, die nervösen Beinchen herausgestreckt, wenn man sie aufhebt, Krabbelbeine, die fühlen, ob irgend etwas nicht in Ordnung ist. So spaziere ich hier durch das am Sonntag morgen verlassene Gehäuse von Wien. Alles ist zu groß, hier herrscht das Maß der Vergangenheit. Ich gehe vorsichtig trottoirauf, trottoirab; Stadtplan in der Hand. Das Grüne ist der Stadtpark. Ein kleiner Fluß durchfließt ihn, der aus dem Donaukanal kommt. Daneben stehen Bänke und Frauenskulpturen, Skulpturen vom Anfang dieses Jahrhunderts oder vom Ende des letzten, als die Welt in Wien ein paar Zahnräder überschlug und mit ihren Zähnen in etwas Neues biß. Sie haben durchaus etwas Reizvolles, diese Figuren, irgendwie ist die Essenz von Frauen in ihnen bewahrt, Herbstblätter auf den Brüsten, Spuren von Tau in den Augenwinkeln, daneben Vasen, in denen ihre großen Seelen geborgen sind. Ich sitze in der Sonne, höre in der Ferne das Brausen des Verkehrs und dann eine Kirchenglocke. Etwas ruft, und ich gehe hin. Es ist nicht die Kirche, die ich finde, sondern die Welt, Aktualität. In dieser Kirche am Rennweg versammeln sich am Sonntagvormittag polnische Exilanten. Ich bin anders gekleidet, ich gehöre nicht dazu. Ich kann auch die Zettel nicht lesen, die sie auf die Gitterstäbe des Eingangstors gespießt haben. Was beinhalten diese Botschaften? Die Leute stehen davor und sprechen darüber. Ich schaue mir die Zettel genau an und sehe, daß es Polnisch ist, und dann sehe ich auch die polnischen Farben zu beiden Seiten der Kirche. Von drinnen tönt Gesang heraus, heftig und drängend, volkstümlich, das Singen bedeutet mehr als das Lied, in ihm steckt die Wut und die Hoffnung, das Pathos des Exils. Es gibt hier auch zwei Bücherstände, ich sehe die Namen Miłosz und Gombrowicz sowie andere, die ich nicht kenne, und überlege mir, daß es auch in London, New York und Paris solche Gemeinschaften gibt, Menschen, die durch einen widernatürlichen Bund zwischen Liedern, Messen und Schriftstellern zusammengehalten werden. Unter den Botschaften an den Gitterstäben lese ich jetzt plötzlich das Wort »Mercedes«, es sind also Anzeigen. Vielleicht auch für Zimmer, Partner, Vorträge. Am unteren Ende der Zettel kleben kleine Papierstreifen mit stets derselben Telefonnummer, zum Abreißen. Als sich die Kirche öffnet, muß ich zurückweichen. Es ist, als sei eine Schleuse gebrochen, ein unaufhörlicher Strom, hauptsächlich Männer, ergießt sich ins Freie, Männer, Männer, Männer. Ärmliche Kleider, und auf den Gesichtern ein Zug, für den mir so schnell kein niederländisches Wort einfällt, *ferveur. Sie* befinden sich zwar auf dieser Seite, aber es ist das Europa, von dem Milan Kundera spricht, das Europa, das wir abgeschrieben haben, das nicht mehr dazugehört. Von Wien aus fuhr ich 1956 nach Budapest, wo Menschen, wie ich sie hier aus der Kirche kommen sehe, den Aufstand gewagt hatten. Drei Tage später war alles vorbei. Die Russen machten eine Zangenbewegung, und bevor diese Zange zuschnappte, entkam ich gerade noch nach Österreich und schrieb in den Niederlanden meinen ersten Zeitungsartikel, der mit dem Aufruf endete: »Russen, geht nach Hause!« Sie haben sich nicht daran gehalten, damals nicht.

Geschichte, gleichzeitig Chaos und Reim. Genauso wie ein adliger ungarischer Führer, der bessere Zeiten gekannt hat, einige Tage danach in einem Atemzug gleichgültig erzählt, daß sein Bruder (Offizier bei der Panzertruppe) in Stalingrad geblieben ist (so heißt es, wenn Soldaten sterben: sie »bleiben«), und drei Sätze später, daß er selbst von den Russen befreit worden ist, so gehe ich von den polnischen Exilanten zu einem riesengroßen Denkmal, das die Russen ehren soll. Es ist übersät mit russischen Aufschriften und Namen, der einsame Bronzesoldat zwischen den Namen hat ein Maschinengewehr um den Hals und langt mit seiner Fahne bis in den Himmel. Es ist eine beeindruckende Skulptur, sie erzählt von Menschen, die gestorben sind, um andere Besatzer zu vertreiben. Nach wieviel Jahren werden solche Dinge unerklärbar? Oder, anders gefragt, wann werden sie bedeutungslos? Wenn die letzte Spur des Leidens, das damit verbunden war, verschwunden ist, denke ich, wenn niemand es mehr selbst fühlen kann, wenn sich der letzte, der sich noch daran erinnert, aufgelöst hat. Genauso wie jener Führer vom Bus aus auf das Schlachtfeld von Wagram zeigt und erzählt, daß dort innerhalb von zwei Tagen 57 000 Männer (es sind immer Männer) gefallen sind, und niemand im Bus verzieht eine Miene, wohingegen der Bus in helle Aufregung gerät, als er eine halbe Stunde später erzählt, daß Fürst P., Prinz E. und Graf Z. innerhalb von zwei Tagen bei der Jagd 80 000 Fasane geschossen haben. Wütende Amerikanerinnen rufen ihn zur Verantwortung, ihn, den alten, ärmlichen Überlebenden des Weltkriegs, dem nichts mehr geblieben ist als sein Name, sein Wappenring und seine Erinnerungen, in denen sehr viele Tote vorkommen. »Was haben sie dann mit den Fasanen gemacht?« Er ist perplex, sein exzellentes Englisch gerät ins Stocken. »I have never given it a thought, dear ladies«, sagt er, »those were other days. I suppose they gave them to the peasants.« »Pheasants to the peasants«, murmele ich und denke an die unbeweinten Toten Napoleons, die überall in den so atemberaubend grünen Feldern ringsum liegen. Felder, Schlachtfeld.

Auf einer alten Karte von Wien (1844) sieht man ihn, den sanften Schlenker der Donau, an dessen unterem Teil die vielzackige Zitadelle klebt. Um sie herum lag das Glacis, offenes Gelände, das die Stadt hinter den Mauern einst vor den Türken geschützt hat. Andere Städte hätten dieses Gelände längst zugebaut, Wien war dadurch von seinen eigenen Vorstädten getrennt: Leere, Niemandsland. Einst waren die Türken dort angreifbar, nach der Revolution von 1848 fürchtete man einen anderen Feind, das Volk. Noch 1858 verteidigte Generaladjutant Karl Grüne den Fortbestand dieses Ödlandes mit dem Argument, »der kaiserliche Hof (müsse) vor möglichen Angriffen des Proletariats aus den Vorstädten und den sich anschließenden Gebieten geschützt sein«.
Diese Leere bedeutete eine außerordentliche Chance für die Städtebauer. Das Resultat war eine Ringkonstruktion, die die Altstadt einschließt wie einen Edelstein. Um sie her-

um fließt der Verkehr wie durch eine Herzkranzschlagader, und entlang dieser Schlagader stehen die pompösen, in sämtlichen Neo-Stilen errichteten Bauten. »Dieses Jahrhundert hat keine eigene definitive Farbe«, schrieb Förster 1836 in der *Bauzeitung*, und das stimmt, was hier steht, ist eine Aufzählung, ein Katalog von Stilen; was er aber nicht wissen konnte, ist, daß dies nun gerade die definitive Farbe seines Jahrhunderts werden sollte: Diese Gebäude stammen alle unverkennbar aus dem 19. Jahrhundert mitsamt ihren furiosen, bombastischen Reiterstandbildern, unmenschlich hohen Treppen, tempelartigen Räumen. Die Entfernungen sind auf Menschen zugeschnitten, die sich mit der Kutsche befördern lassen konnten, dem armen Fußgänger, der ich sein möchte, stellen sich die geringen Entfernungen auf der Karte in der Realität als Viertagesmarsch dar, und wenn man das Pech hat, an der falschen Seite eines dieser Mastodonten nach dem Eingang zu suchen, kommt wieder ein halber Kilometer hinzu. Selbst jetzt, da die letzten Kaiser in ihren bronzenen Sarkophagen liegen, bleibt man: Schachfigur zwischen den steinernen Kulissen der Macht. Franz Joseph, der über sechzig Jahre regierte, mangelte es ebensowenig an Raum wie an Zeit.

Aber dort bin ich noch nicht, noch stehe ich vor dem russischen Ehrenmal und rücke dann wie eine kleine Schachfigur zum Palais des Prinzen Eugen vor, hinter dem die Gärten des Belvedere liegen, elysische Gefilde mitten in der Großstadt. Ich gehe einen langsam ansteigenden Weg hinauf mit hochglanzpolierten Rasenflächen und zu Dreiecken gestutzten Zwergbäumchen zu beiden Seiten, die *bêtise* der Symmetrie. Ein gestutzter Baum verhält sich zu einem echten Baum wie ein Pudel zu einem Wolf, und mag die *bêtise* auch noch so beruhigend und der versuchte Ausdruck von

Rationalität sein (ein interessanter Gegensatz, aber die Ratio kann dumm sein oder zumindest so aussehen), so ist es doch langweilig, durch einen Wald von Pudeln zu gehen. Um jede Rasenfläche vier Lollys, daneben anmutige Standbilder barocker Frauen, die die Künste und Wissenschaften verkörpern. Vor der schönsten bleibe ich stehen. Trotz des körnigen Steins, aus dem sie geschaffen wurde, hat sie noch etwas Geiles an sich. Mollige Schultern, ich kann es kaum erwarten, bis der erste Schnee fällt. Oder ist es die Kombination aus nackten, nicht allzu pneumatischen Brüsten und dem rationalen Zirkel, den sie zwischen Daumen und Zeigefinger hält? Einer der Finger, die sie übrig hat, zeigt auf die wohltuende Sonne und manchmal, wenn die Tore geschlossen sind, weil es Nacht ist, auf den Vollmond. Frauenverehrung ist nicht mehr »in«, und die Liebe zu steinernen Frauen an einem Sonntagvormittag ist natürlich schon gar verdächtig, aber ich denke an die unvergeßliche Verszeile von Lucebert, »des Abends entlang weiblichen Schiffen ich schlender«, und so ist es: Nicht schwebend, sondern knirschend (der Kies!) schlendere ich an der Frau mit dem Spiegel, dem Schwert und der Maske vorbei, jener mit dem Zirkel und der mit der steinernen Rolle voller unleserlicher Musiknoten. Die Existenz dieser Hälfte der Menschheit hat mich oft mit der Anwesenheit meiner eigenen Hälfte versöhnt. Übrigens, Sphinxe sind vielleicht noch schöner als Frauen. Versuchen Sie mal, eine Sphinx lange anzuschauen. Kannibalismus ist nicht erlaubt, aber darf man die Tierhälfte einer Sphinx (oder einer Meerjungfrau oder eines Zentauren) essen? Und wo genau befindet sich die Trennungslinie? Wo darf der Metzger zuschlagen? Wo schmust man mit einer Frau, und wo kratzt ein Löwe einen von hinten blutig? Ja, für diese Frauentiere nehme ich mir jetzt mal richtig Zeit. Eine amerikanische Touristin stellt sich neben mich, um das Frauentier zu fotografieren, und ich sehe, daß auch sie den richtigen Winkel sucht, die Brüste müssen mit drauf, aber auch die sich wölbenden, ach so kräftigen Löwenschenkel. Keine Rede davon, daß es die einer Löwin sind, das sieht jedes Kind. Ich sehe sie mit ihrer Knipskiste herumhantieren und denke, daß eine aus dem 20. Jahrhundert stammende, stehende Frau aus Fleisch im Vergleich zu einer liegenden Sphinx aus dem 18. Jahrhundert in jedem Fall den kürzeren zieht. Aber erstere hat ja auch keine hochgezogenen Flügel, keinen Schild mit Zweigen voll überreifer Früchte zwischen den Brüsten, keine Embleme mit Quasten, und, was das Schlimmste ist, ihr fehlt dieser ernste, gerade, starrende Blick. So kann in unserem Jahrhundert keine Frau mehr schauen, und schon gar keine ohne Flügel und Löwenpranken.

Was darf ein Reisender nie vergessen? Daß er sich von Zeit zu Zeit, vielleicht sogar so oft wie möglich, umdrehen muß. Manchmal vergißt man es, und wenn man es per Zufall dann doch tut, kann es sein, daß einem der Teppich unter den Füßen weggezogen wird. So geht es mir jetzt. Ich möchte noch einmal auf das prinzliche Palais schauen und habe vergessen, daß ich zu diesen Sphinxen *hinauf*gegangen bin. Außerdem dachte ich, die Stadt liege vor mir, und auch das stimmt nicht. Sie liegt erst jetzt vor mir, als ich mich umdrehe. Der Palast ist klein geworden und befindet sich unterhalb von mir, und dahinter liegt die Silhouette von Wien, Kirchenkuppeln, die mittelalterliche Himmelssucht des Stephansdoms, die Masse der Innenstadt, die unsichtbare Donau und, weiter entfernt, im bläulichen Dämmerlicht, der Wienerwald. Ich bin unbestreitbar in Wien. Ein Automat neben einer der Sphinxen erklärt mir alles geduldig, Turm um Turm, Kuppel um Kuppel, die quadratischen Pyramiden (ja, ich weiß, daß es so etwas nicht gibt) der Neuen Hofburg und des Kunsthistorischen Museums, die unziemliche Neugotik des Rathauses und der Votivkirche, vor der ein späteres Geschlecht als das unsrige, wer weiß, vor Bewunderung dahinschmelzen wird. Schließlich fand Voltaire die Notre-Dame auch häßlich. Als ich mit dem sanften Schubs der Schwerkraft im Rücken vom Belvedere wieder zum Palast hinuntergehe, entdecke ich an der Mauer des Hauses daneben eine Plakette. »Hier starb Anton Bruckner, 11. 10. 1886.« Ich versuche mir diesen in Stein gehauenen letzten Seufzer vorzustellen, höre aber statt dessen die Klänge der Achten Symphonie, bei der ich immer an eine verirrte Armee denken muß, die, bis zu den Knien im Schlamm, weiterzieht in einer Welt voller Angst und Dunkelheit, jedoch nicht ohne Hoffnung. Diese Art von Gedenkstein stört mich immer. »Hier wurde Rembrandt geboren«, »Hier starb Descartes«. Das waren nun gerade die beiden einzigen Momente, für die sie selbst nicht verantwortlich waren.

»Österreichische Brigg. Bewaffnung bis 18 Kanonen«. Wo bin ich jetzt wieder? Am Standbild von Rudolf Steiner, »Dr. Phil., Philosoph und Anthroposoph, 1861-1925«, vorbei bin ich im Heeresgeschichtlichen Museum gelandet. Es ist Sonntag, der Eintritt ist frei, und den Weg findet man durch ein Vestibül voller goldbestäubter neugotischer Feldherren ganz von allein. Das oberste Stockwerk beherbergt das 17. und 18. Jahrhundert, aber bis dorthin gelange ich gar nicht erst, wo ich mich aufhalte, geht es um die Epoche der Kaiserlich-Königlichen Doppelmonarchie, der k.

und k. Monarchie, die Musil so treffend »Kakanien« genannt hat; und Kakanien war groß, ich brauche einen ganzen Nachmittag dafür. Dann aber habe ich alles gesehen, die weiße Totenmaske von »Kaiser Maximilian I., erschossen am 19ten Juni 1867 in Querétaro«, und den »Bruststern zum Großkreuz des Kaiserlich-Mexikanischen Ordens Unserer lieben Frau von Guadelupe, getragen von k. k. Feldzeugmeister Heinrich Freiherr von Handel«, das Porträt von »Vize-Admiral Leopold Freiherr von Jedina-Palombini« und das »Schnittmodell von S. M. Schlachtschiff ›Viribus Unitis‹«, das seinerzeit 160 Meter lang war, 32 Offizieren und 1020 Mann Besatzung Platz bot und im Jahr 1911 67 000 000 Kronen gekostet hat. Das Modell ist allein schon acht Meter lang, ein Jungentraum, alles im Querschnitt zu sehen bis hin zu den immer noch bedrohlichen Geschützrohren, ein schwimmender Zauberpalast menschlicher Ingeniosität, der den Tod in sich barg. Was aber wollte Österreich mit einem Schlachtschiff? Das sehe ich auf dem Gemälde daneben. Meeresschaum spritzt auf rings um das k. u. k.-Geschwader, das in das Adriatische Meer dampft, *ihr* Meer, oder hatte ich das vergessen? Selbst im 20. Jahrhundert war Österreich noch eine Großmacht, mitsamt seiner »Österreichisch-Ungarischen Donauflottille«, einer U-Boot-Flotte und einer Armee, in der mindestens sechs Sprachen gesprochen wurden. An ausgestorbene Tierarten erinnert es noch am ehesten, was ich in den Vitrinen sehe, Uniformen, die ich mit Schnitzler, von Horváth und der *Csárdásfürstin* assoziiere, ungültige Banner, überholte Insignien, verflossene Titel. Der »Waffenrock (1871-1886)« von einem »Major d. k. k. Landwehrinfanterie, Bat. 33«, die Uniform von einem Tiroler »Landesschützer zu Pferd«, von einem »Attilaleutnant« von den »Honvedhusaren« oder einem »Dolmanyhauptmann« von der Honved-Artillerie, »Helm, Schwert und Couse eines Angehörigen der Königlich Ungarischen Kronwache«. Im Helm steckt eine riesige Gänsefeder, als wären die Leibwächter zugleich auch die Geheimschreiber. König von Ungarn war Franz Joseph auch, Apostolischer König, König von Jerusalem, König von Böhmen, König von Dalmatien, König von Siebenbürgen, König von Kroatien und Slowenien, König von Galizien und Illyrien, Großherzog von Toskana und Krakau, Markgraf von Mähren, Herzog von Salzburg, Herzog von Bukowina, Herzog von Modena, Parma, Piacenza und Guastalla, gefürsteter Graf von Habsburg und Tirol, Großwoiwode von Serbien und nicht zu vergessen: Herzog von Auschwitz.

Eigentümer des Balkans und der restlichen Welt, könnte man sagen. Kein Wunder, daß seine Heere so viele unterschiedliche Uniformen trugen! Und wie viele Farben? Einhundertzwei verschiedene Farben, ich habe sie gezählt auf dem »Tableau des Couleurs en Usage dans l'Armée i^{le} et r^{ale} [impériale et royale] de l'Autriche-Hongrie. *Pour distinguer les troupes*«, steht ermutigend darunter – ob es geholfen hat? Ich betrachte die 102 Stoffstücke in der Faber-Schachtel und frage mich, wer in der Stunde der Gefahr wußte, welche der 102 Infanterieabteilungen gerade auf ihn zukam. Und außerdem: Die Dragoner allein hatten vierzehn Farben, die Husaren sechzehn, die Ulanen dreizehn! Operette oder richtiges Blut? In einer anderen Vitrine liegt die *Tschapka* (eine merkwürdige viereckige, schwarzlackierte Kopfbedeckung), die Kronprinz Rudolf als »Chef des Preußischen und Brandenburgischen Ulanenregiments« trug, aber daneben liegt das Gästebuch des Museums, aufgeschlagen am »29. Januar 1889, Besuch des Kronprinzen für 13 h. angesagt«. Er erschien nicht, der Kronprinz, und am nächsten Tag wurde die Tragödie von Mayerling bekannt, wo er erst seine Geliebte, die Baronesse Vetsera, und eine unerklärliche Anzahl von Stunden später sich selbst mit einem Kopfschuß getötet hatte, ein Schuß in den Kopf, der zu verwirrt und zu modern war für das erstarrte Jahrhundert seines Vaters, der bis weit in das nächste Jahrhundert hinein regieren sollte.

Ist das alles noch Wien? Ich denke schon. Die Orden des Kaisers sind Wien, sein ebenfalls so merkwürdiger Kugelhelm mit den wallenden giftgrünen Federn ist Wien, und auch der »Militärmedizinische Sprachführer« ist Wien, weil Wien das Zentrum, der Nabel des babylonischen Kakaniens war. »Warum kratzen Sie sich?« fragt dieses Büchlein

Proč se škrabete?
Perché si gratta?
Zašto se češete?
Dlaczego sie drapiecie?
Pentru ce te scarpini?
Dlácoho škrobajete sia?
Miert vakarja majat?

aber die Antwort auf böhmisch, italienisch, kroatisch, polnisch, rumänisch, ruthenisch und ungarisch steht nicht mehr dabei. Das Reich kratzte sich, weil es Juckreiz verspürte, den Juckreiz einer tödlichen Krankheit, und die Folgen des Kratzens liegen ebenfalls in einer Vitrine, die durchschossene Uniform des Erzherzogs Franz Ferdinand, der Mord in Sarajevo, der Ausbruch des Ersten Weltkriegs. »Das« Auto steht ebenfalls da, das Auto von dem Foto, aufgenommen von Graef & Stift. Der Uniformkragen ist noch schmutzig, altes Blut, nie richtig rausgegangen. Ein Riß in Höhe der oberen Knöpfe, die erste Leiche in Uniform, die Millionen anderer Leichen mit sich locken sollte. Ohne diesen Mord kein Krieg, ohne diesen Krieg kein Versailles, ohne Versailles kein Hitler. Oder läuft es nicht so? Ich sehe mir noch einmal dieses Auto an, die Fotos dieses dicklichen Habsburgers in seiner Uniform eines Generals der »Kavallerie«, lese die Speisenfolge jenes Tages: »Truites au beurre, Bœuf Bouilli aux légumes, Poulets à la Villeroy, Bombe à la Reine«, aber der Koch war es nicht.

Nun verspüre ich selbst Hunger und überlasse die übrigen Jahrhunderte ihrem Schicksal. Im selben Gebäude, dem Arsenal, versteckt sich ein Restaurant. Auch hier bin ich wieder zu klein unter den Gewölben. Im Raum neben der Küche rast Niki Lauda über den Fernseher, ich kann das aber zum Glück nicht sehen. Wo ich sitze, bin ich allein, und das gefällt mir. Ich buchstabiere die Zauberformeln auf der Speisekarte und entscheide mich für eine *Wildpureesuppe* und ein *Beuschel.* Kurz darauf weiß ich auch, was das ist: ein Ragout aus Milz, Herz und Lungen. Es schmeckt köstlich. Das Bier, das mir dazu serviert wird, hat die Farbe von dunklem Honig, dieselbe Caféfarbe, die am Wiener Himmel hängt, als ich wieder ins Freie trete. Es ist kühl geworden, die Kälte einer großen Fläche, die, als der Honig aus dem Himmel verschwunden ist, die Stadt wie mit einer Klammer umschließt. Vielleicht ist deshalb die Musik hier so sonderbar fröhlich.

Januar 1983

Ein Wintertagebuch

Auf meiner Reise nach Zürich ist mir jemand zuvorgekommen, ein Bildhauer, der auch malt und zeichnet. Sein Name ist Winter, und er hat die Stadt, die ich kannte, verwandelt. Seine Materialien sind Schnee, Eis, Nebel, frühe Dunkelheit, Kälte, ich muß mich erst an ihn gewöhnen, er ist ziemlich gebieterisch. Und er wiederum muß wie ein Besessener gearbeitet haben, die Gesichter der Lebenden, die Gräber der Toten, die Farbe des mit einemmal soviel dunkleren Wassers – überall hat er seine Spuren hinterlassen. Nicht einmal die Werke seiner Kollegen hat er verschont, überall sehe ich Verformungen, Hinzufügungen, Korrekturen. Das hat mitunter eine höchst eigenartige Wirkung. Ich weiß nicht, ob es jedem so geht, der reist, ich jedenfalls habe überall auf der Welt steinerne Freunde, die ich aufsuche, wenn ich wieder einmal in ihrer Stadt bin. In Paris ist das Montaigne in der Rue des Ecoles, in London die Sphinx an der Themse, in León der schlafende Bischof in einer Ecke der Kathedrale, und in Zürich sind es die beiden ernsten, keuschen, nachdenklichen Frauengestalten zu beiden Seiten des Springbrunnens in der Rämistraße; irgendwann einmal bin ich vor ihnen stehengeblieben, und jetzt habe ich das Gefühl, daß ich sie persönlich kenne, daß ich am liebsten mit ihnen reden und sie fragen würde, wie es ihnen geht. Wer das merkwürdig findet, sollte sich mal die Frage stellen, wozu diese Figuren eigentlich da sind. Meist, um uns an etwas zu erinnern, was wir sonst vielleicht vergessen würden, doch das kann für diese beiden Frauen am Springbrunnen nicht gelten. Die stehen da, denke ich, um uns Gesellschaft zu leisten, um uns etwas zu erzählen, was nicht unmittelbar definierbar ist, etwas über Weiblichkeit, Schönheit, Meditation – ein Gedanke, bei dem man für einen Augenblick innehalten müßte auf dem Weg vom Kunsthaus zu den Ufern des Zürichsees, und sei es nur, um sie zu grüßen. Ich liebe diese beiden Gestalten, kenne sie vom Sommer und vom Herbst. Mögen sie auch vielleicht nicht außergewöhnlich sein, so strahlen sie doch einen melancholischen Ernst aus, der in mir immer die Neigung aufkommen läßt, meine Hand für einen Moment auf ihren Arm zu legen, wobei ich mich jedesmal von neuem über die harte Körnigkeit ihrer Haut wundere, als hätte ich tatsächlich erwartet, diese Haut lebe, sei glatt und warm, wie es zu ihrem Alter paßt. Aber: welch Paradox. Wenn es Frauen aus Fleisch und Blut wären, dann wagte ich es nicht, sie zu berühren, nicht nur, weil man Unbekannte nun mal nicht berühren darf, sondern auch, weil der Kalkstein ihrer Brüste und Schultern sich dann auf einmal in die Rauheit und Schilfrigkeit einer Hautkrankheit übertrüge, während sich ebendieser Kalkstein jetzt so angenehm unter meiner Hand anfühlt und Jugend und Glanz zugleich suggeriert. Der Künstler ist ein Betrüger, das wissen wir, deshalb verabscheute Platon ihresgleichen auch so. Aber dennoch muß ein Verhältnis mit einem Standbild zu den heimlichen Begehren gezählt werden, vor allem seit sich jener andere Künstler, Dr. Winter, mit meinen beiden Freundinnen befaßt hat. Er hat ihnen Schnee in den Schoß und auf die Haare und Schultern gelegt, als könne ausgerechnet er, dieser Inbegriff von Kälte, den Anblick ihrer zarten Nacktheit in diesen Frosttagen nicht ertragen. Sie selbst scheinen unter nichts zu leiden, sie spinnen weiter an ihren langsamen Gedanken, als spürten sie diesen leichten Umhang aus weißem

Pelz nicht, genauso wie sie ungeachtet meiner Blicke weiter zu Boden starren. Irgend etwas anderes beschäftigt sie, vielleicht die Abwesenheit des Wassers, das sonst durch ihre versteinerte Stille strömt, Winter hat einen geschliffenen Diamanten aus Eis im Becken des Springbrunnens modelliert, kleine, zarte Schneeflocken legen sich ganz leicht darauf und scheinen dann zu verfliegen, ich muß mich aus dieser Intimität losreißen. »Weißer Ruß«, »gehackte Federn«, hat ein niederländischer Dichter im 17. Jahrhundert über den Schnee geschrieben, und bedeckt mit diesem weißen Ruß und diesen Federn überquere ich den Bellevueplatz in Richtung Wasser. Auch hier war Winter am Werk, hier allerdings als chinesischer Aquarellist, der seine Farben daheim gelassen hat. Gleich neben der Brücke führt eine Steintreppe zum Wasser hinunter, doch ich bleibe noch einen Augenblick hier oben an der Brüstung. Unter mir steht eine Iranerin mit einem blauseidenen Kopftuch. Sie hat drei Kinder bei sich und ist im Begriff, mit der uralten Geste des Säens (die wir bald nur noch von Gemälden kennen werden) den Wasservögeln Brot hinzustreuen. Seltsam: Hier gelten die Gesetze des Zenon, die zeitliche Abfolge dieser ausladenden Armbewegung wird in eine endlose Reihe einzelner Momente aufgelöst, und so weit die Schwäne, Möwen, Bläßhühner und Enten auch entfernt sind, ihre Computer haben diese emblematische Gebärde bereits erfaßt, jetzt kommt es darauf an, wer als erster beim fliegenden Brot ist. Wie Schlachtschiffe kommen die Schwäne herbei, gefolgt von einer wahren Flottille rudernden Kleinzeugs. Die Möwen greifen aus der Luft an, gefiederte Jagdflugzeuge, und schreien dabei wie ein wahnsinnig gewordener Chor alter Frauen. Wie regelt die Natur diese Dinge? In der Zeit, die ein Schwanenhals benötigt, um sich zum

Wasser hinunterzubeugen, hat ein bescheidenes Teichhuhn das Brotstück bereits im Schnabel – sofern eine Möwe es ihm nicht schon im Fluge weggeschnappt hat. Es fällt immer schwer, sich vor Augen zu halten, daß hier keine Reflexion in Form von Rassismus oder sozialer Rangordnung stattfindet. Das sind menschliche Vorstellungen. Wir finden einen Schwan schöner oder aristokratischer als so ein Sancho-Pansa-haftes Teichhuhn, wie aber sehen sie das? Hegen Enten Groll gegen Schwäne? Bestehen bei Bläßhühnern Ressentiments gegen Möwen? Oder gibt es nur einen rudernden, quakenden, paddelnden, schnappenden, schreienden Überlebenstrieb? Ist man traurig, wenn man zum achtzehnten Mal an diesem Tag danebengepickt hat, und werden daraus Schlußfolgerungen gezogen? Man sieht, wie Menschen sich mit diesen Fragen abplagen und verzweifelt versuchen, die braune Ente, die einfach nicht zum Zuge kommt, in eine entfernte Ecke zu dirigieren, damit sie größere Chancen hat, und auch die Frustration, wenn dann im letzten Moment doch wieder ein fliegender Straßenköter von der Möwenmafia mit dem Kaviar abhaut. Pathetik: Sechs Schwäne im Kreis, die alle gleichzeitig, weil Pawlow es so will, ihre Arabeske beschreiben und dann die langen Hälse wieder im selben Moment aufrichten, ein Strauß, den man mit einer Schleife zusammenbinden möchte. In der Ferne zwei kleine Boote, Fischer. Der chinesische Meister hat nur zwei, drei Pinselstriche dafür benötigt. Für das gegenüberliegende Ufer hat er einen gröberen Pinsel genommen, die Tusche danach jedoch mit Wasser verwischt. Was davon übriggeblieben ist, würde sich am liebsten als Nichts manifestieren, doch dafür ist der Meister zu raffiniert, schließlich macht er diese Zeichnung schon seit Tausenden von Jahren, er hat das jenseitige Ufer in sich selbst verschwinden lassen, etwas, das sich darstellt als Nichts.

Zeit und Bronze, eigenartige Familienverhältnisse, indes in Städten wie dieser ohne einander undenkbar. Es scheint, daß es irgendwann einmal keine Zeit gab, danach gab es sie eine ganze Weile, ohne daß jemand da war, von ihr Notiz zu nehmen, geschweige denn, sie zu messen. Das alles war noch kein Grund, die Bronze zu erfinden, doch nachdem es soweit war, konnten die Menschen Glocken daraus machen. Schlaf und Halbschlaf sind Imitationen des zeitlosen Zeitalters. (Ohne dieses Wort Zeit kann man kaum etwas sagen.) In dieses lautlose Nichts fällt der erste bronzene Schlag wie ein Zeichen zur Auferstehung der Toten. Jetzt heißt es leben, aber noch nicht gleich. Erst zählen. Zweimal Bronze, ein leichter Ton. Ein Versuch, das Unermeßliche zu messen. Die Hälfte von vier Vierteln, aber welcher Stunde? Es ist dunkel in meinem stillen Zimmer, die Nacht will mich zurück, und ich bin willig. Drei, nun ist auch noch ein Element des Ortes hinzugekommen, das muß das Großmünster sein, ich erkenne den Klang. Nun bin ich also in der Zeit und im Raum und gehöre zur Menschenwelt. Jemand in Zürich in einem Hotel. Drei Viertel sind vorbei von irgendeiner Stunde. Jetzt muß ich noch eine Viertelstunde warten. Dann zählt die Bronze bis vier, danach wird der eigentliche, tiefe Schlag kommen, und noch einer und noch einer. Erst wenn ich sie alle gezählt habe, kann ich meine Position bestimmen, wie ein Schiff auf dem Ozean. Fünf, sagt die Bronze, wie sie es schon seit Jahrhunderten tut. Durch die Fäden dieses Klangs bin ich mit den unsichtbaren Unbekannten verbunden, die wie ich lauschen. Fünf. Sechs. Sieben. Acht. Predigerkirche, Fraumünster, Tenor, Bariton,

Baß, alle wollen sie das gleiche sagen, aber sie lassen einander den Vortritt, Gleichzeitigkeit ist etwas für Computer, nicht für Sterbliche, *for whom the bell tolls* – Sterbliche, aber jetzt noch nicht. Ich stehe auf. Noch immer Schnee, dies ist ein Wintertagebuch. Und eine lichte, leuchtende Stadt, ich werde in sie schlüpfen wie in ein Kleidungsstück, mitsamt all ihren Namen, Schätzen, ihrem jahrhundertealten Raunen, mit dem, was ich sehe und weiß, und dem, was ich nie wissen werde, mit ihren geheimen und öffentlichen Erinnerungen. Menschen vergessen das, aber Städte sprechen unaufhörlich, und Städte wie diese tun das vielleicht schon seit mehr als tausend Jahren, irgend jemanden gibt es immer, der spricht, flüstert, schreit, etwas darlegt, predigt, urteilt, tröstet, verführt, zählt, beichtet, klagt, nie war es wirklich völlig still, und alle diese Worte haften an den Mauern, als wären sie Materie, Patina, Firnis, nie mehr wegzubekommen, hörbar nur für die allerschärfsten Ohren, die des Flaneurs, des Mannes, der durch das Labyrinth der Gassen streift, deren Namen ihn wie ein flüssiges Element umgeben, Rindermarkt, Froschaugasse, Spiegelgasse, Münstergasse, bis er im Schatten des großen Gebäudes steht, von dem der alte Kaiser mit seiner goldenen Krone auf den Fluß herabblickt, immer dasselbe strömende Wasser, das unaufhörlich die Zeit nachahmt, das Geräusch, das bereits da war, bevor die Menschen kamen.

Großmünster. Einst war es eine katholische Kirche. Bekehrte Kirchen – kann man das sagen? Was ich empfinde, ist ein gewisser Schauer, Orientierungslosigkeit. Einmal während des Krieges, meine Schwester und ich waren aus Den Haag evakuiert worden, hat es mich in den Osten der Niederlande, aufs Land, verschlagen, wo wir aufgrund eines administrativen Versehens in etwas landeten, was wir eine *School met den Bijbel*, eine protestantische Bekenntnisschule, nennen. Lange hat das nicht gedauert, denn bereits am ersten Tag bekamen die anderen Kinder spitz, daß wir »Katholen« waren, und jagten uns quer über den Schulhof in eine Ecke, wo sie uns ins Gesicht spuckten. Der Vorfall hat zwar kein Trauma bei mir hinterlassen, aber vergessen habe ich ihn nicht. Jene Variante des Protestantismus, die in dieser Gegend herrscht, wird bei uns »Schwarzstrumpfkirche« genannt. Ich glaube, ihre Angehörigen dürfen bis heute nicht fernsehen, in Gemeinden, in denen sie in der Mehrheit sind, darf man sonntags nicht schwimmen, manche gehen sogar soweit, ihre Kinder nicht gegen Kinderlähmung impfen zu lassen, weil man sich damit auf das Gebiet von Gottes unerforschlichem Willen begäbe. Rührt dieser leichte Schauer daher? Nein, natürlich nicht, und trotzdem empfinde ich die kalte Strenge dieses Gebäudes wie ein mich umgebendes fremdes Element. An der Stelle, wo der Altar stehen müßte, ragt nun ein hoher, völlig schmuckloser Weihnachtsbaum in die Höhe, ein heidnisches Symbol, das vielleicht nicht so recht weiß, was es hier soll, es sei denn: einen leeren Platz zu füllen. Ein Weihnachtsbaum ohne Lichter ist eine *displaced person*, er steht da nur als Baum herum, hätte das aber vielleicht doch lieber in einem Wald getan. Ich setze mich ganz in seiner Nähe auf eine der Chorbänke, die mich gleichfalls verwirren. Sie sind eindeutig nicht alt, warum stehen sie dann da? Einst war ein solches Gestühl für Mönche oder Chorherren bestimmt, die sich gegenseitig Psalmen zufächelten, wie man es an hohen Festtagen noch in Kathedralen oder tagtäglich in den Klöstern kontemplativer Orden wie der Benediktiner oder Trappisten erlebt. Weiter oben fühle ich mich eher zu Hause, dort wölbt sich der unerreichbare versteinerte Himmel und kümmert sich nicht um die Veränderungen, die die Lebenden dort unten vorgenommen haben, und auch die Kapitelle sprechen eine Sprache, die ich von romanischen Kirchen in der Lombardei und in Aragón kenne. Fabeltiere, orientalische Pflanzenmotive, geometrische Verzierungen, die Bildersprache des Mittelalters. Aber es bleibt kühl, streng, die graue Härte der leeren, hohen Wände will keine Ablenkung, keine menschlichen Gestalten, keinen Fluchtweg für zerstreute Gedanken wie die meinigen: Hier wohnt ausschließlich Das Wort, und welcher Schriftsteller hätte dagegen etwas einzuwenden? Und trotzdem, als ich langsam nach vorne wandere bis unter die so viel späteren farbenfrohen Fenster von Augusto Giacometti, sehe ich plötzlich, als kämen sie durch einen dichten Nebel herbeispaziert, zwei kopflose Schemen, die von ihrem Martyrium berichten wollen. Fahl sind sie geworden. Regula und Felix, sie tragen ihre abgeschlagenen Köpfe auf dem Arm, als wollten sie sie irgendwohin bringen. Ihre Farben sind verschwunden, geblieben ist die Legende. Sie gehörten einer römischen Legion aus dem ägyptischen Theben an, die ins ferne nördliche Wallis entsandt worden war, um gegen die Christen vorzugehen. Diese beiden waren jedoch selbst Christen und flohen, um ihre Glaubensgenossen nicht töten zu müssen, nach Turicum, wo sie von Statthalter Decius verurteilt und auf einer kleinen Insel in der Limmat enthauptet wurden. (Enthaupten scheint in dieser Stadt etwas mit Wasser zu tun zu haben, auch der mächtige Hans Waldmann[1] wurde mit dem Schiff zur Stätte seiner Hinrichtung gebracht.) Ich bin mir nicht sicher, ob mir diese Kirche gefällt. Das katholische Gemüt vermißt das Farbenfrohe und Weibliche, das Theatralische, aber als ich am Sonntag darauf noch einmal in dieses asketische Bauwerk gehe, bekomme ich die Möglichkeit, mich anders zu besinnen. Der Schauer ist geblieben, aber das mag daher kommen, weil ich noch nie einen protestantischen Gottesdienst miterlebt habe. »Geld und Geist«, denke ich unwillkürlich, als ich zwischen den soliden Bürgern die Kirche betrete. So heißt auch das faszinierende Buch von Gordon Craig über Zürich, das ich gerade lese, und dieser Titel läßt mich nicht mehr los. Von Freunden in der Stadt habe ich erfahren, daß es sehr viel ausmacht, wer predigt, was in einer Kirche, in der Das Wort im Mittelpunkt steht, natürlich nicht verwunderlich ist. Was mich eher befremdet hat – und vielleicht auch die ernsten Kirchgänger ringsum –, war das Thema der Predigt, das apokryphe Buch Tobias, die Geschichte des armen Tobias, der kurz vor seiner Heirat mit Sarah steht. Das Problem dabei ist, daß Sarah das bereits siebenmal getan hat, daß jedoch alle ihre Männer in der Hochzeitsnacht starben, bevor die Ehe vollzogen wurde. Ein anderer würde sich das also vielleicht noch mal überlegen, doch Tobias hat unterwegs einen Reisegefährten getroffen (einen Engel, aber das weiß er nicht), der ihm rät, Herz und Leber eines Fisches als Opfergabe für Gott zu verbrennen, sobald er im Hause seiner Braut ist. Das tut er, daraufhin wird die Ehe in jeder Hinsicht vollzogen, und Sarahs Vater, der auch für dieses neue Opfer bereits ein Grab hatte schaufeln lassen, kann es wieder zuschütten lassen. Der mordende Dämon, der Sarah besessen hat, hat sich durch das Rauchopfer des Tobias in den entferntesten Winkel Ägyptens verzogen, der Reisegefährte gibt sich als Erzengel Raphael zu erkennen, und nun hat der Pastor ein Problem, denn vom Rauchopfer zum Weihrauch ist es nicht weit, und Weihrauch gehört natürlich nicht in diese Kirche, »in der Zwingli noch gegen derlei heidnische Praktiken gepredigt hat«. Die Gemeinde rings um mich, etwa sechzig ernste Bürger, schaut wie ich zu dem hochgewachsenen Mann auf (hübsches Gesicht, vielleicht ein wenig wie ein schwedischer Schauspieler aus einem Bergman-Film, schwarzer Talar, weißes geteiltes Beffchen) und wartet, welche Richtung er einschlagen wird. Dann erzählt er, daß er vor kurzem mit seiner Frau (ich verspüre einen leichten Schock, das Tabu sitzt fest) bei einem jungen alternativen Arzt war. Ich verstehe die Wendung, die jetzt gleich kommt: Gott hilft uns, wenn es Ihm beliebt, auf unerwartete Weise. Für einen Moment habe ich die subversive Vorstellung, die großen Bronzetüren schwingen langsam auf, und Zwingli kommt mit den donnernden Schritten des Steinernen Gastes in die Kirche und fragt den Pastor, wie er dazu kommt, einen aus diesem Bauwerk schon vor so langer Zeit vertriebenen Geruch heute noch zu verteidigen, doch da ruft uns der Mann auf der Kanzel bereits dazu auf, für Menschen in Not zu beten, für Kriegsopfer und schließlich auch für Tiere und Pflanzen. Plötzlich sehe ich Grashalme vor mir, Kiefern, Kakteen, Regenwald, Eichen und jene gigantischen tausend Jahre alten Bäume an der amerikanischen Pazifikküste, die Orgel hüllt uns in Pachelbel ein, die Gemeinde stimmt, ach so leise, Lied 282 an (»Wer nur den lieben Gott läßt walten«), und begleitet von Tieren, Pflanzen und Menschen versuche ich, so gut wie möglich mitzusingen, und beschließe, noch in dieser Woche die Tiere in ihrem verschneiten Zoo aufzusuchen, wenngleich ich insgeheim vermute, daß Pflanzen und Tiere in ihrer verblüffenden Unschuld besser für uns beten können als wir für sie.

Als ich wieder ins Freie trete, ist es noch immer still in Zürich. Das Geld schläft in den Banken, die Computer meditieren jenseits von Gut und Böse, die Straßenbahn, mit der ich zum Landesmuseum fahre, ist so gut wie leer. Auch dort gibt es Musik, ein Chor junger Menschen singt polyphone mittelalterliche Musik ohne Begleitung, Desprez, Ockeghem, ich habe das Gefühl, nach Hause zu kommen. Der kleine Raum, in dem sie singen, ist voll, ich bekomme nur einen Stehplatz, und so bin ich in zwei Mittelaltern gleichzeitig, vor mir der Chor junger Männer und Frauen in grellroten Blusen, hinter mir ein spätmittelalterliches Stilzimmer mit Stadtwappen in Bleiglasfenstern, Lamentatio, Missa orationum, die klagende zerrissene Seele singt in nicht zerrissener Musik, ein Geflecht aus einander suchenden und verlierenden Tönen, Klänge, die nicht verderben konnten, weil sie sich weigerten, die Verderbnis der Welt in sich aufzunehmen; die Stimmen klingen jungfräulich, unberührt, als wären sie nicht von dieser Welt, sondern bereits von jener anderen. Das Museum selbst ist eine unendliche Schatzkammer, ich streife stundenlang darin umher, fühle mich aufgenommen in die Geschichte dieser Stadt, dieses Landes. Doppelköpfige Adler, verflogene Wappen eines verschwundenen Adels, Schriftstücke von »gar alten Kriegen«, die Rathausstube von Mellingen aus dem Jahr 1467, Lanzen und Minnekästchen, die Pantoffeln der Äbtissin, Zwinglis Bibel, die Ritter und Dichter der Manessischen Handschrift, langsam wandere ich durch die Jahrhunderte, ein tausendjähriger Mann, der in seinen Erinnerungen umherstreift. Seinen? Nein, natürlich nicht, und dennoch: Was ist ein solches Museum anderes als ein verblüffendes kollektives Gedächtnis, an dem man teilhat, indem man in ihm umherspaziert. Waldmanns goldene Kette glänzt nach fünfhundert Jahren noch ebenso wie damals, als er sie abgeben mußte, das Gesicht hinter einem geschlossenen atavistischen Visier bleibt verborgen, im Gemach von Katharina von Zimmern[2] bin ich bereits so oft gewesen, oder ich muß es geträumt haben, und selbstverständlich weiß ich noch, wie die Stadt im Jahr 1627 aussah. Wie wählt man aus einer solchen Überfülle aus? Aber natürlich wählt man nicht aus, man bleibt an irgend etwas hängen, etwas Wunderbarem, etwas Grauenvollem, Bildern, die in Träumen wiederkehren. »Kaiser Galerius läßt dem Heiligen Romanus die Zunge abschneiden«, ein Pressefoto von 1420. Der Kaiser steht auf seinen langen, dünnen, spitzen Füßen da, als hätte er mit der Szene nichts zu tun. Er deutet auf die nächste Tafel, auf der ein Soldat in einem goldenen Röckchen, in der Hand ein stattliches Messer, sich soeben hingekniet hat, um besser an sein Opfer heranzukommen. Der Heilige in seinem vielfach gefältelten Gewand sitzt quer zu ihm, so schneidet es sich besser. Er ist viel größer als der Soldat, sein Kopf mit der millimeterkurzen Tonsur ist zu seinem Henker erhoben, die Zunge so weit wie möglich herausgestreckt. Ockeghems transparente Musik ist plötzlich sehr weit weg, möchte sich nicht vermischen lassen mit dem blutenden Schrei, der eine Sekunde später ertönen wird.

Hundert Jahre später findet im selben Raum das Abendmahl statt; Zeitunterschiede sind das Privileg der Lebenden, jedenfalls, wenn es um die Vergangenheit geht. Lindenholz, Kloster Rheinau, 1510. Die Apostel sitzen so chaotisch durcheinandergewürfelt da, daß ich nachzählen muß, ob es wirklich zwölf sind. (Unsinn, genausogut kann man dann das Geld aus dem Automaten nachzählen – es stimmt immer.) Die Schale auf dem Tisch steht aufrecht da, wie bei den Gemälden Daniel Spoerris. Seltsame bärtige Häupter. Das Brot auf dem Tisch ist aus Gold, in der Schale liegt ein totes Tier, der Kopf ist vom Rumpf getrennt, ein Vorderfuß ragt gestreckt über den Rand der Schale, als schlafe das Tier noch. Der Apostel, der im wahrsten Sinne des Wortes in der rechten Bildecke sitzt, schneidet das goldene Brot, sein Nachbar legt fast zärtlich die Rechte auf die Flanke des toten Tiers, in der Linken hält er ein kugelrundes Brot. Ich weiß noch, was diese Bilder bedeuten, all diese ihrer natürlichen Umgebung entfremdeten, aus Klöstern und Kirchen entfernten und hier säkular verwahrten Abendmahle, Kreuzigungen, Madonnen mit Kind, Verkündigungen, Kunst, vor der man nicht mehr niederkniet und die ausschließlich noch für den da ist, der sie richtig versteht, in wenigen Jahrhunderten vielleicht ebenso klar oder unklar wie Venus, Apollo oder Hermes, Schönheit, die uns nichts mehr sagt.

Reisender in Zürich. Er darf in der Kronenhalle essen und die obligatorischen Gedanken über Joyce und Ulysses denken, er wird in der Zentralbibliothek herumgeführt bis hinunter in die Kellersäle tief unter der Erde, kann die *Neue Zürcher Zeitung* einsehen, die am Tag seiner Geburt erschienen ist (Dame mit kleinem Vermögen, und mehr in Aussicht, Roosevelts Wiederaufbauprogramm, die australische Finanzlage, Fahndung nach kommunistischer Organisation in Deutschland, erste Telefonverbindung mit Kolumbien), und ihm wird klar, wie lange er schon gelebt hat, und dann wieder, wie kurz er erst lebt, als der Bibliothekar Paracelsus und Vesalius vor ihn auf den Tisch legt. Er trinkt Räuschling in der Öpfelchammer, wo er die Stimmen Böcklins und Kellers noch hören kann, er besucht ein Konzert der Oberwalliser Spillit in der Oper, läßt sich verzaubern und kommt schwebend heraus, sieht den Wahnsinn der österreichischen Wunderkammer und die klassische Einfachheit von Hans Baumgartners Fotos im Kunsthaus – und dann sind es mit einemmal genug Gemälde, Monstren, Menschen, Stimmen, Waffen, Psalmen, Bücher, dann muß es für kurze Zeit still werden, und wo geht das besser als im Schnee, zwischen den Tieren, den Pflanzen und den Toten?

In einem Buch (*Zürcher Baumgeschichten*) habe ich etwas über die drei mächtigsten Bäume Zürichs gelesen. So wie es dastand, hörte es sich ganz einfach an, ich brauchte mich lediglich auf den Weg zu machen. Eine Straßenbahn, ein Spaziergang, ein Berghang, und dann stünde ich vor *Acer campestre*, dem Feldahorn. Ich wußte bereits ziemlich viel über ihn. Wenn ich seine Rinde in Essig tränkte, würde er mich gegen Schlangenbisse und Wundfieber schützen, ließe ich seine Blätter gären, so könnte ich eine Hungersnot überstehen, die Bauern nannten ihn Maßholder nach dem althochdeutschen Wort mazzaltra, das Speise bedeutet, zu einem ganzen Wald würde er es nie bringen, und daher wurde er Beiläufer genannt, ein Name, durch den ich mich merkwürdig angesprochen fühlte. Nun galt es nur noch, ihn zu finden. Auf einem verschneiten Weg bergan hatte ich auf rätselhafte Weise die Stadt hinter mir gelassen, sie lag nun schweigend weit unter mir; ein Mann mit einer Schubkarre voll Mist kreuzt meinen Weg, Kühe muhen, ich komme an einem Obstgarten mit jungen Bäumen in winterlicher Vermummung vorbei, höre aus dieser fernen nebligen Tiefe den Gesang eines Rettungswagens und denke daran, daß mein Baum auch Klangbaum genannt wird, weil aus seinem Holz Geigen gemacht werden. Aber wo ist er? Ich komme an dem schönen, in Stille erstarrten jüdischen Friedhof vorbei und weiß, daß ich jetzt ganz in der Nähe bin, doch die Toten unter ihren mächtigen, verschneiten Grabplatten sagen nicht, wo er steht, und die Lebenden, denen ich begegne, haben noch nie etwas von ihm gehört. Ein kleiner Bach rauscht, wie er es seit Novalis tut (davor konnte man Bäche nicht hören), aber auch das Wasser gibt das Geheimnis des Baumes nicht preis. Wie erkennt man einen Ahorn ohne seine Blätter? An den dorischen Kannelüren, hat das Buch gesagt, aber verschneites Holz und antiker Marmor wollen sich doch nicht so recht ähnlich sehen, und diese Bäume scheinen mich alle auszulachen, bis ich auf einmal vor dem einzigen stehe, der es sein muß, da er nicht lacht. Als ich die Hand auf seine uralte zerfurchte Rinde lege, höre ich, wie die Schlangen tief unter dem Schnee ängstlich davonkriechen, wie der perfekte Dorftrottel starre ich zu der vollkommenen Wirrnis seiner totenstillen kahlen Äste hinauf, ich nehme ihn wahr, solche Ausdrücke gibt es nicht umsonst, und wenn ich nur lange genug stehenbleibe, nimmt er auch mich wahr, einen Mann mit einem Notizbuch, der ihm noch nicht einmal bis zu den Fußknöcheln reicht. Als ein Windstoß daherfegt, wirft er ein wenig Schnee über mich, und durch das trockene Rauschen seiner Äste scheint es, als wolle er etwas sagen, doch was es auch sein mag, ich verstehe es nicht.

Sein älterer Bruder, *Quercus robur*, ist noch schwerer zu finden. Ein kleiner Bus, ein großer Bus, eine Straßenbahn, die verschneite Fläche der Allmend »unter dem Albisgütli«. Wird schon stimmen, aber die Menschen sind dekadent geworden, sie wissen nicht mehr, wo die Bäume wohnen, in denen, wie ihre Vorfahren glaubten, die Götter hausten. Und trotzdem muß diese Stieleiche zwanzig Meter hoch sein und einen Umfang von sechs Metern haben, Gottfried Keller hat sie noch aquarelliert, in ihrem Schatten übten früher die Tamboure, aber die joggende Zahnpastareklame, die Dame mit dem Hündchen, die beiden alten Herren, die sich über die theologischen Finessen der Erbsünde unterhalten – keiner weiß, wo dieser alte Götze steht, es dauert Stunden, bis ich ihn gefunden habe, dann aber überwältigt er mich regelrecht, seine weit ausladenden bizarren Arme zeichnen einen Caspar David Friedrich an den plötzlich kupfernen Abendhimmel, natürlich hat hier früher ein Gott gewohnt, und kein freundlicher, einer mit einer Seele aus Eis, einem Geist aus Winter, einem Körper aus Holz. Grollend herrscht er über die Landschaft und lauscht verachtungsvoll dem obszönen Geflüster der Autobahn.

Mit den Toten und den Tieren habe ich am nächsten Tag weniger Schwierigkeiten. Ob es von der Sonne und dem Nebelschleier kommt, weiß ich nicht, jedenfalls hat der Friedhof nahe dem Zoo etwas Leichtes, als lägen die Toten dort leise summend unter der Erde. Ich folge dem Schild, auf dem »James Joyce« steht, und auch der Dichter hat sich dem allgemeinen Wohlbehagen angepaßt, er sitzt entspannt auf seinem Stuhl, ohne Mantel, als hätte er die turmhohen, schneebeladenen Tannen über seinem Kopf nicht bemerkt, Buch in der Hand, bereit, sich eine neue Zigarette anzuzünden, in seinem Kopf schwirrt es von vielsprachigen Wörtern, seine Frau ist daheim, die Familie wartet dort unten mit dem Tee, er hat zu dieser frühen Stunde bereits einige Besucher gehabt, ihre verschüchterten Fußstapfen haben sich in den frischen Schnee gedrückt, jeder Stapfen ein gelesenes Buch, das fünf Meter weiter, wo das Totenreich von Canetti beginnt, in ein anderes Buch übergeht, Wind, Wörter, Wind, aber der Dichter schläft noch unter seinem schlichten Holzkreuz, er muß sich erst eingewöhnen, oder vielleicht hört er, wie ich, das ferne Heulen der Wölfe im Zoo. Dort herrscht die gleiche Verlassenheit wie auf dem Friedhof. Die Menschen, die an einem Wintertag einen Zoo besuchen, sind andere Menschen, das wissen die Tiere ganz genau. Endlich können wir uns gegenseitig in aller Ruhe betrachten. Mit dem alten Löwen spreche ich über Arthrose, mit dem Lama über Depressionen, mit dem Adler über früher, »als alles anders war«, mit der Schnee-Eule über unser versagendes Gedächtnis, mit dem riesigen Elefanten, der tanzend verdorrte Zweige über sich wirft, über die Vor- und Nachteile des Exils, und dabei hören wir alle das hohe, gebieterische, angsterregende Heulen der Wölfe, die Winter in Sibirien spielen, bis man die Schlitten über die Tundra rasen sieht und die Peitsche des Kutschers hört. Sie sind schön, diese Wölfe, sie kennen ihre Gedichte auswendig. Zwei erheben den Kopf hoch zum Himmel und schreien ihre unvergleichlichen Arien, der dritte setzt mit nach unten gerichtetem Kopf kontrapunktisch ein falsches, tiefes Stakkato dagegen. Nun, da von meiner eigenen Gattung hier nur so wenige Exemplare herumlaufen, merke ich, wie sehr wir hierhingehören. Schließlich besteht die Vorderseite der Gitterstäbe aus demselben Material wie die hintere. Ein Zoo auf dieser Welt müßte doch den Mut haben, die Konsequenzen aus unserer Abstammung zu ziehen. Ein Käfig mit *Homo sapiens* in all seinen verschiedenen Ausführungen; vielleicht würden wir uns dann selbst besser verstehen. Die Frage ist natürlich, ob die anderen Tiere damit einverstanden wären.

Letzter Tag. Die ganze Woche hat das Wasser an mir gezerrt, ich möchte zu diesem Nichts, das behauptet, das jenseitige Ufer zu sein, und besteige das Boot nach Kilchberg. Der See ist glattpoliert wie Onyx, an den Duckdalben bei den Landungsstegen hängen durchscheinende Eisdolche, die einzigen Fahrgäste außer mir sind ein paar durchfrorene Japaner, aber sie wollen nicht, wie ich, zum Haus von Conrad Ferdinand Meyer. Die Tür steht offen, kein Mensch zu sehen, vielleicht macht der Schriftsteller gerade einen Spaziergang. Ich zögere noch etwas, betrete dann aber doch sein Arbeitszimmer. Der Schreibtisch ist zu ordentlich aufgeräumt, das stimmt nicht. Die Bücher in den Regalen verhalten sich still, nur Schriftsteller hören dieses leise Flehen, noch einmal herausgenommen zu werden. Auf dem Tisch liegt ein Band von Corneille, war das seine Entscheidung? Ich schlage jemandes Tagebuch auf: »5. März 1847. Nichts gearbeitet.« Kommt mir bekannt vor. Die Briefe von Karl V. Die Memoiren von Anne d'Autriche. Die Gedanken von Pascal. Und an der Wand das Porträt des Hausherrn von 1887, ein untersetzter alter Herr mit Hut, die Augen im Schatten. Für einen Moment scheint es, er zeige diesem merkwürdigen postumen Kollegen die Zunge, der da so uneingeladen durch sein Haus spaziert. »Du solltest mich lieber lesen«, scheint er zu sagen, »falls du mich suchst: Ich bin in meinen Büchern.« Die gleiche Botschaft bekomme ich eine halbe Stunde später auf dem kleinen Friedhof, auf dem auch Thomas Mann begraben liegt. Nicht zu Hause, sagt der mächtige Basaltblock barsch. Auch hier Fußstapfen. Leser suchen tote Schriftsteller. Vielleicht ist es der Schnee, der alles so streng macht, jedenfalls liegen sie hier unerbittlich in ihren Namen bewahrt, Thomas Mann, Katja Mann. Sie sind die einzigen, die aufrecht stehen, zu Füßen des

Blocks liegen Erika, Monika, Michael, kleine Platten in der Erde, im Schatten ihrer überwältigenden Eltern. Jemand hat mit den Händen den Schnee weggefegt, die Namen freigemacht, als wollten sie sagen: »Uns gab es auch, uns gab es auch.«

Und jetzt? Ende meiner Zürcher Tage. Ich packe meine neuen Schätze in den Koffer, die Karten mit den Chagall-Fenstern, den Katalog der Zentralbibliothek, das nachdenkliche Profil Zwinglis mit seiner Erasmusmütze vor einem blauen Hintergrund, die gepeinigten Leiber der 10 000 Ritter, das mittelalterliche Gemälde vom Martyrium der Stadtheiligen, auf dem Zürich noch so klein ist und die Hügel ringsum noch so grün, Bilder, Fragmente, Bücher, Erinnerungen, Gedichte, Geschichten, die aus der einen alten Stadt mit mir zu jener anderen mitfliegen, in der ich zu Hause bin.

1997

1 Hans Waldmann, Bürgermeister in Zürich, wurde nach einem Aufstand der Weinbauern 1489 enthauptet.

2 Katharina von Zimmern (1478-1547), letzte Fraumünster-Äbtissin in Zürich, bevor das Stift in der Reformationszeit der Stadt übergeben wurde.

Russische Spieler, estnische Croupiers

Der erste Este, den ich kennenlernte, war ein Dichter, Jaan Kaplinski. Er ist ein großer Mann mit scheuem Lächeln, sein polnischer Vater verschwand, als der Dichter noch ein Kind war, in einem stalinistischen Arbeitslager; Kaplinski hat Romanistik und mathematische Linguistik studiert und lehrt an der Universität Tartu. Seine Gedichte sind ins Englische übersetzt, er beschäftigt sich mit dem Mahayana-Buddhismus und ist Mitglied des estnischen Parlaments. Allein schon indem ich ihm zuhörte, wurde mir bewußt, daß wir von diesen Ländern so gut wie nichts wissen. Wir lernten uns in Norwich bei einem Symposion über Übersetzungen kennen, wo wir Gedichte in unseren beiden für die englischen Zuhörer so merkwürdigen Sprachen vorlasen. Das hat immer etwas Eigenartiges, was man sagt, hat für einen selbst Bedeutung, doch gleichzeitig weiß man, daß dies für die Zuhörer nicht zutrifft; Estnisch und Niederländisch klingen wie ein seltsamer Singsang, vom Wellenschlag des Metrums durchfächelt, erst wenn die Übersetzung gelesen wird, erschließt die Komposition ihre volle Bedeutung. Estnisch, *eesti*, wie klingt das? Schön klingt es, als er es liest, langgedehnte Worte, melodisch, Wind schwingt darin mit, als kämen sie von weit her und hätten mehr mit Land als mit Stadt zu tun. Als ich mir den Text anschaue, sehe ich viele Doppel- und Umlaute, ää, üü, und ich höre, daß sich zwischen solche Zwillinge stets eine leichte Zäsur schiebt. Die Wörter selbst wirken wie verkettet, scheinen ihre Silben beisammenhalten zu wollen, als ich sie auszusprechen versuche, merke ich, daß ich dafür ein anderer werden müßte. Kaplinskis Stimme moduliert sanft, suggeriert etwas sehr Altes, die Sätze sind lang, spinnen Formen der Verzauberung in dem kleinen Saal:

Worte machen die ersten Schritte im Dunkel weißer Seiten,
wo keine Schatten sind, keine Tiefen, keine Entfernungen,
bis etwas ganz Neues geboren wird, das zum Nordlicht paßt,
und silberbesternte Hammerschläge durch tiefen Schlaf
tönen ...

»Du mußt mal nach Estland kommen«, hat er gesagt. Jetzt, da der Zufall mich nach Finnland geführt hat, ist er zwar nicht da, doch ich fahre trotzdem. Auf der Karte habe ich gesehen, wie nahe es liegt, jeden Tag gehen mehrere Schiffe, und sie brauchen nur wenige Stunden für die Überquerung des Finnischen Meerbusens. Es ist eisig kalt in Helsinki, eine Kälte aus dem Osten und Norden zugleich, harsch und schneidend, doch die Sonne scheint auf das zinkfarbene Wasser, und ich bleibe so lange wie möglich an Deck. Die Finnen drinnen, die die Geschäfte in Tallinn leer kaufen werden, fangen zu saufen an, nirgends gibt es einen ruhigen Fleck, also lasse ich mich von den garstigen Windfetzen malträtieren und sehe, wie ihre flache Hauptstadt langsam entschwindet. Kleine glatte Felseninseln, die kaum aus den Wellen ragen, ein Leuchtturm, der Lotse, der von Bord geht und auf einer anderen kleinen Insel auf ein einlaufendes Schiff wartet, in einem Fort, das gegen Eis und Polarwind gebaut zu sein scheint, und dann nichts mehr, eine weite, glänzende Fläche, das andere Land, drüben, noch unsichtbar, getarnt in der Schutzfarbe des Himmels, die die Farbe des Wassers ist. Keine neunzig Kilometer sind es bis dort hinüber, doch das Land tut, als sei es nicht da, zu viele

Schiffe sind in den letzten tausend Jahren gekommen, um es zu erobern, zu brandschatzen, plündern, unterwerfen. Möwen begleiten das Schiff, ab und an kreischen sie, Kriegsgeräusche, die zu dem ehernen Meer gehören, das Finnen und Russen, Dänen und Schweden beherrscht haben. Strabo wußte noch nicht, ob dort etwas lag und, falls dort etwas lag, wer dort lebte: »Alles Land jenseits der Elbe, das am Ozean (er meinte die Ostsee) liegt, ist uns vollkommen unbekannt ... Die römischen Schiffe sind nie über die Mündung dieses Flusses hinausgefahren, und es gibt auch keinen Reisenden, der die Küsten des Ozeans auf dem Landweg erforscht hat. Welche Völker leben bloß jenseits des Landes der Germanen und ihrer nächsten Nachbarn?«

Tacitus ist bereits etwas weiter, er kennt sogar die Namen dieser Völker, Aestii und Fenni nennt er sie gegen Ende des ersten Jahrhunderts. Seine Kenntnisse stammen von Händlern und Frachtschiffern, die an ganz Europa entlangfuhren, um aus jenen fernen Gebieten goldfarbenen Bernstein zu holen. Der sonst so strenge Beobachter spinnt Legenden um sie: »Sie verehren die Göttermutter. Als Wahrzeichen ihres Glaubens tragen sie Nachbildungen von Ebern; ein solches Zeichen ist wie eine Waffenrüstung und wie ein Schutz gegen alles Unheil und macht den Verehrer der Göttin auch inmitten von Feinden gefeit. Nur selten verwendet man Eisenwaffen, häufig Knüttel. Auf den Anbau von Getreide und sonstigen Feldfrüchten verwenden sie geduldigere Arbeit, als man der üblichen Trägheit der Germanen zutrauen möchte. Aber auch das Meer durchsuchen sie und sammeln als einzige von allen Germanen an seichten Stellen und am Strand den Bernstein, den sie selber *glesum* nennen.«

Spätere Historiker wissen mehr, aber der Eindruck bleibt: der eines unabhängigen Volkes, das einst entlang der großen russischen Ströme von Osten kam. Seine Sprache gehört zur finnisch-ugrischen Sprachfamilie, ist eng mit dem Finnischen und entfernt mit dem Ungarischen verwandt – merkwürdige, verschlossene Sprachen, die nicht ans europäische Netz angeschlossen sind, eine eigene Welt, die viel zu leiden hat. Manche Länder, so scheint es, liegen an der falschen Stelle, sind die natürliche Beute anderer, größerer Gruppen, ihre Landesgrenzen verschieben sich ständig, sie schrumpfen und schwellen, gehören mal zum einen, dann wieder zum anderen Imperium, sie werden überrannt, umkämpft, und es ist ein Wunder, daß die eigene Sprache überdauert, zusammen mit dem Willen, sich nicht plattwalzen zu lassen. Die Geschichte Estlands liest sich wie ein tragisches Heldenepos. Baltische Barone, dänische Bischöfe, teutonische Ritter, polnische Könige, schwedische Feldherren, alle hatten dort etwas zu suchen; die Deutschen, die so oft zurückkommen sollten – der letzte Besucher war Hitler –, begannen bereits im 13. Jahrhundert damit; damals ging es um die Expansion des Glaubens, aber die Religion kommt nun mal nie allein. Die Esten wurden zum Christentum bekehrt und gehörten von nun an zu dem, was wir Europa zu nennen pflegen, doch sie wurden auch unterworfen, nicht nur als Land, sondern buchstäblich auch als Menschen: Im 15. Jahrhundert wurde die Leibeigenschaft eingeführt, die bis zum Ende des vorigen Jahrhunderts bestehen sollte. Die fremden Herrscher kamen und gingen, die Sklaven waren einfach ein Teil der Beute. Bis in unser Jahrhundert hinein tanzen die nördlichen Nationen ihren Kriegstanz um das Land, das etwas größer ist als die Niederlande; von 1710 an gehört es zum Russischen Reich, verkauft von einem baltendeutschen Adel, der seine Privilegien um jeden Preis behalten will. Es ist eine Zeit der Katastrophen. Krieg, Hungersnot, Pest überziehen das Land, die Bevölkerung droht auszusterben, zu einem bestimmten Zeitpunkt leben hier nur noch 140 000 Menschen. Erst als die Leibeigenschaft abgeschafft wird, bessert sich die Situation, aber immer noch dürfen die Bauern kein Land besitzen. Die Folge ist eine Flucht in rebellische religiöse Sekten und jene andere Flucht in die Emigration, meist nach Amerika. Industrielle Revolution und gleichzeitig Russifizierung, und als Reaktion darauf eine stärkere Rückbesinnung auf das Eigene; die Sprache, die sich nicht hat ausrotten lassen, gewinnt allmählich wieder an Boden, und in den heillosen Wirren der Russischen Revolution nutzt Estland seine Chance: Am 24. Februar 1918 wird die Republik Estland in Tallinn ausgerufen, doch sofort ist ein neuer Partner da, bereit, weiterzutanzen – Deutschland weigert sich, den neuen Staat anzuerkennen. Es übernimmt die Verwaltung des Landes, gibt dem deutschen Adel die Macht zurück. Wieder ist Estland Beuteland, diesmal für die Deutschen, doch 1919 befinden sich bereits zwei Drittel des Landes wieder unter der Kontrolle des neuen Sowjetregimes. Nun geht es ums Ganze: Binnen weniger Wochen erobern die Esten mit Unterstützung finnischer und skandinavischer Freiwilliger sowie der englischen Flotte ihr Land zurück. Die Unabhängigkeit, die am 2. Februar 1920 endlich zustande kommt, hat exakt neunzehn Jahre Bestand, bis ihr der Teufelspakt zwischen Stalin und Hitler ein Ende macht, der Tanz von neuem beginnt, die Armeen noch einmal und dann noch einmal über das Land hinwegmarschieren, bis wir in unserem scheinbar so statischen Jetzt angelangt sind. Inzwischen aber ist etwas Eigenartiges passiert: Das Land hat eine andere Bevölkerung bekommen. Durch Ausrottung, Deportation und den bewußt gesteuerten, stetig wachsenden Zustrom von Russen ist Estland im Grunde ein anderes Land geworden, so ähnlich, als ob die Niederlande plötzlich fast zur Hälfte entvölkert wären und durch die erzwungene Einwanderung von Deutschen eine Minderheit am Hals hätten, die beinahe so groß ist wie die Mehrheit. So ist die Situation in Estland – und in den anderen baltischen Republiken – im Augenblick. Der Tanz ist noch lange nicht zu Ende, denn zu dieser russischsprachigen »Minderheit« (in der Hauptstadt Tallinn ist das Verhältnis 53:47) kommen die russischen Truppen hinzu, die nicht nach Hause können, weil es dort keine Wohnungen und keine Arbeit für sie gibt. Vielleicht ist Jelzin die einzige Chance auf eine halbwegs vernünftige Politik, und dennoch hat er in Vancouver von den »Menschenrechten« für die russische Minderheit gesprochen, und das im Zusammenhang mit den Truppen, die er wie eine Art Trumpfkarte in der Hinterhand hält. Vielleicht kann er nicht anders, aber der Zynismus ist angesichts der Geschichte dieses Jahrhunderts unübersehbar, und die meisten Esten trauen der Sache nicht.

Einen Tag nach meiner Ankunft spreche ich darüber mit Matti Sirkel, Germanist, stellvertretender Vorsitzender des Schriftstellerverbands und Übersetzer aus dem Deutschen und Niederländischen. Ich bin dann bereits einen Abend und einen Tag lang durch die Stadt gewandert, Oberstadt, Unterstadt, und versuche, meine Eindrücke zu ordnen. Verfall und Verwahrlosung, aber auch Aufbau und Restauration, eine Welt im Umbruch, die versuchen muß, mit tausend Problemen gleichzeitig fertig zu werden. Die gleiche

Atmosphäre, anders und doch gleich, wie in Bukarest und in Prag im vorigen Jahr, alte Straßenbahnen, Löcher in den Bürgersteigen, verfallene, graue Häuser, spärliche Reklame, die Leute oft ärmlich gekleidet, viele in billigen Imitationen westlicher Mode, klapprige Autos, Busse mit schwarzen Dieselwolken, freie Flächen wie Wunden in der Stadt, Schaufenster mit dürftigen Auslagen. Hier liegen noch große Placken von schmutzig gewordenem Eis auf den Straßen, die Preise in den Restaurants sind für unsere Begriffe idiotisch niedrig, die Gesichter der vielen Wartenden an den Straßenbahnhaltestellen nicht fröhlich unter den dicken Mützen, und dennoch gibt es für den, der sie sehen will, überall Anzeichen des Neuen, Schilder mit eindrucksvoll klingenden internationalen Firmennamen, viele Männer mit tragbaren Telefonen im Hotelfoyer oder auf der Straße, Ausländer mit vielversprechenden Diplomatenkoffern, Neubauten, Initiative. Die Stadt selbst wirkt ein bißchen deutsch, schlichte lutherische Kirchen mit den Wappenschildern deutscher Barone, ein Rathaus, das in einer alten bayrischen Kleinstadt stehen könnte, Türme und Festungen, die seltsamen Ungeheuer im Park des Grafen Glehn, schmale, steile romantische Straßen mit jahrhundertealtem Kopfsteinpflaster, die große freie Fläche des Rathausplatzes mit den strengen klassizistischen Häusern, es wäre alles bekannt, wenn nicht über der Stadt diese Türme aufragten mit ihren so unverkennbar russischen Formen, eine große und vier kleine in den Himmel gezeichnete Zwiebeln der Alexander-Newski-Kathedrale. Ich erzähle Sirkel, daß ich dringewesen bin, und zeige ihm die Karten, die ich gekauft habe, reine Nostalgieübungen: Ansichtskarten vom Zaren und seinem kleinen Sohn, und dann vom Sohn allein, mit rosigen Wangen und kirschroten Lippen und einer großen

Pelzmütze schief im Kindergesicht, His Imperial Majesty the Crownprince. Und natürlich Karten von Sankt Petersburg. Sie stammen vom Anfang dieses Jahrhunderts, Replikate, die ersten elektrischen Straßenbahnen über die Newa, ein Sonnenuntergang, Offiziere auf dem Fahrrad. Es paßte wunderbar zu den betenden Frauen, den Hunderten von Kerzen, dem byzantinischen Gesang, dem Duft von Weihrauch. Er lacht und meint, ich hätte schon viel gesehen an diesem einen Tag. Wir sitzen im Palace Hotel und führen eine wichtige geschäftliche Besprechung. Er übersetzt ein Buch von mir, das in viertausend Exemplaren erscheinen wird. Jedes Exemplar wird nur wenige Gulden kosten, und der Erlös für den Autor wird sich insgesamt auf einhundert Gulden belaufen. Am Nachbartisch sitzt ein Repräsentant von Fokker, der versucht, der estnischen Regierung Flugzeuge zu verkaufen: Da gehen andere Beträge über den Tisch. Sirkel sagt, er wisse, daß hundert Gulden ein lächerlicher Betrag seien, daß dieser Betrag aber gleichzeitig deutlich mache, worum es in dieser Gesellschaft gehe – Leben an der Nahtstelle zweier Wertsysteme. Ich erzähle ihm von meinen Erfahrungen in Rumänien, von dem Gefühl von Verlegenheit und Wut angesichts der ungeheuerlichen Diskrepanz – der ungarische Freund, der an der Universität ein paar hundert Gulden verdient, die rumänische Komponistin, die nicht reisen kann, weil ihr Geld im Westen nichts wert ist, der Schriftsteller, der für einen Unsinnsbetrag Unsinn übersetzen muß, um zu überleben. Eine Unfreiheit haben sie gegen die andere eingetauscht: Jetzt dürfen sie reisen, aber meist können sie es nicht, es sei denn auf Einladung. Und trotzdem sieht er Fortschritte. Und die Russen, die noch hier sind? Eine Reihe von ihnen hätte zusammen mit den Esten für die Unabhängigkeit Estlands gestimmt, sagt er. Wenn beide Seiten sich zurückhielten, bräuchten keine großen Probleme zu entstehen. Allerdings müsse die jüngere Generation, die bleiben wolle, *eesti* lernen. Er selbst spricht ein makelloses Englisch, der Monat, den er vor kurzem auf Einladung der Foundation for Translations in Amsterdam verbracht hat, hat ihm außerordentlich gefallen. »Aber es ist eine andere Welt.«

Eine andere Welt. In einem französischen Fotoband sehe ich eine Statue Stalins, sie liegt auf dem Rücken in einem Garten zwischen Abfall und Müll. Eine Mütze fällt bei einem Standbild nicht herunter, auch wenn es liegt, die Hand ist nach napoleonischer Manier zwischen zwei Bronzeknöpfe des Feldherrnrocks gekrochen, und was ich für einen Garten gehalten habe, ist der Park des Grafen Orlow. Der Kreis hat sich geschlossen, könnte man sagen, doch was der liegende Mann hinterlassen hat, sind ein bankrotter Erdteil, desillusionierte Soldaten, verseuchte Erde, verschmutzte Flüsse, verschmutzte Hirne. Die Unterworfenen von früher haben nun ein unmögliches Erbe zu verwalten, und ein Teil des Erbes sind ihre früheren Herren. Abends, in der Hotelbar, macht mich ein niederländischer Freund, der hier zu tun hat, auf die Feinheiten aufmerksam. Die beiden Spieler am Roulettetisch sind Russen, aber der Croupier ist Este und spricht englisch. Die Nutten sind Russinnen, denn die Frauen aus Estland genügten den Ansprüchen nicht, was er eher als Kompliment für sie betrachtet. Das Seil, das unten vor den Lift gespannt ist, der nur in den obersten Stock fährt, hat damit zu tun, daß man nicht will, daß die Damen durchs ganze Hotel schwärmen. Und die Männer mit den tragbaren Telefonen und kurzen Lederjacken sind Zuhälter, nicht zu verwechseln mit allen anderen Herren mit tragbaren Telefonen, denn das sind Geschäftsleute, Neureiche. In einem Land, das neu aufgebaut werden muß, kann man viel Geld verdienen, und das tut man denn auch. Es ist ein *free-for-all*, und die fixen Jungs nutzen ihre Chance. Sympathisch ist das alles nicht, aber allzu wählerisch können sie nicht sein. Und von den drei Ländern geht es Estland bisher am besten.

Eine andere Welt. Am nächsten Morgen lese ich *The Baltic Observer: Ehemalige KGB-Agenten versuchen, den Kopf über Wasser zu halten. Estland ist in den Wirtschaftsbeziehungen zu Rußland einen Schritt zurückgegangen. Polen und Litauen vergleichen die Situation ihrer jeweiligen Minderheit. Ein litauischer Schriftsteller wurde des Antisemitismus beschuldigt, weil er Aufklärung über die Rolle fordert, die die litauischen Juden im kommunistischen Regime gespielt haben.* Und in einer anderen Zeitung, *Die Welt*, lese ich ein Interview mit dem Präsidenten Estlands, Lennart Meri, auch er Schriftsteller und Übersetzer. »Wir haben«, sagt er, »das beste Kapital, das es in der Welt gibt: ein intellektuelles Kapital, das in der europäischen Tradition erzogen ist. Dann haben wir auch eine genaue Kenntnis Rußlands. Estland wird in Zukunft eine ganz eigenartige Rolle spielen, die ein bißchen an die Schweiz, ein bißchen an Singapur und an Nordeuropa erinnert. (...) Wir haben sehr gut geschulte Arbeitskräfte, die zur Zeit billig sind. Wir sind mit voller Kraft auf dem Weg nach Europa, aber nicht, um uns Europa an den Hals zu werfen. Wir wollen Europa sagen, was es zu tun hat, wenn es Europa bleiben will. (...) Ich bin überzeugt, daß sogar unter den russischen Demokraten immer noch die Vorstellung existiert (...), man müsse das russische Reich in den alten Grenzen oder noch darüber hinaus wiederherstellen. (...) Denn es wird im Westen immer Politiker geben, die, wie damals in München 1938, den Weg des Appeasement einschlagen. Das jedoch war der kürzeste Weg zum Zweiten Weltkrieg. Deutschland, aber auch Frankreich und England und Polen und vor allem Rußland mußten einen hohen Preis bezahlen. Die russische Seite testet immer wieder, wie fest der Glaube Europas an Europa eigentlich ist.«

Vor meiner Abreise gehe ich noch einmal durch die Stadt, lese die langen Wörter, höre rings um mich die Sprache, von der ich inzwischen weiß, daß Worte ihre Bedeutung völlig verändern, wenn man einen Ton eine Idee länger oder kürzer anhält, daß es keine Artikel gibt, dafür aber vierzehn Fälle. Mit diesem geheimnisvollen Wissen gehe ich wieder an Bord. Die Finnen haben ihre Taschen gefüllt und drängen sich bereits an der Bar. Ich gehe wieder an Deck, und die Rückfahrt wird der Spiegel der Hinfahrt: eine Stadt, die entschwindet, eine eherne, leere See, der Wind wie eine Strafe, und die Erinnerung an ein Land, das sich – zäher als das zäheste Schilf – nach jeder Zerstörung wieder aufgerichtet hat.

April 1993

Jordaan

Es ist Sonntag, und ich mache mich auf den Weg ins Ausland. Weit ist es nicht, vielleicht nicht mal einen Kilometer. Ich wohne im ältesten Teil Amsterdams, auf einer Karte von 1640 kann ich mein Haus sehen, auch wenn jetzt die Jahreszahl 1730 darauf steht.

Als ich es kaufte, war es teilweise ausgebrannt, doch im zweiten Stock gab es noch sehr alte Fliesen, und der Keller, der sich tief unterhalb des Straßenniveaus befindet (das seinerseits wiederum, wie ein großer Teil der Niederlande, mehrere Meter unter dem Meeresspiegel liegt), hatte einen Marmorfußboden, der Kennern zufolge zu Beginn des 18. Jahrhunderts verlegt worden sein muß. Die Aufteilung des restlichen Gebäudes deutet dagegen auf den Ausbau eines spätmittelalterlichen Hauses hin, das hier also schon gestanden haben muß, lange bevor diese Zeichnung von 1640 entstand.

Mein Haus befindet sich zwischen Singel und Herengracht, ganz in der Nähe der Brouwersgracht, und über sie gehe ich nun ins Ausland: nach Jordanien oder, wie wir schon seit Jahrhunderten sagen: in den Jordaan. Um dorthin zu kommen, gehe ich erst über das Melkmeisjesbrugje (»Milchmädchenbrücke«), danach gleich über die Brücke, die zur Herengracht führt, spaziere dann auf der anderen Seite der Brouwersgracht zu der Brücke über die Keizersgracht und von dort weiter zum Papeneiland, einer der ältesten Kneipen der Stadt. Dazu muß ich die Lekkere Sluis überqueren, wo die Prinsengracht in die Brouwersgracht mündet. Und genau dort liegt die Grenze zwischen

dem Jordaan und dem Rest der Welt.
Der nun folgende Teil meiner Geschichte läßt sich einfacher mit einer Karte dieses Viertels nachvollziehen, schon weil alle Straßen und (früheren) Grachten eigenartig schräg zur Brouwersgracht und zur Prinsengracht liegen, als wollten sie dadurch verdeutlichen, daß hier auch immer ein ganz eigener Menschenschlag gelebt hat. Der Jordaan ist eindeutig eine andere Welt, und dieses Gefühl verstärkt sich noch durch die labyrinthischen Komplikationen der Straßennamen.
So hat etwa eine einzige, nicht allzu lange Straße, durch die man in wenigen Minuten spaziert ist, nicht weniger als fünf verschiedene Namen. Sie führt von der Lijnbaansgracht nach Süden, anfangs parallel zur Karthuizerdwarsstraat (hier stand im Mittelalter ein Kartäuserkloster – wie gern hätte ich da einmal das Chorgebet gehört); am Beginn heißt sie Tichelstraat, weil dort im 17. Jahrhundert Fliesen (*tichels*) gebrannt wurden, dann Tweede Anjeliersdwarsstraat, Tweede Tuindwarsstraat, Tweede Egelantierdwarsstraat, Eerste Leliedwarsstraat.
Dort angekommen, steht man nicht nur an dem Punkt, wo die Bloemgracht in die Prinsengracht mündet, sondern auch gegenüber dem Anne-Frank-Haus und dem majestätischen Turm der Westerkerk mit seiner Kaiserkrone und dem Amsterdamer Wappen, der schon die ganze Zeit über von der Lijnbaansgracht aus in einer phantastischen Perspektive zu sehen war, eine der schönsten Stadtansichten, die ich kenne.
Karthuizers und *tegels* beziehungsweise *tichels* sind keine Blumen oder Bäume, *anjelieren* (Nelken), *egelantiers* (Weinrosen), *lelies* (Lilien) und *laurierbomen* (Lorbeerbäume) schon, ebenso die *rozen* (Rosen) und *goudsbloemen* (Ringelblumen),

die sich in den Namen der Straßen und Querstraßen des Jordaan finden. Von dort ist es nicht weit zu den nie erblickten Palmen der Palmgracht und dem verschwundenen Wasser der Lindengracht.

Jordanien oder *jardin*, das ist hier die Frage. Jordanien existierte noch nicht, als das Viertel schon seinen Namen trug, folglich kann sich der Name nicht auf das Land beziehen, wohl aber auf den Fluß, nach dem es benannt wurde. Manche glauben, daß der Jordaan deshalb so heißt: ein gelobtes Land im biblischen Sinne. Andere dagegen meinen, eingedenk all dieser Bäume und Pflanzen, der Name gehe auf das französische *jardin*, Garten, zurück.

Das ist nicht der einzige Streitpunkt, denn auch um die Abgrenzung gibt es eine Kontroverse: Was gehört nun eigentlich zum Jordaan und was nicht? Und obwohl diese Frage in erster Linie mit einer geistigen Dimension zusammenhängt, mit Atmosphäre und Geschichte, ist es andererseits doch wieder etwas, bei dem man ganz konkret die Karte zu Rate ziehen muß.

Amsterdam ist natürlich viel mehr als sein Grachtengürtel, aber der Kern seines Wesens liegt doch in diesem magischen Halbkreis, der sich vom Fluß Amstel bis zum IJ hinzieht, dem Gewässer, auf dem einst die Schiffe zu Tausenden auf Reede lagen, nachdem sie, aus aller Welt kommend, zwischen der Nordspitze Nord-Hollands und der Insel Texel hindurch über die Zuiderzee, das heutige IJsselmeer, heimwärts gesegelt waren.

An den Grachten, die nacheinander ausgehoben wurden, wohnten die reichen Kaufleute, im Jordaan alle anderen, die nötig waren, um die Schiffe zu bauen und aufzutakeln, zu bemannen, zu löschen und zu beladen, sowie für alles, was damit dann wieder zusammenhing, kurz gesagt: das

Volk. Segelmacher, Gerber, Fliesenbrenner und nicht zu vergessen das Personal für die großen Häuser, eine ganze Welt mit eigenen Rängen und Ständen.
Die schmalen Straßen im Jordaan waren noch richtige, ungepflasterte Gassen, doch an seinen Grachten, die zum größten Teil im 19. Jahrhundert zugeschüttet wurden, wohnten auch bereits Wundärzte und Apotheker, die Buchhalter der Vereinigten Ostindischen Compagnie und die niederen Angehörigen der Bürgerwehr.
Reiche Amsterdamer bauten hier die sogenannten *hofjes*, wo Witwen in Sicherheit und Geborgenheit alt werden konnten; heute sind es stille Oasen aus mehreren kleinen Wohnungen, die sich um einen Innenhof gruppieren, wie zum Beispiel das Bossche Hofje an der Palmgracht, 1648 vom städtischen Schatzmeister Pieter Adriaenszoon Raep gegründet und noch immer von seinen Nachfahren verwaltet. Sein Wappen, mit viel Gold, ist in die dunkle Backsteinmauer eingelassen, und über der Tür hängt sein Emblem, ein orangefarbener Kohlrabi mit seinen beiden Initialen, P und A.
Wo aber liegen nun genau die Grenzen des Jordaan? Die Ansichten dazu gehen weit auseinander. Für manche hört der echte Jordaan bei der Rozengracht auf, einst ein breiter Wasserlauf, heute eine Verkehrsader, durch die Straßenbahnen fahren, Ein- und Ausfallstraße zugleich. Für andere geht der Jordaan jenseits der Rozengracht weiter, bis zur stillen Passeerdersgracht, die sprachlich nichts mit Passierenden zu tun hat, sondern mit Gerbern.
Dort allerdings gibt es keine Kneipen mehr und keine kleinen Krimskramsläden, die auch heute noch das Gesicht des Jordaan prägen. In den Nachkriegsjahren zogen sich die kleinen Leute und Arbeiter aus dem Viertel zurück, sie

machten Platz für Galeristen, Studenten, Restaurants, Antiquariate, exotische Läden und insbesondere sehr viele Kneipen, alte »echte« und aufgemotzte neue.
Kurzum: ein merkwürdiges Labyrinth aus Alt und Neu, Volkstümlichkeit und Chic, sein eigener permanenter Anachronismus, wo man sich aus violettem Neonlicht plötzlich ins fahle Schummerlicht eines *bruin café* verirrt, einer gemütlichen Stammkneipe, in der ein paar alte Männer hinter kleinen Gläsern mit Genever vor sich hin sinnieren, wo man aber ein paar Stunden später Scharen von Leuten antreffen kann, die plötzlich Jordaan-Lieder schmettern, Schnulzen mit neapolitanischen Schnörkeln und vielen Tremoli.
Jeder kennt den Text, der einst von Volkssängern wie Tante Leen, Johnny Jordaan oder Willy Alberti und heute von André Hazes bekannt gemacht wurde, Lieder, die einem mit ihrem leidenschaftlichen Kummer durch Mark und Bein gehen, mit Texten wie »Meine Wiege war ein Pappkarton« samt allem Elend, das auf einen so unglücklichen Lebensbeginn später noch folgt, alles gesungen mit dem unverkennbaren Zungenschlag des Viertels, der von so vielen Kabarettisten nachgeahmt worden ist, daß jeder nun glaubt, er könne ihn imitieren.
Darin liegt, vielleicht, ein wenig die Tragik. Einst, im Goldenen Jahrhundert, lebte hier das Volk, Handwerker, der unverzichtbare Teil einer kosmopolitischen Stadt, die sich zu einem der großen Machtzentren der Welt entwickelt hatte. Bei ihrem Niedergang im 19. Jahrhundert jedoch wurde das Volk zum Proletariat, es herrschte bittere Armut und manchmal auch Hunger, doch der Jordaan blieb ein Viertel mit einem zuweilen fast provozierenden Selbstbewußtsein, ganz anders als die anderen Teile der Stadt, in

mancherlei Hinsicht fast eine Familie, ein Clan mit eigenen Bräuchen, Redensarten und vor allem auch Gesetzen. Man heiratete nicht aus dem eigenen Viertel hinaus, der Zusammenhalt war groß, man lebte buchstäblich miteinander und wußte alles voneinander, nirgends ist dieses Leben besser beschrieben worden als in den Romanen von Israel Querido, dem vierbändigen Zyklus *De Jordaan* (1912-25).

Noch einmal versuche ich es mir vorzustellen. Die große Stadt, die aus allen Nähten platzt, Grachten aushebt und Wassergräben, die den sumpfigen Polder einbezieht und sich mit Ringwällen und zahllosen Mühlen umgibt, die das Land trocken pumpen sollen – und dann ist da diese merkwürdige Ecke im Westen, die alles Volk beherbergen soll, das für den Bau dieses neuen Babylon gebraucht wird.
Ironie der Geschichte: Einwanderer aus Frankreich, Spanien, Portugal ziehen hierher, sie sind es, die helfen, diese so urniederländische Stadt zu erbauen. Auf alten Stichen sehe ich, wie sie wohnten. Schlammwege entlang der Goudsbloemgracht, aus denen später die Willemsstraat werden sollte, Plattbodenkähne und Schuten auf der Prinsengracht, die den Eindruck erweckten, ganz Amsterdam sei ein großer Hafen; alles, was von draußen hereinkam, wurde auf kleinere Schiffe umgeladen, die unter den Brücken durchfahren konnten.
Es muß, viel mehr als heute, ausgesehen haben wie Venedig. Idealisierungen sind fehl am Platz angesichts des Abfalls, der einfach ins Wasser geworfen wurde, angesichts der Probleme mit Trinkwasser und Abwasser, Ratten und Schlamm. Die Häuser mit ihren Jahreszahlen und Giebelsteinen, mit ihren Glocken- und Treppengiebeln wollen davon nichts mehr wissen, doch auch Cholera und Pest jagten

durch die Stadt und fanden die meisten Opfer in dem Teil, der einst das Nieuwe Werck hieß, im Jordaan.
Denke ich daran, wenn ich samstags zum Lindenmarkt gehe, um frischen Fisch zu kaufen, oder wenn ich montagmorgens auf dem Noordermarkt herumstöbere, dem Trödelmarkt, der dort schon seit Jahrhunderten zur selben Zeit und am selben Ort abgehalten wird? Nein, natürlich nicht. Ein Friedhof hat da früher gelegen, gleich hinter den Marktständen, die Körper der Toten in unmittelbarer Nähe zur Nahrung für die Lebenden, und das alles zu Füßen der hohen, schroffen Mauern der strengen Noorderkerk, deren Glocken ich bis in mein Haus hören kann, ebenso wie das Glockenspiel im Turm der Westerkerk, des »Langen Jan«, das den halben Jordaan mit seinen Psalmweisen und -melodien beschallt und einst bis in das Hinterhaus gedrungen sein muß, in dem Anne Frank sich versteckt hielt, ein Zeichen, daß die Welt dort draußen, für sie unsichtbar, weiter existierte.

Eine Stadt ist stets die Summe ihrer eigenen Vergangenheit, in der man selbst nur einen flüchtigen Platz einnimmt, den des anonymen Passanten auf einem alten Stich, ein gerade noch sichtbarer kleiner Teil der Unzähligen, die bereits nicht mehr sind und doch alle zusammen jene geistige Stadt erschaffen haben, die es neben der anderen, so viel besser nachweisbaren materiellen Stadt gibt: das Klima, die Atmosphäre.
Der Jordaan war einst eine vibrierende neue Arbeitsstadt voller Ausländer, die ihre südliche Herkunft zum Teil an ihre niederländischen Nachfahren weitergaben, danach, während seines Verfalls, ein ärmliches Volksviertel mit bitteren Geschichten von Arbeitslosigkeit und Trunksucht,

von achtköpfigen Familien in *einem* Zimmer und mehreren Familien in *einem* kleinen Haus, ein Leben, das sich zum Teil auf der Straße abspielte, ein Viertel mit Leidenschaften und Aufständen, so zum Beispiel der große Aalaufstand von 1886, bei dem die Armee eingesetzt wurde und Tote zu beklagen waren. Eine aufkommende Arbeiterbewegung, aufgeklärte Idealisten, die das Volk aus dem Elend herausholen wollten, mitunter auch eine eigenartige Verbindung aus Revolutionären und Monarchisten, immer anders, immer voller Bewegung.
Eines der schönsten Denkmäler, die im Jordaan stehen, ist die Skulptur des Schriftstellers und Lehrers Theo Thijssen mit einem kleinen Jungen auf einer Schulbank, am Ende der Lindengracht. Ich komme dort oft vorbei, es hat etwas Liebenswertes, wie der ältere Mann neben dem Jungen sitzt, in dem Leser natürlich stets »Kees, den Jungen« sehen, die Hauptfigur des gleichnamigen Klassikers, den Theo Thijssen geschrieben hat, eine Erinnerung an andere Zeiten, einen anderen Jordaan, den man heute vielleicht nicht mehr findet.

Viele der Leute von früher sind gestorben oder weggezogen, die Häuserpreise haben sich vervielfacht, das Viertel ist schon lange kein Volksviertel mehr, und damit ist im Jordaan auch das Gefühl der Zusammengehörigkeit teilweise verschwunden. Ein Ausländer wird das nicht so leicht erkennen, doch ein Jordaaner weiß es sofort, er hört es am Tonfall. Jans, die früher bei mir arbeitete, konnte Akzente einwandfrei erkennen, sie wußte, ob jemand aus dem Herzen des Jordaan stammte oder vom benachbarten Haarlemmerdijk.
Die Yuppies, die nun das Viertel zum Teil bevölkern, haben

davon keine Ahnung. Sie werden auch nie einen Ausdruck verwenden wie Jans im Falle eines unverhofften Glückstreffers: »Das ist ja der reinste Österreicher«, sagte sie dann. Wahrscheinlich wurde damit einst ein Mariatheresientaler gemeint.

Auch von einem *bilavond* (Popo-Abend) werden die Yuppies nie sprechen, also von einem Abend, der speziell für die Liebe bestimmt ist (»Samstag ist Popo-Abend«, höre ich Jans noch reden), genausowenig wie sie am Himmelfahrtstag als besonderen Luxus Aal essen werden (»Himmelfahrt ist Aaltag«), und sie werden auch nicht, wie es im Jordaan alter Brauch ist, nach dem Gardinenwaschen den schneeweißen Tüll ein Stück weit offenlassen, um zu zeigen, daß auch die Scheiben spiegelblank geputzt sind, so daß man ungehindert wie in eine Vitrine hineinschauen kann: poliertes Kupfer, eine perserähnliche Decke auf dem Tisch, ein Gläserschrank mit Nippes, am liebsten ebenfalls aus Glas, Sansevierien, Familienfotos in Silberrahmen.

Man sieht sie noch, diese Interieurs, vor allem an den stilleren Grachten und Straßen, ein fernes volkstümliches Echo der vornehmen, dezenten Wohnzimmer auf Gemälden aus dem Goldenen Jahrhundert, alles von extremer Klarheit, mit dem Fernseher als Hausaltar, ein selten gewordenes Phänomen, kleine Oasen zwischen den so andersartigen Wohnräumen der Intellektuellen, Studenten, Künstler oder jungen Börsenanalysten, die jetzt die neue Bevölkerung darstellen.

Die Jordaan-Kneipe ist das – nicht immer neutrale – Terrain, auf dem sich diese beiden Gruppen begegnen, beziehungsweise wo sie aufeinandertreffen, ohne sich wirklich zu begegnen. Das hängt von der Kneipe ab, von der Tageszeit, oft auch vom Takt der Außenstehenden, denn jeder fängt ja als solcher an. Hier ein Lokal zu betreten kann, wenn es das erste Mal ist, eine heikle Angelegenheit sein. Jordaan-Kneipen sind Wohnzimmer. Besucht man eine zu einer bestimmten Stunde, so hat man auch wirklich das Gefühl, in ein Wohnzimmer zu kommen, in diese Atmosphäre der Vertrautheit zwischen Menschen einzutreten, die sich schon sehr lange kennen – eine unsichtbare Barriere, die es zu überwinden gilt, eine Welt von Onkeln und Tanten (populäre Figuren heißen hier oft Ome Henk oder Tante Leen, auch wenn sie nicht mit den Leuten verwandt sind, die sie so ansprechen), die die Angewohnheiten, Marotten, politischen Ansichten und Geschichten der anderen kennen.

In dieser Welt muß man sich, falls man das will, seinen Platz erobern. Wer nur einmal vorbeischaut, hat kein Problem, der wird bedient, genießt die Atmosphäre oder fühlt sich ausgeschlossen, je nachdem. Doch wer hier wohnt, benötigt mehr Zeit. Es ist nicht gerade ein Initiationsritus, aber doch ein Noviziat, eine Zeit der langsamen gegenseitigen Gewöhnung, während der man keinen falschen Tanzschritt machen und sich vor allem nicht der Illusion hingeben darf, man könnte je ein richtiger Jordaaner werden, denn das ist man, oder man ist es nicht.

Es ist noch immer derselbe Sonntag, ein kalter Tag. Bei einem früheren Spaziergang hatte ich an einer Hauswand in der Tichelstraat ein Schild gesehen: Sonntag, Stundengebet um 17.30 Uhr. Es stürmt, der Wind peitscht die Ulmen. Ich habe die Vision von einem kleinen, verborgenen Kloster. Schließlich lebten einst Kartäuser in dieser Ecke, die damals noch außerhalb der Stadt lag. Ein Chorgebet im Jordaan, das könnte mir heute gefallen.

Die große Tür in der Tichelstraat ist geschlossen, ich klingele. Ein Mann, um die 40 Jahre alt, öffnet, aber er weiß nichts von einem Stundengebet, im Augenblick laufe ein Dia-Abend über Franz von Assisi. Eine großartige Sache, aber ich bin früher von Franziskanern erzogen worden, über Franz weiß ich genug.
Der Sturm jagt mich zurück in die Kneipe an der Ecke des Papeneiland, der Pfaffeninsel, es bleibt also römisch-katholisch. Vom Fenster im ersten Stock sehe ich, wie die Radfahrer gegen den Wind ankämpfen, sehe die hohe Brücke, die Lagerhäuser auf der anderen Seite, die noch Namen tragen wie Tromsö und Hammerfest.
Von unten dringt leises Stimmengewirr herauf, Stimmen, die ich erkenne, aus dem Wohnzimmer mit den kleinen Gläsern Kräuterbitter oder Genever, und den hohen Biergläsern, eine Welt für sich, abgeschlossen von der Welt da draußen.

2002

Quellennachweise

Rosemarie Still hat *Uralte Zeiten* aus dem Niederländischen übertragen; alle anderen Übersetzungen stammen von Helga van Beuningen. In Buchform haben diese Reisegeschichten ihre deutsche Erstveröffentlichung in den im folgenden genannten Bänden erlebt. Sie sind inzwischen alle auch in Cees Nootebooms *Gesammelten Werken* nachzulesen; allein die *Reise nach Ultima Thule* wird im vorliegenden Band erstmals veröffentlicht.

Die Form des Zeichens, die Form der Stadt
In: Cees Nooteboom, GW 4, S. 9-16
© der deutschen Übersetzung Suhrkamp Verlag Frankfurt am Main 2004

Hierro, das Ende der Welt
In: Cees Nooteboom, GW 4, S. 499-512
© der deutschen Übersetzung Suhrkamp Verlag Frankfurt am Main 2004

Im hohen Norden
Erstveröffentlichung
© der deutschen Übersetzung Suhrkamp Verlag Frankfurt am Main 2008

Vielleicht weiß es die Taube
In: Cees Nooteboom, Der Umweg nach Santiago (Suhrkamp 1992), S. 206-219 und GW 4, S. 306-319
© der deutschen Übersetzung Suhrkamp Verlag Frankfurt am Main 1992

Im Orientexpreß
In: Cees Nooteboom, Nootebooms Hotel (Suhrkamp 2000), S. 169-197 und GW 5, S. 9-38

Venezianische Vignetten
In: Cees Nooteboom, Nootebooms Hotel (Suhrkamp 2000), S. 198-212 und GW 5, S. 39-53

Pariser Tage II
In: Cees Nooteboom, Die Dame mit dem Einhorn. Europäische Reisen (Suhrkamp 1997), S. 195-211 und GW 5, S. 98-112

Die Camargue, Frankreichs wilder Süden
In: Cees Nooteboom, GW 9, S. 631-645

Xhoris Aywaille Ohey!
In: Cees Nooteboom, GW 5, S. 254-265

Verwehte Reden
In: Cees Nooteboom, GW 5, S. 544-554

Uralte Zeiten. Intermezzo in der dritten Person: München
In: Cees Nooteboom, Berliner Notizen (Suhrkamp 1991), S. 175-196 und GW 5, S. 409-428

Inseln im atlantischen Nichts. Aran Islands
In: Cees Nooteboom, GW 5, S. 196-207

Sonniges Madeira
In: Cees Nooteboom, GW 5, S. 208-225

Die Hauptstadt von Kakanien
In: Cees Nooteboom, Die Dame mit dem Einhorn. Europäische Reisen (Suhrkamp 1997), S. 120-138 und GW 5, S. 137-151

Ein Wintertagebuch
In: Cees Nooteboom, Nootebooms Hotel (Suhrkamp 2000), S. 233-249 und GW 5, S. 226-243

Russische Spieler, estnische Croupiers
In: Cees Nooteboom, Die Dame mit dem Einhorn. Europäische Reisen (Suhrkamp 1997), S. 282-294 und GW 5, S. 244-253

Jordaan
In: Cees Nooteboom, GW 4, S. 17-25

GW Cees Nooteboom, *Gesammelte Werke*, Band 1-9, herausgegeben von Susanne Schaber
Band 4: Auf Reisen 1. Von hier nach dort: Niederlande – Spanien. Aus dem Niederländischen von Helga van Beuningen, Frankfurt am Main 2004
Band 5: Auf Reisen 2. Europäische Reisen. Aus dem Niederländischen von Helga van Beuningen und Rosemarie Still, Frankfurt am Main 2004
Band 9: Poesie und Prosa 2005-2007. Aus dem Niederländischen von Helga van Beuningen, Andreas Ecke und Ard Posthuma, Frankfurt am Main 2008

Inhalt

Mit Cees Nooteboom um die Welt

Die besten Reisegeschichten

Auf der anderen Wange der Erde. Reisen in den Amerikas. Aus dem Niederländischen von Helga van Beuningen und Andreas Ecke. Herausgegeben von Susanne Schaber. st 3995. 300 Seiten

Eine Karte so groß wie der Kontinent. Reisen in Europa. Aus dem Niederländischen von Helga van Beuningen und Rosemarie Still. Herausgegeben von Susanne Schaber. st 3994. 291 Seiten

Geflüster auf Seide gemalt. Reisen in Asien. Aus dem Niederländischen von Helga van Beuningen. Herausgegeben von Susanne Schaber. st 3997. 288 Seiten

In der langsamsten Uhr der Welt. Reisen in Afrika. Aus dem Niederländischen von Helga van Beuningen und Rosemarie Still. Herausgegeben von Susanne Schaber. st 3996. 242 Seiten

Leere umkreist von Land. Reisen in Australien. Aus dem Niederländischen von Helga van Beuningen. Herausgegeben von Susanne Schaber. st 3993. 179 Seiten

NF 675/1/5.08

Cees Nooteboom im Suhrkamp Verlag

Gesammelte Werke. Alle Bände einzeln lieferbar. Gebunden

- Band 1: Gedichte. Übersetzt von Ard Posthuma und Helga van Beuningen. Herausgegeben von Susanne Schaber. 418 Seiten
- Band 2: Romane und Erzählungen 1. Übersetzt von Helga van Beuningen und Hans Herrfurth. 660 Seiten
- Band 3: Romane und Erzählungen 2. Übersetzt von Helga van Beuningen und Rosemarie Still. 601 Seiten
- Band 4: Auf Reisen 1. Von hier nach dort: Niederlande – Spanien. Übersetzt von Helga van Beuningen. Herausgegeben von Susanne Schaber. 605 Seiten
- Band 5: Auf Reisen 2. Europäische Reisen. Übersetzt von Helga van Beuningen und Rosemarie Still. Herausgegeben von Susanne Schaber. 607 Seiten
- Band 6: Auf Reisen 3. Afrika, Asien, Amerika, Australien. Übersetzt von Helga van Beuningen und Andreas Ecke. Herausgegeben von Susanne Schaber. 931 Seiten
- Band 7: Auf Reisen 4. Übersetzt von Helga van Beuningen, Andreas Ecke und Rosemarie Still. Herausgegeben von Susanne Schaber. 747 Seiten
- Band 8: Feuilletons. Übersetzt von Helga van Beuningen u.a. Herausgegeben von Susanne Schaber.
- Band 9: Poesie und Prosa 2005-2007. Übersetzt von Helga van Beuningen, Andreas Ecke und Ard Posthuma. Herausgegeben von Susanne Schaber. 867 Seiten

NF 228/1/5.08

Erzählungen und Romane

Allerseelen. Roman. Übersetzt von Helga van Beuningen. 436 Seiten. Gebunden. st 3163. 440 Seiten

Der Buddha hinter dem Bretterzaun. Eine Erzählung. Übersetzt von Helga van Beuningen. BS 1189. 84 Seiten

Ein Lied von Schein und Sein. Übersetzt von Helga van Beuningen. BS 1024. 98 Seiten. 111 Seiten. Gebunden. st 2668. 110 Seiten

Die folgende Geschichte. Übersetzt von Helga van Beuningen. 147 Seiten. Gebunden. BS 1141. 146 Seiten. st 2500 und st 3405. 148 Seiten. st 3616. 160 Seiten

In den niederländischen Bergen. Roman. Übersetzt von Rosemarie Still. 145 Seiten. Gebunden. st 2253. 146 Seiten

Kinderspiele. Erzählung. Übersetzt von Helga van Beuningen. 45 Seiten. Bütten-Broschur

Mokusei! Eine Liebesgeschichte. Übersetzt von Helga van Beuningen. st 2209. 74 Seiten. st 3722. 80 Seiten

Paradies verloren. Roman. Übersetzt von Helga van Beuningen. Gebunden und st 3808. 156 Seiten

Philip und die anderen. Roman. Übersetzt von Helga van Beuningen. Mit einem Nachwort von Rüdiger Safranski. Gebunden und st 3661. 160 Seiten

Der Ritter ist gestorben. Übersetzt von Helga van Beuningen. Gebunden, BS 1286 und st 3779. 150 Seiten.

NF 228/2/5.08

Rituale. Roman. Übersetzt von Hans Herrfurth. Gebunden und st 2446. 231 Seiten. st 2862. 232 Seiten. st 3931. Großdruck. 330 Seiten

Roter Regen. Leichte Geschichten. Übersetzt von Helga van Beuningen. Mit Zeichnungen von Jan Vanriet.
239 Seiten. Gebunden

Der verliebte Gefangene. Tropische Erzählungen. Übersetzt von Helga van Beuningen. Gebunden und st 3923. 108 Seiten

Nooteboom, der »Augenmensch«

Berliner Notizen. Übersetzt von Rosemarie Still. Mit Fotos von Simone Sassen. es 1639. 338 Seiten

Die Dame mit dem Einhorn. Europäische Reisen.
302 Seiten. Gebunden. st 3018. 320 Seiten

»Ich hatte tausend Leben und nahm nur eines«. Ein Brevier. Übersetzt von Helga van Beuningen. Herausgegeben von Rüdiger Safranski. 190 Seiten. Gebunden

Der Laut seines Namens. Reisen durch die islamische Welt. Übersetzt von Helga van Beuningen und Rosemarie Still.
st 3668. 230 Seiten

Im Frühling der Tau. Östliche Reisen. Übersetzt von Helga van Beuningen. st 2773. 344 Seiten

Nootebooms Hotel. Übersetzt von Helga van Beuningen. Gebunden und st 3387. 528 Seiten

NF 228/3/5.08

Die Insel, das Land. Geschichten über Spanien. Übersetzt von Helga van Beuningen. Mit Fotos. 120 Seiten. Gebunden

Paris, Mai 1968. Übersetzt von Helga van Beuningen. Mit Fotos von Eddy Posthuma de Boer. es 2434. 96 Seiten

Selbstbildnis eines Anderen. Träume von der Insel und der Stadt von früher. Übersetzt von Helga van Beuningen. 73 Seiten. Gebunden

Der Umweg nach Santiago. Übersetzt von Helga van Beuningen. Mit Fotos von Simone Sassen. st 2553. 416 Seiten. st 3860. 427 Seiten

Wie wird man Europäer? Übersetzt von Helga van Beuningen. es 1869. 92 Seiten

Mit Cees Nooteboom um die Welt

Auf der anderen Wange der Erde. Reisen in den Amerikas. Übersetzt von Helga van Beuningen und Andreas Ecke. Herausgegeben von Susanne Schaber. st 3995. 300 Seiten

Eine Karte so groß wie der Kontinent. Reisen in Europa. Übersetzt von Helga van Beuningen und Rosemarie Still. Herausgegeben von Susanne Schaber. st 3994. 291 Seiten

Geflüster auf Seide gemalt. Reisen in Asien. Übersetzt von Helga van Beuningen. Herausgegeben von Susanne Schaber. st 3997. 288 Seiten

In der langsamsten Uhr der Welt. Reisen in Afrika. Übersetzt von Helga van Beuningen und Rosemarie Still. Herausgegeben von Susanne Schaber. st 3996. 242 Seiten

NF 228/4/5.08

Leere umkreist von Land. Reisen in Australien. Aus dem Niederländischen von Helga van Beuningen. Herausgegeben von Susanne Schaber. st 3993. 179 Seiten

Gedichte

Gedichte. Ausgewählt, übersetzt und mit einem Nachwort von Ard Posthuma. 163 Seiten. Gebunden

Das Gesicht des Auges. Het gezicht van het oog. Zweisprachig. Übersetzt von Ard Posthuma. Gebunden und BS. 86 Seiten

So könnte es sein. Zo kon het zijn. Zweisprachig. Übersetzt von Ard Posthuma. 128 Seiten. Gebunden

Über Cees Nooteboom

Der Augenmensch Cees Nooteboom. Herausgegeben von Daan Cartens. st 2360. 300 Seiten

NF 228/5/5.08

Cees Nooteboom

Allerseelen

Roman
Aus dem Niederländischen von Helga van Beuningen
436 Seiten. Gebunden und st 3163

Arthur Daane, ein Niederländer in Berlin, hat seine Frau und seinen Sohn bei einem tragischen Unglück verloren – und streift nun mit der Filmkamera durch die Großstadt im Schnee, auf der Suche nach Bildern für sein »ewiges Projekt«, seinen Film, und auf der Suche nach Elik, einer jungen Frau.
Hier, in Deutschlands schillernder Metropole, fühlte sich Arthur von neuen Freunden aufgenommen. Mit dem Philosophen Arno Tieck, dem Bildhauer Victor Leven und der Physikerin Zenobia Stein diskutierte er – oft bei ausgedehnten Essen – über die Ereignisse und Umbrüche der neunziger Jahre und über deren metaphysische Dimensionen.
Als Arthur Daane eines Tages die junge Geschichtsstudentin Elik Oranje kennenlernt, bekommt alle Metaphysik plötzlich sehr konkrete Konturen. Elik wird zur Sirene, sie ist eine Frau mit Geheimnissen, auf die Arthur hört, der er folgt, bis nach Madrid, bis zum Ende.

»Ein großer und ausgeruhter, ein europäischer und kosmopolitischer Roman.« *Ulrich Greiner, Die Zeit*

NF 225/1/5.08

Cees Nooteboom

Die folgende Geschichte

Aus dem Niederländischen von Helga van Beuningen
suhrkamp taschenbuch 2500
148 Seiten

Wieso wacht Hermann Mussert in einem ihm vertrauten Zimmer in Lissabon auf, obwohl er doch in Amsterdam wohnt und sich dort auch am Abend zuvor zum Schlafen niedergelegt hat? Ein spontaner Entschluß zum Aufbrechen in eine andere Gegend kann es nicht gewesen sein, denn dieser Altphilologe ist eher ein Lebensuntüchtiger, ganz seinen griechischen und lateinischen Autoren zugewandter Mensch. Träumt er nur, in Lissabon aufzuwachen? Oder ist sein Gang durch Lissabon eine Reise in der Erinnerung, also eine Reise in der Zeit? Denn immerhin ist dies der Ort einer richtigen Affäre mit einer Kollegin.
Im zweiten Teil der Geschichte bricht Mussert – im Traum? in der Wirklichkeit? – mit sechs anderen Personen zu einer Schiffsreise nach Brasilien auf. Alle Reisenden erzählen von ihrem Leben. Die Geschichte, die Hermann Mussert als letzter erzählt, scheint alle Rätsel zulösen: er gibt ihr den Titel *Die folgende Geschichte.*

NF 226/1/5.00

Cees Nooteboom

Rituale

Roman
Aus dem Niederländischen von Hans Herrfurth
suhrkamp taschenbuch 2446
231 Seiten

»Ein großer europäischer Schriftsteller. Ein poetischer Roman, in dem die Erotik im Mittelpunkt steht.« So lobte Marcel Reich-Ranicki *Rituale*. »Man sollte ihn lesen, er ist gut«, urteilte die *Süddeutsche Zeitung*, und auch die *Neue Zürcher Zeitung* war lakonisch und prägnant: »Die Qualität von Nootebooms Schreiben ist wahrhaft hinreißend. Nicht nur stimmen seine Figuren und die mit böser Phantasie ausgedachten Geschichten, nicht nur ist seine These klug, bedenkenswert und existentiell beunruhigend, sondern auch sein Stil ist einzigartig intelligent.« Das Amsterdam der fünfziger, sechziger und siebziger Jahre erscheint hier in der Perspektive von Inni Wintrop. Dieser will Selbstmord begehen in seinem WC, »weil er in seinem Horoskop für ›Het Parool‹ prophezeit hatte, seine Frau werde mit einem anderen durchbrennen, und er, der ja ein Löwe war, würde dann Selbstmord begehen. Es war eine treffende Prophezeiung.« Doch wie der Tod so spielt, der Strick reißt. Mit neuer Aufmerksamkeit beobachtet er die Menschen in ihrer Stadt. Er beobachtet die Rituale, die Hilfskonstruktionen, mit denen sie versuchen, der verrinnenden Zeit, dem Gaukelspiel der Erinnerungen, der persönlichen Geschichte den Anschein des Sinnvollen zu geben.

NF 227/1/5.00